BOCHUMER STUDIEN ZUR PUBLIZISTIK- UND KOMMUNIKATIONSWISSENSCHAFT

herausgegeben von
Prof. Dr. Heinz-Dietrich Fischer

Band 71

Aspekte der deutschen und europäischen Medienneuordnung

ASPEKTE DER DEUTSCHEN UND EUROPÄISCHEN MEDIENNEUORDNUNG

mit Beiträgen von

Gerhild Schulzendorf, Dieter Kopetz, Christian Gundlach,
Dirk Funke, Martin Grocholl, Heiko Hilker, Götz Frank,
Jörg Röver, Wolfram Scharenberg, Heide Schwochow,
Stefan Wehmeier, Jörg Vollbeding, Thomas Wolter

herausgegeben von
Dieter Kopetz

Universitätsverlag Dr. N. Brockmeyer
Bochum 1992

Die Deutsche Bibliothek - CIP-Einheitsaufnahme

Aspekte der deutschen und europäischen Medienneuordnung /
mit Beitr. von Gerhild Schulzendorf... Hrsg. von Dieter Kopetz.
- Bochum: Universitätsverlag Brockmeyer, 1992

> (Bochumer Studien zur Publizistik- und Kommunikations-
> wissenschaft; Bd. 71)
> ISBN 3-8196-0066-3

NE: Schulzendorf, Gerhild; Kopetz, Dieter (Hrsg.); GT

ISBN 3-8196-0066-3
© 1992 by Universitätsverlag Dr. N. Brockmeyer
Uni-Tech-Center, Gebäude MC, 4630 Bochum 1
Gesamtherstellung:
Druckerei Muscheiko, Inh. Manfred Stamm
Fröhliche Morgensonne 2, 4630 Bochum 6
Telefon (0 23 27) 3 31 83

Vorwort

Nachdem - gefördert vom Presse- und Informationsamt der Bundesregierung - die Universität Oldenburg im November/Dezember 1990 in Berlin eine Seminartagung über Perspektiven für die Medien in den neuen Bundesländern durchführte, fand diese Einrichtung, die offensichtlich als Serie angelegt ist, im April 1992 eine Fortsetzung. Diese 2. Medien-Seminartagung Berlin, veranstaltet im Paul-Löbe-Institut und wiederum vom Bundespresseamt gesponsort, widmete sich zentral den vielfältigen Aspekten der Medien-Neuordnungsprozesse in den neuen Bundesländern sowie im europäischen Kontext. Der vorliegende Band gibt die Beiträge dieser Veranstaltung wieder.

Die Autoren beschreiben darin sowohl das Hörfunkwesen als auch die Presselandschaft und das Fernsehen in den neuen Bundesländern, aber auch europäische Entwicklungen werden in einzelnen Beiträgen angesprochen. Prägnante Entwicklungen in den Jahren 1989 - 1992 werden in den Einzelbeiträgen beleuchtet. Die Vortragstexte befassen sich u.a. mit den folgenden Problemkreisen: das duale Rundfunksystem in den neuen Bundesländern und die Aufbaufragen der Landesmedienanstalten; die Situation des privaten Rundfunks in den neuen Bundesländern; Veränderungen der Boulevardpresse im geeinten Deutschland; Strukturen und Besitzverhältnisse des Zeitungs- und Zeitschriftenmarktes; DS-Kultur und die Änderungen im Journalistenselbstverständnis; die Situation freier Radios; das Jugendradio DT 64; der Europäische Fernsehmarkt und seine Probleme; der Einigungsvertrag und die vetanen Chancen für die Medien.

Bochum, im Oktober 1992   H.-D. Fischer

Vorbemerkungen

Mit dem Thema "Neuordnungsprozesse der Medien in der Bundesrepublik Deutschland" befaßte sich die 2. Medien-Seminartagung Berlin im April 1992, die unter Leitung von Prof. Dr. Götz Frank und Dr. Dieter Kopetz stand. Die Tagungsbeiträge sind der Inhalt dieses Dokumentationsbandes.

Herrn Prof. Dr. Götz Frank sei an dieser Stelle für die Beratung und Durchführung der Tagung besonders gedankt. Mein Dank gilt Herrn Prof. Dr. Dieter Sterzel, der durch seine sehr interessanten und anregenden Moderationen stark zum Gelingen der Tagung beitrug. Dem Presse- und Informationsamt der Bundesregierung, insbesondere Herrn Ministerialrat Dr. Walter J. Schütz, sei für die umfangreiche Unterstützung gedankt. Besondere Erwähnung verdient auch der Besuch von Frau Prof. Dr. Beate Schneider. Herrn Prof. Dr. Axel Zerdick danke ich für seinen hochaktuellen und interessanten Vortrag "Der Rundfunkmarkt in Berlin und Brandenburg...".

In der Reihe der Danksagungen darf keinesfalls die Mitwirkung von Frau Dr. Gerhild Schulzendorf vergessen werden. Ohne ihre praktische Unterstützung hätte die Tagung nicht stattgefunden. Hervorzuheben sind die gelungenen Moderationen von Herrn Dr. Thomas Wolter und von Herrn Assessor Ulrich Meyerholt. Man sieht wieder einmal, daß zum Gelingen einer Tagung und zur wissenschafltlichen Erörterung des Themas eine Vielzahl von Persönlichkeiten ihren Beitrag geleistet hat.

Ich hoffe, daß die Veröffentlichung der Tagungsbeiträge dem breiten Fachpublikum einen Eindruck von den Ergebnissen der Medien-Seminartagung ermöglicht. Für das Jahr 1993 ist die 3. Medien-Seminartagung Berlin in der Planung.

Berlin, im September 1992

Dieter Kopetz

Inhaltsverzeichnis

12   Anhang

Redaktion: *Dieter Kopetz*
Layout: *Petra Hirschberg*

Die Veröffentlichung stellt keine Meinungsäußerung des Herausgebers oder der beteiligten Institutionen dar.
Für die inhaltlichen Aussagen tragen die jeweiligen Autoren selbst die Verantwortung.

1

Ende des Deutschen Fernsehfunks - 100 Tage danach
Eine Bilanz

Gerhild Schulzendorf

Die Realisierung der Meinungs- und Informationsfreiheit war neben der Reisefreiheit eines der stärksten Motive für die Wende 1989 in der DDR. Die Kluft zwischen der erlebbaren Realität und dem, was die meisten Medien widerspiegelten, wurde unerträglich und trieb lächerliche Blüten. Bereits am 5. Februar 1990 wurde der Medienbeschluß der Volkskammer gefaßt und zu dessen Verwirklichung ein *Medienkontrollrat* gebildet. Die Trendwende in Richtung Wiedervereinigung erweckte neue Hoffnungen und Ansprüche. Die Medienlandschaft wurde, vor allem im Printmedienbereich, vielseitiger und bunter. Viele Journalisten aller Medienbereiche nutzten plötzlich nie erprobte Fähigkeiten, bewiesen zunehmend Kreativität, Lebensnähe, Kritikfähigkeit und lockeren Stil, auch auf die Gefahr hin, als "Wendehälse" beschimpft zu werden. Die Gewinner waren die Medienrezipienten, die zunehmend lieber "Ihre Zeitung" lasen bzw. "Ihre Sender" einschalteten. Die Jahre 1990 und 1991 waren aber vor allem eines: eine große Utopie, öffentlich-rechtlichen Rundfunk wirklich staatsfern, föderal und demokratisch zu gestalten. An dieser Vision versuchten die "Deutschen Ost" in Rundfunkgremien, durch Gesetzesvorlagen oder als Journalisten vor Ort mitzuwirken. Vordenker aus Wissenschaft und Politik erkannten die Chance, im Zuge der Vereinigung der beiden deutschen Staaten auch das Rundfunksystem der Bundesrepublik zu verändern, verkrustete Strukturen aufzubrechen und Fehlentwicklungen zu revidieren.

In diesem Beitrag möchte ich darstellen, wie sich die Fernsehlandschaft in Berlin (Ost) und Brandenburg aus der Sicht der Zuschauer verändert hat.[1] Hierzu ist zu erläutern, was seit dem 1. Januar 1992 über den Bildschirm "flimmert".

---

1   Ende 1991 sendete der DFF einen zweiteiligen Dokumentarfilm über die Geschichte des DFF.

31. Dezember 1991, Mitternacht:

Unspektakulär beendet der DFF seinen Sendebetrieb. Nur wenige Minuten nach seinem Kanzler hielt der nun ehemalige *Rundfunkbeauftragte* Rudolf Mühlfenzl am Neujahrstag eine Fernsehansprache.

"Er wolle den Ossis unbedingt noch mitteilen, daß mit der Abschaltung des DFF ein neues Kapitel in der Rundfunkgeschichte geschrieben und die Deutsche Einheit nun auch im Medienbereich vollzogen sei. Im übrigen habe die überwiegende Mehrheit des Publikums das ganz genauso gewollt."[2]

Zuschauerreaktionen in der "Berliner Zeitung" bestätigen dies allerdings nicht. Hier einige immer wieder geäußerte Meinungen:

"Mit der Abschaltung des DFF ging ein Stück von uns verloren.";

"Ich finde einfach keinen Sender mehr, der meine Interessen vertritt.";

"Wir werden den informativen und engagierten Sender sehr vermissen.";

"Ich habe den Kanal endgültig voll. Es war der größte Betrug an uns ehemaligen DDR-Bürgern, den DFF abzuschalten."[3]

Wie kommt es zu solchen Äußerungen? Damit eines klar gesagt wird: Es geht hier niemandem um eine Weiterexistenz der alten DDR-Sender DDR 1 und DDR 2. Offensichtlich reagierten die Zuschauer auf den Verlust vertrauter und beliebter Sendungen und zeigten zugleich die doch große Akzeptanz gegenüber dem DFF nach der Wende. War dessen Programm am Ende doch nicht so schlecht wie sein Ruf in Bonn? Vielleicht lag es an der Tatsache, daß er in den alten Bundesländern auch nach der Wiedervereinigung kaum zu empfangen war. Betrachten wir ferner einen quantitativen Aspekt. Sofern die Fernsehzuschauer nicht im "Tal der Ahnungslosen" wohnten, stellte sich die Medienlandschaft für sie folgendermaßen dar: Vor der Wende konnten die meisten Zuschauer fünf Programme empfangen, nach der Abschaltung von DFF 2 noch vier und nun nur noch drei (die Privaten ausgenommen). Hinzu kommt noch, daß 8 Prozent der Brandenburger und 6 Prozent der Sachsen vom Empfang ihres Landessenders ausgeschlossen sind.[4]

Viel scheinen sie jedoch nicht zu verpassen. Nicht einmal ein Drittel der Zuschauer schaltet die Regionalsender oft ein. "F.F." hat von infas repräsentativ ermitteln lassen,

---

2   Den Regler zugezogen - das war's, in : Berliner Zeitung vom 2.01.1992, Seite 2
3   Vgl. Berliner Zeitung, Rubrik: "Das sagen die Leser", vom 2 . - 12.01.1992
4   Selbst TELE 5 rangiert vor ARD und ZDF, In: F.F. 11/92, Seite 70

was die Ostdeutschen vom TV-Angebot halten. Auf die Frage, wie häufig sie ihre *Regionalprogramme* sehen, antworteten die Befragten:

in %	oft	eher oft	eher selten	selten	sehr selten
Berlin	7	14	22	22	29
M-VP	8	28	20	16	24
Brandenb.	8	17	18	33	20
S.-A.	14	11	23	15	19
Thüringen	8	12	18	30	25
Sachsen	9	17	31	26	15

9 % der Befragten geben an, diese Programme oft zu sehen; 16 % eher oft; 22 % eher selten; 24 % selten und 22 % sehr selten. So unterschiedlich die Gründe sind, den Landessender ein- oder auszuschalten, so nachdenklich muß der Fakt stimmen, daß 45 % der Befragten sagen: Mein Landessender hat mir bisher kaum gute Angebote gemacht. Anders ausgedrückt, fast die Hälfte der Zuschauer zahlt Gebühren u.a. für Programme, mit denen sie nichts anfangen können!

In Brandenburg sind es sogar 52 %, die sich vom *ORB* enttäuscht fühlen.[5] Der stellvertretende Chefredakteur für Politik und Zeitgeschehen des ORB, Griebner, beklagte, daß sein Sender durch die Zuschauer am Vollprogramm des ehemaligen DFF gemessen wird und dabei "den kürzeren" zieht. Der Vergleich, den er anstellt, ist ein verspätetes Kompliment an den DFF. "Wenn ein Spezialrestaurant weggesprengt wird, kann man nicht dem Budenverkäufer vorwerfen, daß er nur mit Würstchen handelt.[6]

Wie wenig die dargebotenen "Würstchen" verwöhnten Fernsehgaumen munden, zeigten Zuschauerreaktionen in der zweiten Januarwoche 1992:

"Mit welchem Recht bietet man den ehemaligen DDR-Bürgern diese primitiven Sendungen an, die noch unter dem Niveau der Privatsender liegen. Es ist eine Zumutung!"

"Was uns jetzt geboten wird, ist geradezu schwachsinnig. Nur Wiederholungen, kein Niveau. Der DFF hat nach der Wende doch viel besseres gezeigt.";

"Außer den beiden Sendungen `Vögel an der Ostsee` und `Ozon` hatte der *ORB* bis jetzt nichts zu bieten.";

---

5   Selbst TELE 5 ..., ebenda, Seite 71
6   Vgl. "Wir sind die Neuen und kommen jetzt öfter." in: Berliner Zeitung vom 13.01.1992 Seite 24

"Zu viele Stasisendungen. Millowitsch hat mich auch nicht vom Hocker gerissen. Der *ORB* ist niveaulos. Ich lese jetzt wieder Bücher."[7]

Sicher ist diese Konsequenz nicht die verkehrteste. Ursache der Kritik am *ORB* ist vor allem. daß sich die Zuschauer mit ihren Problemen nicht genügend in den Medien wiederfinden. Das Programm besteht entweder aus Wiederholungen alter ARD-Sendungen oder wird in den Abendstunden direkt an "1 plus" angeschlossen. Offensichtlich waren die wenigen Vorbereitungswochen bis zum Sendestart des *ORB* mit zwei Hörfunkprogrammen, der Beteiligung am ARD-Gemeinschaftsprogramm, dem Regionalfenster im ARD-Programm und dem Dritten Programm "Fernsehen Brandenburg" nicht ausreichend.

Hoffentlich zahlt sich in der Zukunft mehr aus, daß 90 % der ORB-Mitarbeiter aus den neuen Bundesländern stammen. Die überwiegend ehemaligen DFF-Angehörigen haben eine freiwillige Überprüfung durch die "Gauck-Behörde" [8] schon hinter sich.

Die neue Fernsehstruktur, die entsprechend des Einigungsvertrages, Art. 36, am 1. Januar 1992 unwiderruflich die alte abgelöst hat, war am 9. April 1992 genau 100 Tage alt. Kein Grund zum Feiern, eher ein Anlaß zum Nachdenken. Die ARD ist größer geworden. Sie umfaßt nunmehr elf Landesrundfunkanstalten.

Der "brandenburgische Länderstolz" zog sich nach Potsdam in enge Baracken der DEFA zurück und beließ den "modernen Medienschrott" in Adlershof. Der Föderalismus hat gesiegt. Auch gegen die Vernunft?

Der Intendant des Hessischen Rundfunks, Hartwig Kelm, befürchtet, daß Ende 1995 die Hälfte der ARD-Sender in solch eine Finanznot kommen werde, daß sie eine Zusammenlegung von Rundfunkanstalten erwägen müsse.[9] Betroffen wäre sicher auch der gerade erst gegründete Ostdeutsche Rundfunk Brandenburg, der einer ersten Erhebung zufolge nur 950.000 Rundfunk- und Fernsehgebührenzahler, einschließlich der "befreiten" und "ermäßigten" hat. Bekanntlich entschied sich Mecklenburg-Vorpommern für den NDR. Doch Gebührenzahler sind entscheidend, auch für die Werbeeinnahmen.

Die sinkende Zuschauerakzeptanz führte zu ersten Konsequenzen beim ORB, *Programmreform* genannt. Kern dieser "Reform" ist es, sich wieder von "1 plus" zu trennen und Sendereihen des ehemaligen DFF vom MDR zu übernehmen, der in größerem Um-

---

7   Vgl. Berliner Zeitung vom 08. bis 10.01.1992 in der Rubrik "Das sagen die Leser"
8   Der Bundesbeauftragte für die Unterlagen des Staatssicherheitsdienstes der ehemaligen Deutschen Demokratischen Republik (§ 35 StUG)
9   Vgl. Berliner Zeitung vom 18.03.1992, Seite 24, "Die ARD verliert massiv an Boden"

fang eigene Produktionen finanzieren kann. Eigentlich aber ist dies doch genaugenommen nichts Neues - eher wieder mehr Altes. Das "reformierte" Programm des ORB startet am 4. Mai 1992. Generalprobe war das Osterprogramm. Welche alten Sendungen nach wie vor hoch in der Gunst des Publikums stehen, hat ebenfalls infas ermittelt. Die Befragten vermißten vor allem folgende Sendungen[10]:

- das Magazin "Prisma" (26 %)
- Kindersendungen (24 %)
- Elf 99 (21 %)
- "Glück muß man haben" (19 %)
- Ratgebersendungen (19 %)
- das "Donnerstag-Gespräch" (17 %)
- "Der Staatsanwalt hat das Wort" (13 %)
- Polizeiruf 110 (13 %)
- Aktuell (17 %)
- Volkstümliche Musiksendungen (12 %)

Ein Publikumsmagnet muß nicht erst aus der Mottenkiste hervorgekramt werden. Er hat bisher jede Wende überlebt. Der "sympathische Herr mit Spitzbart" war ja auch so ziemlich der einzige, der Herrn Mühlfenzl während seiner Amtszeit in Adlershof ans Herz gewachsen war. Nach seinem allabendlichen Auftritt um 18.50 Uhr in ORB und MDR ist er zur Freude der Mecklenburger nun auch um 19.00 Uhr in N3 zu sehen.

Auf eine - sicher allzu kurze - Formel gebracht, ließe sich rückblickend resümieren: "Der DFF ist tot - es lebe das Sandmännchen!" Für die Zukunft sollte man sich doch etwas mehr wünschen dürfen.[11]

Zusammenfassung

Die Realisierung der *Meinungs- und Informationsfreiheit* war eines der stärksten Motive für die Wende 1989 in der DDR. Die Jahre 1990 und 1991 waren vor allem eine große

---

10 Selbst TELE 5 ..., ebenda.
11 Redemanuskript des Referates während der 2. Berliner Medien-Seminartagung 1992 am 25. April 1992

Utopie, öffentlich-rechtlichen Rundfunk wirklich staatsfern, föderal und demokratisch zu gestalten. Vordenker aus Wissenschaft und Politik erkannten die Chance, im Zuge der Vereinigung der beiden deutschen Staaten auch das Rundfunksystem der Bundesrepublik zu verändern.

Am 31. Dezember 1991 beendete der DFF um Mitternacht unspektakulär seinen Sendebetrieb. Entsprechend des *Einigungsvertrages, Art. 36*, wurde damit die alte Fernsehstruktur in den fünf neuen Bundesländern unwiderruflich aufgelöst. Der Mitteldeutsche Rundfunk (Sachsen, Thüringen, Sachsen-Anhalt) und der Ostdeutsche Rundfunk Brandenburg wurden in die ARD aufgenommen. Mecklenburg-Vorpommern entschied sich für den Norddeutschen Rundfunk. Damit umfaßt die ARD nunmehr elf Landesrundfunkanstalten.

Die Nachfolger des DFF haben es nicht leicht. Die Zuschauer vermissen liebgewordene Sendereihen. Sie vergleichen die neuen Sender mit dem DFF-Vollprogramm und sind enttäuscht. Für die meisten Fernsehzuschauer in den neuen Bundesländern hat sich die Anzahl der angebotenen Fernsehprogramme (mit Ausnahme der Privaten) weiter verringert, doch die Gebühren haben sich fast verdoppelt.

Die mit einer infas-Umfrage ermittelte geringe Akzeptanz der neuen Sender führte zu ersten Konsequenzen: einer Programmreform beim ORB. Sie beinhaltet die Trennung von "1 plus" und die Übernahme ehemaliger DFF-Sendereihen vom MDR. Für die Zuschauer ist das genaugenommen nichts Neues.

2

Systemsprung?
Die Etablierung des dualen Rundfunksystems in den neuen Bundesländern und die Aufbaufragen der Landesmedienanstalten

Dieter Kopetz

Denkt man an den Begriff "Duales System", so assoziiert man derzeit eher ein neues, stark propagiertes Müllentsorgungssystem mit einem grünen Punkt als das Ordnungsprinzip zwischen öffentlich-rechtlichen Rundfunkanstalten und privatem Rundfunk. Streng historisch betrachtet war das *Duale Rundfunksystem* zuerst im Blickpunkt der Öffentlichkeit.[1] Die Begrifflichkeit ist aber in der Regel für den Radiohörer und den Fernsehzuschauer - auch in den neuen Bundesländern - von sehr geringer Bedeutung. Bereits vor der eigentlichen Wende, aber vor allem bei dem ersten Aufkommen von privaten Satellitenschüsseln nach der Wende vollzogen sich Systemsprünge. Nicht erst mit der Einführung von Landesmediengesetzen in den neuen Bundesländern war der Empfang privater Rundfunkangebote möglich. Insofern ist die derzeit in den neuen Ländern durchgeführte Lizensierung privater Rundfunkanbieter eher ein weiterer Schritt zur Stärkung des dualen Rundfunksystems als ein Systemsprung.

Die Medien in den neuen Bundesländern unterlagen seit dem 3. Oktober 1990 den Verfassungsprinzipien des Grundgesetzes und konnten sich auf die garantierten Freiheiten des Art. 5 GG berufen. Der *Art. 36 des Einigungsvertrages* sah eine Übergangsregelung für die Rundfunkeinrichtungen der ehemaligen DDR bis zum 31. Dezember 1991 vor. Die öffentlich-rechtlichen Rundfunkanstalten wurden in den neuen Ländern relativ rasch gegründet. Der Mitteldeutsche Rundfunk (MDR) mit Sitz in Leipzig hat seine Rechtsgrundlage in dem 1991 verabschiedeten Staatsvertrag der Länder Sachsen, Sachsen-Anhalt und Thüringen. Nicht zuletzt die Medien bestimmen das Deutschlandbild in der Bevölkerung.[2] Das Bundesland Mecklenburg-Vorpommern ging seinen eigenen Weg in Richtung zum Norddeutschen Rundfunk (NDR), wobei erst im Frühjahr 1992 der NDR-

---

1 Vgl. BVerfGE 73, 118 (4. Rundfunkurteil: Niedersachsen im Jahre 1984)
2 Vgl. Kopetz, Wer ist das wahre Deutschland? Die Deutschlandbilder in den Verfassungen von BRD und DDR, in: Unsere Medien - Unsere Republik (Teil 2), Deutsche Selbst- und Fremdbilder in den Medien von BRD und DDR, Seite 10 f. ; Hrsg. vom Adolf-Grimme-Institut 1992

Staatsvertrag in neuer Fassung in Kraft trat. Das Land Brandenburg ging seinen eigenen rundfunkpolitischen Weg mit der Gründung des *Ostdeutschen Rundfunks Brandenburg (ORB)* und der Verabschiedung des dazugehörigen Gesetzes über den Rundfunk in Brandenburg.

Im Gegensatz zu den Presseverlegern in den neuen Ländern mußten die privaten Rundfunkveranstalter abwarten, welche Möglichkeiten die neuen Landesgesetzgeber für den privaten Rundfunk beschließen. Die Verabschiedung der neuen Landesmediengesetze erfolgte im Jahre 1991 in fast allen neuen Ländern sehr zügig mit Ausnahme von Brandenburg. Die Jahre 1990 bis 1991 waren durch Interessenkonflikte und Versuche der Einflußnahme von Interessengruppen und Parteien auf die Rundfunkentwicklung gekennzeichnet, wobei sich der "Parteienproporz" mehr oder weniger in den Aufsichtsgremien der neuen Landesmedienanstalten zeigte. Die neuen Privatrundfunkgesetze in Sachsen, Sachsen-Anhalt, Thüringen und in Mecklenburg-Vorpommern lehnen sich vom Wortlaut und Inhalt her stark an die früheren Landesmediengesetze der alten Bundesländer an. Der Gedanke, daß man unkritisch und wenig reflektierend wie in der Schule abgeschrieben hat, drängt sich dem unbefangenen Leser der Gesetzestexte auf. *Rundfunkrechtliche Standardformeln* werden in der Regel übernommen. Da die technischen, gesellschaftlichen, wirtschaftlichen und politischen Verhältnisse in den neuen Ländern immer noch von denen der alten Bundesländer abweichen, ist diese Übernahme nicht unproblematisch. Besser wäre es gewesen, wenn die Landesgesetzgeber die Chance genutzt hätten, die jeweiligen rundfunkspezifischen Besonderheiten mehr zu berücksichtigen und die Standardformeln zu hinterfragen. Vor diesem Hintergrund kam es bei der Besetzung des Landesrundfunkausschusses für Sachsen-Anhalt zu starken Verzögerungen, weil die aus Niedersachsen übernommenen Rekrutierungsvorschriften sehr kompliziert waren und ein spezielles Verfahren im Landtag voraussetzten.

Die rundfunkrechtlichen Ordnungsvorschriften paßten zum Teil nicht auf die gesellschaftlichen Verhältnisse in den neuen Ländern und es kam zu vermeidbaren Verzögerungen bei der Konstituierung der Aufsichtsgremien der *Landesmedienanstalten*. Dies bedeutete in der Konsequenz eine vermeidbare Verzögerung für die privaten Rundfunkanbieter, da die Lizenzvergabeverfahren sich verzögerten.

Die alten Lösungsansätze zur *Frage der Staatsfreiheit* in den Aufsichtsgremien der Landesmedienstalten wurden unkritisch übernommen. Die Landesgesetzgeber haben insofern Chancen neuer Ansätze in der Rundfunkgesetzgebung vertan. Von einem Systemsprung zum dualen System kann vor diesem Hintergrund kaum die Rede sein. Eher kann man von einem weiteren Schritt zur Verbesserung der terrestrischen Rundfunkversorgung sprechen. Schon wegen der seit längerem bestehenden Möglichkeit des Empfangs privater Satellitenprogramme kann von einer "Einführung" des dualen Rundfunksystems kaum gesprochen werden.[3]

I. Thüringen und der private Rundfunk

Am 12. Juli 1991 verabschiedete der Thüringer Landtag das *Thüringische Privatrundfunkgesetz (TPRG)* mit einer Stimmenmehrheit der CDU/FDP-Regierungskoalition. Nach der amtlichen Begründung sollte den europäischen Anforderungen an die Rundfunkgesetzgebung Rechnung getragen werden. Es fällt zunächst auf, daß sich das Thüringische Privatrundfunkgesetz stark an das hessische Landesmediengesetz anlehnt. Die Thüringer Landesanstalt für privaten Rundfunk, die Lizenz- und Aufsichtsbehörde für den privaten Rundfunk, hat ihren Sitz in Arnstadt. Organe der Landesanstalt sind die Rundfunkkommission und als Exekutivorgan der Direktor.[4] Die Rundfunkkommission der Thüringer Landesanstalt ist nach dem Vorbild der Rundfunkräte gruppenplural zusammengesetzt. Die Mitglieder der Rundfunkkommission wurden durch die thüringischen Verbände, den Landtag, die Landesregierung oder durch die thüringischen Organisationen auf Landesebene entsandt.

Auch in Thüringen sind die freien Sendefrequenzen der technische Dreh- und Angelpunkt für die privaten Rundfunkanbieter und für die Lizenzvergabe durch die Landesanstalt.[5]

Im Sommer 1991 beschloß der Mitteldeutsche Rundfunk (MDR) vorläufig das Hörfunkprogramm des Jugendsenders Radio DT 64 unter Belegung noch freier Sendefrequenzen bis auf weiteres fortzuführen. Eine Auseinandersetzung über die *Sendefrequenzen*, die auch von der Thüringer Landesanstalt für privaten Rundfunk beansprucht werden, ist eingetreten.[6] Gemäß § 3 TPRG soll die erstmalige Zuordnung der Frequenzen durch die Landesregierung außerhalb des im Gesetz geregelten Verfahrens - im Einvernehmen mit den Ländern Sachsen und Sachsen-Anhalt - erfolgen. Zeitgleich soll hierbei die Zuordnung der Frequenzen an den MDR, das Zweite Deutsche Fernsehen (ZDF) und die Thüringer Landesanstalt für privaten Rundfunk erfolgen. In diesem Zusammenhang ist erwähnenswert, daß in Hessen über die Änderung des Privatrundfunkgesetzes, dem Vorbild des Thüringischen Privatrundfunkgesetzes, nachgedacht wurde, weil über die Vergabe freier Sendefrequenzen nicht mehr die Landesregierung, sondern ein paritätisch

---

3 Vgl. Kopetz, Neuordnungsprozesse im Mediensektor der Bundesrepublik Deutschland (1991), Seite 2
4 Zum Direktor wählte die Rundfunkkommission *Dr. Victor Henle*. Vorsitzender der Rundfunkkommission ist der FDP-Politiker *Olaf Stepputat*.
5 Vgl. Abschlußbericht der Arbeitsgruppe Rundfunkversorgung in den neuen Bundesländern (Hrsg. Generaldirektion der TELEKOM Bonn, 1991)
6 Vgl. Kopetz, Neuordnungsprozesse im Mediensektor der Bundesrepublik Deutschland (1991) Seite 5 f.

besetzter Ausschuß aus Vertretern des Hessischen Rundfunks und der hessischen Landesmedienanstalt entscheiden soll. [7]

In der amtlichen Begründung zum *Thüringer Privatrundfunkgesetz (TPRG)* heißt es, daß eine duale Rundfunkordnung geschaffen werden solle, in welcher der öffentlich-rechtliche Rundfunk und der private Rundfunk im publizistischen Wettbewerb stehen. Aus der Begründung geht hervor, daß ein "Systemsprung" zum Ausbau des dualen Rundfunksystems vom Landesgesetzgeber gewollt war. Von den etwa 900.000 Haushalten Thüringens werden Ende 1991 etwa 64.000 Haushalte an das Kabelnetz angeschlossen sein. Die Deutsche Bundespost TELEKOM plant bis Ende 1997, etwa 720.000 Haushalten Thüringens den Anschluß an das Kabelnetz zu ermöglichen. Für Thüringen ist zu erwarten, daß die vorhandenen Hörfunk- und Fernsehfrequenzen mittel- oder langfristig umgestellt bzw. ergänzt werden müssen, um eine flächendeckende Rundfunkversorgung des benachbarten Bundeslandes Sachsen zu erreichen.

Zum Aufbau der *Thüringer Landesanstalt für privaten Rundfunk* ist zu sagen, daß die Anstalt zunächst provisorisch in Räumen des Landratsamtes in Arnstadt untergebracht ist. Der personelle Aufbau schreitet voran, wobei noch im Juli 1992 die Stellen des Justitiars und des Verwaltungsleiters vakant waren.[8] Das übrige Personal rekrutiert sich aus Thüringen selbst.

Nach der ersten Aufbauphase kam es Ende 1991 rasch zur Ausschreibung für eine erste landesweite Hörfunkkette. Zwischenzeitlich ist das erste Lizenzvergabeverfahren für die landesweite Hörfunkkette abgeschlossen.[9] Die organisatorischen Vorbereitungen für weitere Lizenzvergabeverfahren werden getroffen. Das Thüringer Privatrundfunkgesetz läßt dem Gesetzgeber durch die im Gesetz enthaltene "Revisionsklausel" die Möglichkeit, Änderungen vorzunehmen. Ein erster Bericht der Landesanstalt soll zwei Jahre nach Verabschiedung des Gesetzes erfolgen.

II. Sachsen-Anhalt und der private Rundfunk

Der Landtag in Magdeburg verabschiedete am 22. Mai 1991 das Gesetz über den privaten Rundfunk in Sachsen-Anhalt. Vorbild des Gesetzes ist unverkennbar das Niedersächsische Landesrundfunkgesetz aus dem Jahre 1987. Das Gesetz gilt für private Rundfunkveranstalter, für die Zuordnung der Frequenzen und für die Verbreitung von landesexternen Rundfunkprogrammen. Die Erlaubnis, privaten Rundfunk in Sachsen-Anhalt zu be-

---

7   Vgl. Funk-Korrespondenz, FK Nr. 2 vom 04.06.1991
8   Vgl. FAZ vom 04.07.1992
9   Die Anbietergemeinschaft erhielt den Lizenzbescheid der Thüringer Landesanstalt für privaten Rundfunk im September 1992.

treiben, wird durch den Landesrundfunkausschuß Sachsen-Anhalt für fünf bzw. höchstens zehn Jahre erteilt. Für den Fall eines einzigen privaten Hörfunk- oder Fernsehveranstalters sieht das Gesetz als besondere Auflage die Bildung eines Programmbeirates beim Veranstalter vor. Der *Landesrundfunkausschuß Sachsen-Anhalt* ist eine rechtsfähige Anstalt des öffentlichen Rechts und hat ihren Sitz in Halle/Saale. Die Organe des Landesrundfunkausschusses sind die Versammlung und der Vorstand. Der Vorstand besteht aus drei für die Dauer von fünf Jahren gewählten Mitgliedern. Die Versammlung besteht aus mindestens 23 Mitgliedern der gesellschaftlich relevanten Gruppen und Verbände aus Sachsen-Anhalt.[10]

Die provisorische Geschäftsstelle des Landesrundfunkausschusses befindet sich in einer alten Villa in Halle. Es ist geplant, noch im Laufe des Jahres 1992 in neue Räume einzuziehen. An der Spitze der Geschäftsstelle und Vorgesetzter aller Bediensteten des Landesrundfunkausschusses ist der Geschäftsstellenleiter.[11] Auch in Sachsen-Anhalt ist geplant, die Landesmedienanstalt weiter personell auszubauen.

Die erste landesweite Hörfunklizenz wurde durch den Landesrundfunkausschuß an die Anbietergemeinschaft "Antenne Sachsen-Anhalt"[12] sowie an die "Verlags- und Mediengesellschaft mbH & Co KG", beide mit Sitz in Magdeburg, vergeben.[13] Derzeit wird das Lizenzvergabeverfahren für eine zweite landesweite Hörfunkkette durchgeführt bzw. steht kurz vor der Lizenzentscheidung. Man arbeitet in Halle und in Magdeburg mit Hochdruck an dem selbstgesteckten medienpolitischen Ziel, möglichst rasch den Ausbau des privaten Rundfunks voranzutreiben.

III. Der Freistaat Sachsen und der private Rundfunk

Auch der Freistaat Sachsen verabschiedete bereits im 1. Halbjahr 1991 ein Landesmediengesetz und man befaßte sich in Dresden mit dem politisch wichtigen Thema der Medien. Das *Sächsische Privatrundfunkgesetz (SächsPRG)* vom 27. Juni 1991 regelt die Zulassung privaten Rundfunks durch die Sächsische Landesanstalt für privaten Rundfunk und neue Medien mit Sitz in Dresden. Der sächsische Landesgesetzgeber wollte kulturelle, kirchliche und soziale Anliegen in der Programmgestaltung berücksichtigt wissen. Hervorzuheben ist, daß es das gesetzgeberische Ziel war, daß im Interesse der privaten Rundfunkanbieter eine Zusammenarbeit benachbarter Bundesländer angestrebt werden soll, um im Zuge dieser Kooperation die Bedingungen für die Veranstaltung von privatem Rundfunk zu harmonisieren. In das Sächsische Privatrundfunkgesetz wurden

---

10 Vgl. § 32 Rundfunkgesetz SA, abgedr. im GVBl. LSA 10/1991 ausgegeben am 24.05.1991, Seite 87 ff.
11 Zum Geschäftsstellenleiter wurde der ehemalige Direktor der Landesanstalt für Kommunikation in Stuttgart, *Christian Schurig*, bestellt. Vorsitzender des Vorstandes ist *H. Schomburg*.
12 An der "Antenne Sachsen-Anhalt" ist der Georg-von-Holtzbrinck-Konzern beteiligt.
13 Vgl. epd Kirche und Rundfunk Nr. 32 vom 25.04.1992, Seite 11

auch Bestimmungen über die Rundfunkerprobung aufgenommen, um das Regelwerk für künftige, derzeit noch nicht absehbare Entwicklungen im Bereich der elektronischen Medien offen zu halten.[14]

Die in Dresden neu eingerichtete Sächsische Landesanstalt für privaten Rundfunk und neue Medien hat das Recht der Selbstverwaltung und verfügt über drei Organe: die Versammlung, den Verwaltungsrat und als Exekutivorgan den Direktor.[15]

In sachlicher und personeller Hinsicht schreitet der Ausbau der Sächsischen Landesanstalt schnell voran. Der Staatshaushalt wird durch die Landesanstalt nicht belastet, weil zwar noch im Jahre 1991 Finanzmittel benötigt wurden, aber bereits 1992 mit der Finanzierung der Landesanstalt über den Anteil an der Rundfunkgebühr und über Einnahmen aus den Verwaltungsgebühren begonnen wurde. Um die Landesanstalt für ihre Aufgaben besonders in der Aufbauphase mit finanziellen Mitteln auszustatten und die Anlaufkredite tilgen zu können, steht ihr ein Anteil am Reinvermögen der Rundfunkeinrichtung nach Art. 36 des Einigungsvertrages zu.[16] Der Einführung des terrestrisch ausgestrahlten privaten Rundfunks kommt in Sachsen besondere Bedeutung zu, weil bereits in der ehemaligen DDR Teile Sachsens zur rundfunkmäßigen "terra incognita" gehörten und selbst die vom Westen abgestrahlten ARD-Programme nicht empfangen werden konnten.

Auch in Sachsen folgt man dem politischen Ziel, die *Lizenzvergabeverfahren* möglichst rasch voranzutreiben. Am 28. April 1992 ist die Lizenzentscheidung[17] für die erste landesweite Hörfunkkette bekanntgemacht worden. Den Zuschlag hat die Anbietergemeinschaft Privater Sächsischer Rundfunk (PSR) durch den Lizenzbescheid des Direktors der Landesanstalt erhalten.[18] Demnächst stehen die Lizenzvergabeverfahren für die zweite landesweite Hörfunkkette und für die privaten Fernsehprogramme auf der Tagesordnung. Außerdem beteiligt sich die Sächsische Landesmedienanstalt im Rahmen der Direktorenkonferenz der Landesmedienanstalten (DLM). Insgesamt betrachtet hat auch der Freistaat Sachsen sehr schnell den Weg zum Ausbau des dualen Rundfunksystems beschritten, wenn auch hier von einem Systemsprung kaum die Rede sein kann.

---

14 Vgl. epd Kirche und Rundfunk Nr. 38/39 vom 18.03.1991
15 Zum Direktor der Sächsischen Landesanstalt für privaten Rundfunk und neue Medien wurde der - als Leiter des Gesamtdeutschen Instituts bekanntgewordene - *Detlef Kühn* gewählt. Anläßlich der Wahl kam es zu einem öffentlichen Eklat im Hinblick auf einen Mitbewerber.
16 Vgl. Gesetzesvorlage der Staatsregierung, Sächs. Landtag Drucksache 1/373
17 Vgl. epd Kirche und Rundfunk Nr. 41 vom 27.05.1992, Seite 14 - Kommentar zur Lizenzentscheidung
18 Das Widerspruchsverfahren läuft derzeit (Juli 1992) gegen den Lizenzbescheid. Aufgrund einer Reihe öffentlich bekanntgewordener Verfahrensmängel ist nicht auszuschließen, daß die Lizenzentscheidung einer verwaltungsgerichtlichen Überprüfung unterzogen oder im Wege von Eilverfahren ausgesetzt wird.

IV. Mecklenburg-Vorpommern und der private Rundfunk

Das Land Mecklenburg-Vorpommern macht in der Reihe der Länder, die sich verstärkt um den Ausbau des dualen Rundfunksystems kümmern, keine Ausnahme: Am 3. Juli 1991 verabschiedete der Landtag von Mecklenburg-Vorpommern in Schwerin das Rundfunkgesetz für das Land Mecklenburg-Vorpommern. Ausschlaggebend war bei der Verabschiedung des Gesetzes die Stimmenmehrheit der CDU/FDP-Regierungskoalition. Das Gesetz sieht für Mecklenburg-Vorpommern Sendefrequenzen für mindestens eine private landesweite Hörfunkkette und zwei landesweite private Fernsehprogramme vor. Rundfunkpolitisch war die Situation vor allem durch den Streit um die Anbindung Mecklenburg-Vorpommerns an den Norddeutschen Rundfunk gekennzeichnet. Die Frage der Zulassung privater Rundfunkanbieter nahm zunächst eine sekundäre Stelle ein.

Für die Zulassung privater Rundfunkanbieter wurde die *Landesrundfunkzentrale Mecklenburg-Vorpommern (LRZ)* mit Sitz in Schwerin gegründet. Der § 38 des *Rundfunkgesetzes für das Land Mecklenburg-Vorpommern (RG-MV)* bestimmt, daß die Landesrundfunkzentrale zwei Organe hat: den Landesrundfunkausschuß und als Exekutivorgan den Direktor.[19] Schon sehr früh wurde Kritik daran geübt, daß das Gesetz nicht genügend staatsfern sei. Hauptkritikpunkt war, daß der Direktor der Landesrundfunkzentrale als Beamter vom Ministerpräsidenten ernannt wurde und diesem dienstrechtlich untersteht. Betrachtet man das Rundfunkgesetz für Mecklenburg-Vorpommern, so ist eine Anlehnung an das baden-württembergische Gesetz nicht zu verkennen.

Der personelle und sachliche Aufbau der Landesrundfunkzentrale schreitet rasch voran. Untergebracht ist die LRZ auf dem Gelände des NDR-Funkhauses in Schwerin. Räumlich und tatsächlich ist eine Nähe zum öffentlich-rechtlichen Rundfunk unverkennbar.

Das erste Lizenzvergabeverfahren für eine landesweite UKW-Hörfunkkette führte in ein rechtliches Chaos:
Zunächst ging man in Schwerin den ungewöhnlichen Weg, mit der Bekanntmachung des Gesetzes gleichzeitig die Frequenzen durch die Staatskanzlei auszuschreiben. Nachdem das Lizenzvergabeverfahren - später durch die LRZ weitergeführt - bis zur Anhörung der Bewerber fortgeschritten war, stimmte der Landesrundfunkausschuß dem Vernehmen nach "probeweise" über die Lizenzvergabe ab. Hierbei wurde die im Gesetz für Beschlüsse festgeschriebene einfache Mehrheit der Stimmen nicht beachtet. Es folgte eine Veröffentlichung des "Abstimmungsergebnisses", das zugunsten des Bewerbers Radio Arkona ausgegangen war. Das Verfahren wurde anschließend zur weiteren Beratung aus-

---

19 Zum Direktor der Landesrundfunkzentrale Mecklenburg-Vorpommern wurde das ehemalige Volkskammermitglied *Joachim Steinmann* (CDU) bestellt. Vorsitzender des Landesrundfunkausschusses ist *Pastor Eckhard Ohse.*

gesetzt, obwohl ein Lizenzbescheid in der Welt war. Nach einem späteren Beschluß des Landesrundfunkausschusses soll nunmehr das gesamte Lizenzvergabeverfahren neu durchgeführt werden. Diese Kapriole zeigt, daß das Entscheidungsgremium juristisch eher unerfahren arbeitete und z. T. von politischer Opportunität gelenkt wurde. Es wurden nicht die im Gesetz eindeutig vorgeschriebenen Auswahlkriterien für einen Bewerber angewandt und im Einzelfall Ermessen ausgeübt, sondern gleich zur Abstimmung übergegangen. [20]

Insgesamt betrachtet ist auch Mecklenburg-Vorpommern auf dem Weg zum Ausbau des dualen Rundfunksystems mitgegangen. Wenn auch hier kein Systemsprung zum dualen Rundfunksystem erkennbar ist, so geht der Ausbau eher schleppend und schwerfällig voran, wenn auch die LRZ eine andere Meinung vertreten mag.[21] Vermeidbare Verfahrensmängel führen auch zu einer Verzögerung im Ausbau des dualen Rundfunksystems.

V. Brandenburg und Berlin und der private Rundfunk

Brandenburg und Berlin stellten, begingt durch ihre räumliche und politische Situation zueinander, eine Ausnahme beim Ausbau des dualen Rundfunksystems dar. Während in Berlin die *Anstalt für Kabelkommunikation (AKK)* die Zulassung privater Rundfunkanbieter bereits jahrelang durchführte und dazu beitrug, daß in Berlin ein breites Spektrum privater Medien vorhanden ist, war in Brandenburg in Sachen Privatfunk Funkstille.

In Potsdam war man zunächst damit beschäftigt, das Gesetz über den Ostdeutschen Rundfunk Brandenburg (ORB) auszuarbeiten, um es schließlich zum 31. Dezember 1991 in Kraft zu setzen. Für Berlin stand bereits fest, daß der Sender Freies Berlin (SFB) Landesrundfunkanstalt wird. Zunächst gab es zwischen Berlin und Brandenburg weitreichende Differenzen über den bereits im Dezember 1991 paraphierten *Rundfunkstaatsvertrag*.[22] Streitpunkt war die Frage, welche der früheren Hauptproduktionsstätten - die DEFA Studios Potsdam/Babelsberg oder Berlin-Adlershof - künftig bestehen bleiben soll. Als Hauptstreitpunkt kristallisierte sich die Frequenzfrage heraus: Es ging um die vom SFB reichweitenstarke Fernsehfrequenz Kanal 7, die der ORB nunmehr für seine regionalen Fernsehsendungen beanspruchte. Der Medienstaatsvertrag[23] legt fest, daß künftig ein gemeinsames 3. Fernsehprogramm der beiden Landesrundfunkanstalten SFB

---

20 Das Medienprozeßrecht beinhaltet die Grundsätze des allgemeinen Verwaltungsverfahrensrechts. In Ermangelung eigener Landes-Verwaltungsverfahrensgesetze müssen die Landesmedienanstalten nach dem Einigungsvertrag - genauso wie andere Landesbehörden - das Verwaltungsverfahrensgesetz des Bundes zur Anwendung kommen lassen.; vgl. dpa-information Nr. 8/92 vom 20.02.92, Seite 5
21 Dies zu beurteilen, steht kritischen Medienexperten und Medienpolitikern frei.
22 Vgl. epd Kirche und Rundfunk Nr. 10 vom 08.02.1992, Seite 9
23 Medienstaatsvertrag , abgedr. in epd Kirche und Rundfunk Nr. 30/31 vom 18./22.04.1992; Seite 2 ff.

und ORB produziert wird. Außerdem enthält er die Absicht, im Hörfunkbereich zwei gemeinsame Programme und zwei eigene regionale Fenster für Berlin und Brandenburg zu produzieren.[24]

Berlin und Brandenburg haben inzwischen eine eigene Medienanstalt eingerichtet. Der neue *Medienrat* besteht aus 7 Mitgliedern, die von den jeweiligen Landesparlamenten gewählt werden. Der Vorsitzende des Medienrates wird von beiden Landesparlamenten gewählt. Die Auswahlkriterien verlangen, daß ein privater Rundfunkanbieter einen Beitrag zur Vielfalt des Gesamtprogramms und medienwirtschaftliches Engagement in Berlin und Brandenburg zeigen muß.[25] Am 24. April 1992 verabschiedete sich der Berliner Kabelrat und gleichzeitig war der neue gemeinsame *Medienrat* gegründet.[26] Als verfassungsrechtlich bedenklich kritisierte die Sprecherin des Bündnis 90/Grüne[27] den Medienrat, weil nur sieben Mitglieder nicht die gesellschaftlich relevanten Gruppen Berlins und Brandenburgs repräsentieren können. Weiter wurde kritisiert, daß eine publizistische Vormachtstellung einzelner Anbieter möglich sei und diesem Problem durch die grundsätzliche Beschränkung auf ein Rundfunk- und ein Fernsehprogramm begegnet werden kann. Das Berliner Kabelpilotprojektgesetz (KPPG) war im April 1992 ausgelaufen, sodaß eine Lösung erforderlich wurde, sofern Verfassungsklagen angestrebt werden.[28] Der Medienstaatsvertrag hält für SFB und ORB die Möglichkeit offen bei Bedarf weitere Frequenzen beim neuen Medienrat beantragen zu können.[29] Berlin und Brandenburg werden im Bereich der Zulassung privater Rundfunkanbieter einen gemeinsamen Weg gehen.

VI. Konsequenzen für die privaten Rundfunkanbieter

Im Hinblick auf das Prinzip der Chancengleichheit hätte den privaten Anbietern zeitgleich der Start mit den neuen öffentlich-rechtlichen Sendeanstalten ermöglicht werden können.

Private Rundfunkanbieter sind jedoch durch die Funktionsuntüchtigkeit der Landesmedienanstalten in den neuen Bundesländern anfangs gegenüber den öffentlich-rechtlichen Anstalten benachteiligt gewesen.[30] Die derzeit von der Deutschen Bundespost TELEKOM in Aussicht gestellten *Sendefrequenzen* für lokale private Fernsehanbieter

24 Vgl. dpa-information Nr. 1/92 vom 02.01.1992 Seite 11
25 Vgl. dpa-information, aaO.
26 Vgl. Interview mit Ernst Benda (ehem. Vorsitzender des Berliner Kabelrates) in: epd Kirche und Rundfunk Nr. 33/34 vom 29.04/02.05.1992; Seite 3-6.
27 Vgl. epd Kirche und Rundfunk Nr. 19 vom 11.03.1992, Seite 11
28 Vgl. epd Kirche und Rundfunk, aaO. Für den Fall, daß der Medienstaatsvertrag nicht rechtzeitig in Kraft tritt, hatte der Berliner Senat bereits ein Mediengesetz im Entwurf paratgehalten.
29 Vgl. epd Kirche und Rundfunk Nr. 21 vom 18.03.1992, Seite 15, vgl. dpa-information Nr. 2/92 vom 09.01.1992, Seite 2 "ORB hat Frequenzprobleme"
30 Vgl. FUNK-Korrespondenz Nr. 4 vom 23.01.1992, Seite 9

sind sehr gering, obwohl der Rundfunkmarkt in den Großstadtzentren der neuen Bundesländer lukrativ erscheint. Es ist außerdem festzustellen, daß es entlang der ehemaligen deutsch-deutschen Grenze zu einer Doppelversorgung durch die öffentlich-rechtlichen Programmfrequenzen kommt. In diesem Bereich möchte der Verband der Privaten Rundfunkanbieter (VPRT), daß für eine Verbesserung der Frequenzsituation Sorge getragen wird.[31]

VII. Zusammenfassung

Die Privatrundfunkgesetze der neuen Bundesländer zielen auf einen Ausbau des dualen Rundfunksystems ab. Von Systemsprüngen zum dualen System kann kaum die Rede sein. Die Gesetze lehnen sich stark an Mediengesetze der alten Bundesländer an und übernehmen medienrechtliche *Standardformeln*, ohne die abweichenden technischen, gesellschaftlichen, wirtschaftlichen und politischen Gegebenheiten der neuen Länder hinreichend zu berücksichtigen. In der Aufbausituation der Landesmedienanstalten entstanden vor diesem Hintergrund mehrfach Rekrutierungsprobleme für die Entscheidungsgremien und in der Konsequenz Verzögerungen für die Lizenzvergabeverfahren.

Gegenwärtig sind in allen neuen Bundesländern die Lizenzvergabeverfahren für die ersten landesweiten UKW-Hörfunkketten anhängig bzw. größtenteils abgeschlossen. Neben den allgemeinen Aufbauschwierigkeiten ergaben sich öfter Verfahrensprobleme in den Lizenzvergabeverfahren.

Der Systemsprung zum dualen Rundfunksystem ist insgesamt eher klein, weil private Rundfunkangebote in weiten Teilen der ehemaligen DDR durch Satellitenempfangsschüsseln zugänglich waren. Die Etablierung und der Aufbau privater Rundfunksender ist bei weitem noch nicht beendet. Sende- und Studioeinrichtungen müssen erst errichtet werden. Neue Journalisten müssen größtenteils erst noch ausgebildet werden, will man nicht auf das "vorbelastete" Potential der ehemaligen DDR zurückgreifen. Selbst den finanzstarken Medienkonzernen ist eine schnelle Inbetriebnahme privater Sendeeinrichtungen nicht kurzfristig möglich. Die flächendeckende terrestrische Versorgung der neuen Bundesländer mit privaten Rundfunk- und Fernsehprogrammen wird daher noch etwas Zeit in Anspruch nehmen.

---

31 Vgl. FUNK-Korrespondenz , aaO. S. 9. epd Kirche und Rundfunk Nr. 22 vom 21.03.1992, Seite 14

3

Die Situation des privaten Rundfunks in den neuen Bundesländern

Christian Gundlach

Das Bundesverfassungsgericht betont in seinem 6. Rundfunkurteil[1] den Gestaltungsspielraum der Landesgesetzgeber[2] und schränkte gleichzeitig den Einfluß der Landesgesetzgeber auf die Frequenzvergabe ein[3]. Dies zu einem Zeitpunkt, an dem sich die Landtage in den neuen Bundesländern mit ihren Rundfunkgesetzen befaßten. Die Ergebnisse sind in erster Linie Anlehnungen an die Rundfunkgesetze der alten Bundesländer.

Allerdings erweist es sich in der Praxis vielerorts als schwierig, die *Standardformeln* und Vorgaben aus dem Westen ohne weiteres auf die Situation in den neuen Bundesländern zu übertragen. So sind die technischen, gesellschaftlichen, wirtschaftlichen und politischen Voraussetzungen anders, so daß Konflikte vorhersehbar sind.

Der Anspruch, öffentlich-rechtliche Anstalten als auch private Anbieter gleich zu behandeln, ist schwierig in die Tat umzusetzen. Dies ist daran zu erkennen, daß zwar ARD und ZDF schon im Jahre 1991 alle erforderlichen Grundnetzfrequenzen zugewiesen bekamen, jedoch Probleme bei der Versorgung auftraten.

Die Hörfunkprogramme des MDR in Thüringen können derzeit nur von 50 % der Bevölkerung empfangen werden und teilweise in schlechter Qualität, die Fernsehprogramme sogar nur von 40 % der Bevölkerung.[4]

Schlimmer sieht es bei den Frequenzen für private Anbieter aus, diese werden erst mittelfristig sendebereit sein.[5]

Dies liegt an nicht erfolgten Auf- und Ausbaumaßnahmen und an Frequenzen, die entweder durch militärische Nutzung oder durch Doppel- und Mehrfachbelegung von öffentlich-rechlichen Anstalten blockiert sind.

---

1 BVerfGE vom 05.02.1991. Klagen der der CDU- und FDP-Bundestagsfraktionen gegen das novellierte WDR-Gesetz und das nordrhein-westfälische Rundfunkgesetz.
2 Kopetz, D. Neuordnungsprozesse im Mediensektor der Bundesrepublik Deutschland, S. 1.
3 Biedenkopf teilt UKW-Kanäle im Alleingang zu. Frankfurter Rundschau vom 2. Jan. 1992, S. 10.
4 Schlechter Empfang in Thüringen. Hannoversche Allgemeine Zeitung vom 23 Jan. 1992, S. 10.
5 Arndt, U. Neue Bundesländer kopieren Wettbewerbsverzerrung im dualen Rundfunksystem. Pressemitteilung des VPRT, vom 17. Jan. 1992.

Die privaten Anbieter begegnen diesem Mißstand, indem sie auf den Astra-Satelliten ausweichen. Damit kommen sie ohne ein kompliziertes, landesbezogenes Zulassungsverfahren auf eine fast 70%ige Versorgung.[6] Neben diesen technischen Problemen gibt es gesellschaftliche Schwierigkeiten. Alle Landesgesetze für den privaten Rundfunk sehen Versammlungen der Landesmedienanstalten vor, die sich aus Vertretern *gesellschaftlich relevanter Gruppen* zusammensetzen. Dies erwies sich als schwierig, weil die Verbände sich selbst teilweise nicht konstituiert hatten. Andererseits ist ohne ein gesetzliches Entscheidungsgremium die Zulassung von privatem Rundfunk nicht möglich.

Vor diesem Hintergrund ist die Forderung des VPRT vom 25.01.1991 zu verstehen, der kleinere und effektivere Entscheidungsgremien als die Versammlungen der Landesmedienanstalten forderte.[7]

Als wirtschaftlich problematisch erweist es sich, wenn einige der neuen Länder den Beispielen Bayerns und Baden-Württembergs folgend, nur kleine regionale Sendeeinheiten, im Gegensatz zu landesweiten privaten Anbietern, zulassen wollen. Diese Form des Außenpluralismus wäre für die Investoren ökonomisch schwierig und für die Mitarbeiter des Senders von der sozialen Sicherheit her schwierig.

Die Privatrundfunkgesetze der neuen Länder

Thüringen

Am 12.07.1991 verabschiedete der Landtag in Erfurt das *Thüringer Privatrundfunkgesetz (TPRG)* mit der Mehrheit der die Regierungskoalition stellenden CDU- und FDP-Fraktionen. Bei der Formulierung des Gesetzes stand das Privatrundfunkgesetz des benachbarten Bundeslandes Hessen Pate.

Die *Thüringer Landesanstalt für privaten Rundfunk* hat ihren Sitz in Arnstadt und konstituierte sich am 05.11.1991. Sie wird - wie alle anderen Landesmedienanstalten auch - aus den 2% des Gebührenaufkommens finanziert. Ihre Organe sind der Direktor und eine Versammlung. Diese plurale Versammlung setzt sich aus Vertretern des Landtages, der Verbände und der gesellschaftlich relevanten Gruppen zusammen.

Der gesetzlich festgeschriebene Maximalanteil von Werbung an der Sendezeit beträgt 20 %.

Die vorläufige Zuordnung der *Sendefrequenzen* geschieht in Kooperation mit den Ländern Sachsen und Sachsen-Anhalt durch die Landesregierungen. Dies ist in Hinsicht auf die erforderliche Staatsferne bei der Vergabe von Frequenzen nicht unproblematisch.

---

6   Kleinwächter, W., Deutsche Rundfunkneuordnung: Rückblick auf eine verpaßte Chance. Funk-Korrespondenz vom 2. Jan. 1992, S. 11-14.
7   VPRT: Private sollen in den neuen Bundesländern gleichberechtigt sein. Funk-Korrespondenz vom 31. Jan. 1991, S. 8-9.

Ein weiteres Problem stellt die Übernahme der hessischen Gesetzesvorlagen dar: In Hessen wurde die Frequenzvergabe von der Landesregierung vorgenommen. Diese Regelung stand nicht im Einklang mit dem 6. Rundfunkurteil. Künftig wird ein paritätisch besetzter Ausschuß für die Frequenzvergabe zuständig sein.

In Thüringen haben sich zahlreiche Veranstalter um eine landesweite Lizenz für den privaten Rundfunk bemüht. Zu diesem gehörte die Radio/Tele Thüringen GmbH, an der hessische Verlage und Radio FFH beteiligt sind, und die Privatfunk Thüringen Verwaltungs GmbH, die sich aus Anteilen Thüringischer Verlegern zusammensetzt.[8]

Sachsen

Am 27.06.1991 beschloß der sächsische Landestag das Gesetz über den privaten Rundfunk und neue Medien: das *Sächsische Privatrundfunkgesetz (SächsPRG)*. Als Kernpunkt wird die Berücksichtigung kultureller, kirchlicher und sozialer Anliegen im Rundfunk gefordert.

Die sächsische Landesanstalt für privaten Rundfunk und neue Medien konstituierte sich am 21.10.1991 in Dresden. Ihre Organe sind die aus dreißig Mitgliedern bestehende Versammlung, der Verwaltungsrat und der Direktor.

In Sachsen sollen zwei landesweite private Hörfunkketten zugelassen werden. Es gab ca. 50 Interessenten für eine Radiolizenz und 20 für eine Fernsehlizenz. Eine davon ist die Anbietergemeinschaft Radio Freies Sachsen, an der Ufa, Springer, Burda, die Süddeutsche Zeitung, Gong und das hannoversche Verlagshaus Madsack beteiligt sind. Mit der Aufnahme der Sendetätigkeit privater Rundfunkanbieter dürfte schrittweise im Jahr 1992 zu rechnen sein.[9]

In Sachsen läßt sich die Problematik der Anwendung von "Westrecht" auf die Verhältnisse in den neuen Bundesländern gut veranschaulichen. Am 23.12.1991 "übereignete" der sächsische Ministerpräsident Biedenkopf drei UKW-Kanäle von DS Kultur, hervorgegangen aus einer Fusion von Radio DDR 2 und dem Deutschlandsender, dem Deutschlandfunk (DLF). Dies steht im Widerspruch zu Vereinbarungen aller Ministerpräsidenten zur Fortführung von DS Kultur. Diese Absprache wurde mehrmals während des Jahres 1991 und zuletzt am 04.12.1991 bekräftigt.[10] Außerdem steht dies im Widerspruch zum sächsischen Privatrundfunkgesetz und zum 6. Rundfunkurteil des Bundesverfassungsgerichtes. Dort wird betont, daß Frequenzen staatsfern zu vergeben seien.

Trotz eindeutiger Gesetzeslage könnten andere Ministerpräsidenten ihren Kollegen in Sachsen lediglich mahnen. Gemäß Par. 4 Abs. 3 SächsPRG ist die Regierung gehalten,

---

8 Private müssen warten. Süddeutsche Zeitung vom 26. Aug. 1991.
9 Sächsische Zeitung vom 21. Dez. 1991.
10 Biedenkopf teilt UKW-Kanäle im Alleingang zu. Frankfurter Rundschau vom 2. Jan. 1992, S. 10.

bei Frequenzmangel auf eine "Verständigung zwischen den Beteiligten" hinzuwirken.[11]
Ob diese Formulierung für vorläufige Frequenzzuweisungen gilt, ist umstritten.

Sachsen-Anhalt

Der Landtag von Sachsen-Anhalt beschloß am 22.05.1991 das *Rundfunkgesetz für Sachsen-Anhalt*, wobei man sich bei den Formulierungen stark an das niedersächsische Privatrundfunkgesetz anlehnte.

Das Gesetz sieht eine Lizenzvergabe für mindestens fünf, maximal für zehn Jahre vor. Sollte sich nur ein Anbieter finden, werden diesem binnenpluralistische Anforderungen auferlegt.

Strikte Regelungen gibt es hinsichtlich der *Werbung*: Sie muß von mindestens 1 Million Einwohner empfangen werden können und landesweiten Bezug haben. Außerdem darf der Anteil an der täglichen Sendezeit 20 % nicht überschreiten. Diese Regelungen sind unverkennbar dem niedersächsischen Privatrundfunkgesetz entnommen.

Der *Landesrundfunkausschuß von Sachsen-Anhalt* konstituierte sich am 09.10.1991 in Halle. Seine Organe sind der Vorstand, der aus drei für fünf Jahre gewählten Mitgliedern besteht, und die Versammlung. Der Versammlung gehören 23 Mitglieder aus gesellschaftlich relevanten Gruppen an.

Am Jahresende 1991 schrieb der Landesrundfunkausschuß zwei Frequenzketten für landesweiten, privaten Hörfunk aus. Bis zum 31.01.1992 bewarben sich fünfzehn Anbieter.[12]

Mecklenburg-Vorpommern

Die Landtag von Mecklenburg-Vorpommern verabschiedete am 03.07.1991 ein Rundfunkgesetz mit den Stimmen der CDU/FDP-Regierungskoalition. Pate stand dabei das Baden-Württembergische Privatrundfunkgesetz.

Vorgesehen sind ebenfalls zwei private Hörfunkketten, wobei erst eine Frequenz ausgeschrieben ist. Außerdem sind zwei private, landesweite Fernsehprogramme geplant.

Die *Landesrundfunkzentrale* konstituierte sich am 14.11.1991 in Schwerin. Ihre Organe sind der Landesrundfunkausschuß und der Direktor.

Bei der Vergabe von Frequenzen zeigt man sich in Mecklenburg-Vorpommern bisher vorsichtig. So forderte der NDR vier UKW-Frequenzen - wobei eine im März 1992 bereitgestellt wurde - und wollte außerdem eine für den Privatfunk vorgesehene Frequenz für die Ferienwelle nutzen. Um Privatrundfunkanbieter nicht zu verprellen, zögerte man in Mecklenburg-Vorpommern mit Konzessionen.[13]

---

11 Schmid, W.: Biedenkopf und der sächsische Betriebsversuch. Funk-Korrespondenz vom 9. Jan. 1992, S. 2-4.
12 Zu den Bewerbern gehörten RTL-Radio und Antenne Sachsen-Anhalt.
13 Morgenstern, K.: Der Privatfunk braucht ja auch Frequenzen. Frankfurter Rundschau vom 25. Nov. 1991.

Bis zum 12.08.1992 bewarben sich etwa fünfzehn Antragsteller um die ausgeschriebene Hörfunkfrequenz. Am 11.02.1992 schritt der Landesrundfunkausschuß zur Lizensierung des ersten privaten Rundfunkanbieters in den neuen Bundesländern: Radio Arkona GmbH[14]. *Radio Arkona* wird zu 60 % von mittelständischen Unternehmen, Sportclubs und dem Kulturbund getragen. Weitere Gesellschafter sind Astra-Tel sowie die Verlagshäuser Gong und Bauer. Der Sender plant Regionalstudios in Rostock, Stralsund, Schwerin und Neubrandenburg. Das geplante Programm soll einen hohen Wort- und Informationsanteil haben.[15]

Mittlerweile ist unklar, ob die Entscheidung für Radio Arkona rechtmäßig war. So kamen nach dem Beschluß in der Landesrundfunkzentrale Zweifel auf, ob sich eine Mehrheit des Landesrundfunkausschusses für Radio Arkona ausgesprochen hat.[16] Letztlich wurde die Ausschreibung der Sendefrequenzen wiederholt und ein neues Lizenzvergabeverfahren durchgeführt.

Brandenburg/Berlin

Aufgrund der geographischen Lage ist die rundfunkpolitische Situation in diesen Ländern eine besondere.

Die Sachverständigengruppe Medienordnung empfahl, in Berlin und Brandenburg zwei landesweite Hörfunkanbieter zuzulassen, wobei einer davon Berlin, der andere Brandenburg versorgen sollte.[17]

Der von den Regierungschefs beider Länder am 29.02.1992 unterzeichnete Medienstaatsvertrag sieht die Gründung einer gemeinsamen Medienanstalt vor. Diese *Medienanstalt Berlin-Brandenburg (MABB)* ist Nachfolgerin der ehemaligen *Berliner Anstalt für Kabelkommunikation (AKK)*.

Organe der gemeinsamen Medienanstalt sind der paritätisch zusammengesetzte, siebenköpfige Medienrat und der Direktor; wobei der Medienrat vom Potsdamer Landtag und dem Berliner Abgeordnetenhaus zu gleichen Teilen gewählt wurde.[18]

Die Frequenzvergabe gestaltet sich außergewöhnlich schwierig. Einmal müssen verschiedene, ehemals von den Alliierten genutzte Frequenzen vergeben werden, außerdem ist ungeklärt, wieviele Frequenzen aufgrund der Doppel- und Mehrfachbelegung der öffentlich-rechtlichen Anstalten zur Verfügung stehen. Ferner beansprucht der ORB eine weitere Fernsehfrequenz, um die Möglichkeit zu haben, im Dritten Programm die Sendungen

---

14 Mecklenburg-Vorpommern: Erste private UKW-Hörfunkkette lizensiert. Funk-Korrespondenz vom 13. Feb. 1992, S. 7.
15 Das erste Privatradio in den neuen Bundesländern. Kabel & Satellit vom 17. Feb. 1992, S. 18.
16 Mecklenburg-Vorpommern: Auswahl für Hörfunklizenz muß wiederholt werden. Funk-Korrespondenz vom 26. Feb. 1992, S. 4-6.
17 Abschließende Empfehlung für eine Rundfunkkonzeption in Berlin und Brandenburg vom 13.11.1990 der Sachverständigengruppe Medienordnung. in: Kopetz, D.: Neuordnungsprozesse im Mediensektor der Bundesrepublik Deutschland. Bochum 1991, S. 143-159.
18 Einigung zwischen Berlin und Potsdam auf gemeinsamen Medienstaatsvertrag. Funk-Korrespondenz vom 5. März 1992, S. 9-10.

von ORB und SFB auseinanderschalten zu können.[19] Damit würde eine reichweitenstarke TV-Frequenz für private Fernsehanbieter wegfallen.

Desweiteren haben sich in Berlin zwei große Veranstalter, RTL plus und Sat 1, niedergelassen, so daß die Brandenburger SPD darauf hingewiesen hat, daß Brandenburg vorrangig die Möglichkeit bekommen müsse, private Fernsehanbieter anzusiedeln.[20] Trotz der Verwirrungen schrieb die AKK Berlin am 13.09.1991 Frequenzen für private Rundfunkanbieter aus. Bis zum Antragsschluß[21] gingen 31 Anträge für Hörfunk und 16 für Fernsehen ein.[22]

Um Fernsehfrequenzen bemühten sich: RTL plus, Pay-TV, Premiere, Pro 7, Tele 5, 3Sat und Georg Gatron (mit Burda-Beteiligung).

Um Hörfunkfrequenzen bemühten sich: Radio Brandenburg GmbH i. G. (mit Beteiligung der hannoverschen AVE Gesellschaft für Hörfunkbeteiligungen), Radio 2 Rundfunkgesellschaft mbH i. G. (mit Beteiligung der Polygram), Radio 94,3 Berlin-Brandenburg GmbH & Co KG i. G. (mit Beteiligung von RTL plus, RIAS 2, DT 64 und Sat 1), Neuer Berliner Rundfunk (mit Beteiligung der FAZ und DuMont) sowie Radio Berlin-Brandenburg (mit Beteiligung von Gong, Burda und Ufa).

DT 64

DT 64, die Jugendwelle der ehemaligen DDR, erfreute sich in den fünf neuen Bundesländern besonderer Beliebtheit. Ihr Verbreitungsgebiet erreichte alle neuen Bundesländer und genau da liegt das Problem. Ein länderübergreifender Privatsender ist nicht vorgesehen und eine Kooperation aller im Osten vertretenen Anstalten (NDR, MDR, ORB) zum Zwecke der gemeinsamen Ausstrahlung von Jugendradio *DT 64* steht den Interessen dieser öffentlich-rechtlichen Anstalten entgegen.

Im Januar 1991 entwickelte die Chefredaktion von *DT 64* ein Zukunftskonzept, das die Privatisierung des Jugendsenders vorsah. Der Rundfunkbeauftragte Rudolf Mühlfenzl äußerte dazu, daß er den Ansatz als richtig bezeichne und eine Privatisierung von *DT 64* für realisierbar halte.[23]

Dennoch sollte im Zuge der Auflösung der Einrichtung (Art. 36 Einigungsvertrag) *DT 64* zum Jahresende 1991 abgeschaltet werden. Erst durch massive Proteste stimmten die Intendanten von MDR und ORB zu, den Jugendsender für eine bestimmte Zeit auf ihren Frequenzen am Leben zu erhalten.[24]

---

19 Butzek, E.: Puzzle-Arbeit für einen Vertrag. Frankfurter Rundschau vom 26. Nov. 1991.
20 SPD-Kritik am Berlin-Brandenburger Staatsvertrag. epd/Kirche und Rundfunk vom 11. Jan. 1992, S. 10-11.
21 am 29.11.1991
22 Berlin: 16 Anträge für Fernseh-, 31 Anträge für Hörfunkfrequenzen. Funk-Korrespondenz vom 5. Dez. 1991, S. 7.
23 Bünger, R.: Gebührensplitting auf eine begrenzte Zeit. Interview mit Rudolf Mühlfenzl. Funk-Korrespondenz vom 31. Jan. 1991, S. 1-3.
24 DT 64 sendet weiter: "große Lösung" in Sicht? Funk-Korrespondenz vom 9. Jan. 1991, S. 5-6.

Derweil ging das "Gerangel" über die Zukunft des Senders weiter. So hielt sich der Berliner Kabelrat alle Möglichkeiten offen und widersprach weder einer Weiterführung durch öffentlich-rechtliche Anstalten noch durch private Anbieter.[25]
Der Intendant des ORB, Hansjürgen Rosenbauer, vertrat die Ansicht, daß DT 64 doch - ähnlich wie der frühere DDR-Sender DS Kultur - als nationales Hörfunkprogramm weitergeführt werden könne. Dem entgegen hielt das Rundfunkratmitglied Klaus-Rüdiger Landowsky (CDU) eine Privatisierung für die beste Lösung.[26] Es hat sich ein Interessent für die private Übernahme von DT 64 gemeldet: die luxemburgische Rundfunkgesellschaft CLT. Währenddessen strahlen SFB und ORB seit dem 27. Januar 1992 ihr eigenes Jugendprogramm aus, *Rockradio B* und *Radio 4U*.

RIAS 2

Das Schicksal des Senders RIAS 2, dessen Aufgabe mit der Wiedervereinigung Deutschlands beendet war, war ähnlich kompliziert gestaltet. Noch im Januar 1992 wurde diskutiert, ob der Sender im Rahmen eines Pilotprojektes in eine öffentlich-rechtliche Stiftung überführt werden könne[27]; dann häuften sich die Stimmen, die für eine Privatisierung plädierten.
Sowohl der Intendant des RIAS, Helmut Drück, als auch der Berliner CDU-Fraktionsvorsitzende Klaus-Rüdiger Landowsky und der Journalisten-Verband Berlin hielten eine Privatisierung für die beste Lösung.[28]
Danach bewarben sich fünf Veranstalter um die private Fortführung von RIAS 2, darunter der Fernsehveranstalter Sat 1. Am 21. Februar 1992 wurden die Antragsteller während einer Kabelratssitzung angehört. Daraufhin nahm der Berliner Kabelrat zwei Veranstalter in die engere Wahl: die Radio Information Audio Service Zwei GmbH i. G., ein Konsortium um den ehemaligen RIAS-Intendanten Peter Schiwy, sowie die Radio 2 Rundfunkgesellschaft mBH i. G., der der Konzertveranstalter Peter Schwenkow und die Polygram GmbH angehören. Gleichzeitig beschloß der Kabelrat, RIAS 2 zu privatisieren.
Allerdings erwogen in Berlin ansässige, private Anbieter, gegen diese Entscheidung juristische Schritte einzuleiten, da die Startvoraussetzungen des Senders einen Wettbewerbsvorteil darstellen (Aufbau durch Bundesmittel, hohe technische Reichweite, professionelles Team etc.).[29]

---

25 Kabelrat: DT 64 öffentlich-rechtlich weiterführbar? Funk-Korrespondenz vom 30. Jan. 1992, S. 10.
26 Rosenbauer für Erhalt von DT 64 als nationales Jugendprogramm. epd/Kirche und Rundfunk vom 25. Jan. 1992, S. 9.
27 FDP im Berliner Abgeordnetenhaus will RIAS 2 als Stiftung. Funk-Korrespondenz vom 16. Jan. 1992, S. 4.
28 RIAS-Intendant für Privatisierung von RIAS 2. epd/Kirche und Rundfunk vom 25. Jan. 1992, S. 10.
29 RIAS 2 wird wahrscheinlich privatisiert. Kabel & Satellit vom 2. März 1992, S. 17.

Elf 99

Am 28.11.1991 gab der RTL plus-Chef Helmut Thoma die Privatisierung des Teams von Elf 99 bekannt. *Elf 99* hatte sich als Fernsehmagazin während der Umbruchzeit - ähnlich wie DT 64 im Radio - durch besonders freche und hintergründige Dokumentationen und Berichte hervorgetan. Zum Ende des Jahres 1991 hätte *Elf 99* das gleiche Schicksal bedroht wie DT 64: als Teil des DFF hätte es aufgelöst werden müssen.

Durch die Privatisierung und der festen Zusage der Zusammenarbeit mit RTL plus konnte *Elf 99* über die Jahresgrenze hinaus bestehen.[30] *Elf 99* produziert für Berlin und Brandenburg das Regionalmagazin und liefert andere Beiträge in Auftragsarbeit. Elf 99 ist seit 01.01.1992 ein Unternehmen, das eigenkonzipierte Sendungen für private Anbieter - also nicht nur für RTL plus - als auch für öffentlich-rechtliche Anstalten produziert.

Zusammenfassung

Im Jahre 1991 richteten alle neuen Bundesländer Landesmedienanstalten ein. Das duale Rundfunksystem erweist sich in der Praxis als nur eingeschränkt realisierbar. Durch Privatisierung konnten nur wenige "Einrichtungen" ihr Überleben sichern (Elf 99 im Programm von RTL plus).

Die Sendefrequenzen und ihre Verteilung waren in der Regel Anlaß zu Auseinandersetzungen. Sendefrequenzen für private Rundfunkanbieter werden voraussichtlich erst mittel- bzw. langfristig sendebereit sein.

Ein Ausweichen der privaten Rundfunkanbieter auf den Satellitenmarkt ist zu erkennen.

---

[30] Elf 99 wird privatisiert und produziert Regionalmagazin für RTL plus. Funk-Korrespondenz vom 5. Dez. 1991, S. 9.

4

Super... - Bild...
Die Veränderungen der Boulevardpresse
in den neuen Bundesländern

Dirk Funke

Die Wiedervereinigung Deutschlands erweist sich als ein langwieriger Prozeß. Die Verfassungslage ließ sich durch den Einigungsvertrag relativ schnell ändern. Schwieriger ist es jedoch, den Medienbeschäftigten und den Menschen die neue Verfassungslage bewußt zu machen.[1]

Die Freiheit als solche wurde von den meisten herbeigewünscht; das damit einhergehende Risiko der freien Marktwirtschaft in Form von Arbeitslosigkeit, Preissteigerungen usw. bereitet aber Probleme. Die Medien haben die Aufgabe, klärend die Geschichte der DDR aufzuarbeiten und die aktuellen Probleme der neuen Bundesbürger zur Sprache zu bringen. Presse und Rundfunk sind klassische Faktoren der öffentlichen Meinungsbildung.[2]

Es stellt sich die Frage, ob und inwieweit die *Boulevardpresse*, insbesondere die *Super!Zeitung* diesem Anspruch gerecht wird.[3]

Die Super!Zeitung

Als auflagenstärkste Neugründung in den neuen Bundesländern erwies sich 1991 die Konkurrenzzeitung der Bild: die Super! des Münchener Burda-Verlages. Gegründet wurde sie im Mai 1991 von Hubert Burda und dem australischen Verleger Rupert Murdoch.

Maßgebend für die Gründung der Super!Zeitung war nach Aussage von Hubert Burda, daß er seinen Presse- und Druckkonzern durch ein breites Verlagsprogramm absichern müsse.[4]

---

1 Bullinger AfP 91, 465 (465)
2 BVerfGE 12, 205 (260); 57 (295) (320) BVerfG JZ 91, 346 (346)
3 Am 23. Juli 1992 erklärte die Super!Zeitung aufgrund des Ausscheidens des Verlegers Murdoch ihre Einstellung.
4 Broichhausen, Kampf um Käufer auf dem ostdeutschen Boulevard: F.A.Z. vom 30.04.91, S. 17

Von Rupert Murdoch wird behauptet, daß er gegen seinen publizistischen Konkurrenten Maxwell antreten wollte, der mit Gruner & Jahr gemeinsam ein "Verlagsimperium" von den früheren DDR-Machthabern gekauft hatte, wie etwa die Berliner-Zeitung.[5]
Die Auflage der Super!Zeitung lag nach Angaben des News Burda Verlages im Oktober 1991 bei täglich 450.916 verkauften Exemplaren.[6] Im ersten Quartal 1992 sind täglich 411.053 Exemplare verkauft worden.[7] Dies deutet auf einen stabilen Absatzmarkt hin. Sie ist die erste farbige Tageszeitung mit voll digitalisierter Seitenherstellung.[8] Das Format war dem der *Sun-Zeitung* des Murdoch-Verlages entliehen und auf dem deutschen Zeitungsmarkt eher ungewöhnlich.
Die Super!Zeitung reiht sich in die Gruppe von Sun und von Burdas ostdeutschen Erfolgszeitschriften *SuperIllu* und *SuperTV* ein.
Sie sollte eine Zeitung für Ostdeutsche sein. Ihre Redaktion bestand aus 140 Redakteuren, wobei 55 aus dem Westen und 85 aus dem Osten Deutschlands gekommen sein sollen[9]. Diese Zahlen deuten auf einen größeren Einfluß von Ostdeutschen hin. Dies bestreitet die Ost-Berliner Journalistin Claudia-Pitsch[10], die 3 Monate bei der Super!Zeitung arbeitete, bevor sie diese freiwillig verließ. Nach ihrer Aussage seien die Macher der Zeitung nicht die Ost-, sondern die Westjournalisten gewesen. Das Zahlenspiel des Burda-Verlages würde dann über die tatsächlichen Machtstrukturen innerhalb der Super!Zeitung hinweggtäuschen und sicherlich einiges von ihrem Reiz für die ostdeutsche Leserschaft verlieren.

Das redaktionelle Konzept sollte auf die spezifischen Erwartungen der Leser in den neuen Bundesändern abzielen. Der Super!Zeitung wurde vorgeworfen, sie biete nur verklärende Rückblicke auf die Vorzüge der alten DDR, Abrechnung mit SED und Stasi, Lebenshilfe, Aufklärungs- und Sexgeschichten, barbusige Titelmädchen in Farbe und vor allem : Ossis gegen Wessis.[11]
Die Abrechung mit SED und Stasi erfolgte etwa durch Berichte wie:
"Dieser Dachdecker! Honecker ist Multi-Millionär, Honecker 8.219,13 DM die Stunde - ein Dachdecker kriegt 9,50 DM." [12]
Die aktive Lebenshilfe erfolgte durch den Super!-hilft-Bus. Geworben wird für diese Aktion mit dem Slogan: "Die Zeitung, die für Sie da ist".
Der Bus befand sich jeden Tag in einer anderen Stadt der neuen Bundesländer und wollte den Lesern bei der Lösung ihrer alltäglichen Probleme helfen. Einer Witwe bei einem

---

5   Rhiel-Heyse, Mit Zeitungspapier Aggressionen anheizen, Süddeutsche Zeit. vom 23.05.91, S. 3
6   Informationsheft des Burda News Verlages, That's Super S. 39
7   Anzeige der Super Zeitung im kress-report Nr.8 vom 15.04.1992
8   Broichhausen a.a.O.
9   Informationsheft des News Burda Verlages, That's Super, S. 21
10 Stelz/Handlötgen, "Die Bestie von Beelitz" - Die Horrorgeschichte der "Super". Ein Beitrag der WDR - Sendung Monitor vom 17.02.1992
11 Hanfeld, Medien Kritik Nr. 23 vom 03.06.1991 S. 6
12 Titelschlagzeile aus Super! Zeitung vom 08.04.92, S. 1

Antrag auf Rente, bei Ärger mit einem Versandhaus oder beim Wachrütteln verschlafener Bürokraten vom Arbeitsamt.[13] Eine Aktion, die an sich nicht zu verurteilen wäre, bei der aber vermutet werden darf, daß sie nicht nur unter rein caritativen, sondern unter wettbewerbsstrategischen Gesichtspunkten durchgeführt wurde.

Beamte und Politiker sind schon immer gern benutzte Zielscheiben für derbe Kritik gewesen. In einem Bericht über eine Hilfsaktion des Super!-hilft-Busses wurde als Behördenkritik formuliert:

"Der Magen knurrt.- Pause? Sind doch keine Behörde." [14]

Härter die Kritik am 3. Mai 1991: "Dieser West-Beamte verdient 3.950 DM mehr - ist er es wert?" (Wobei ein Pfeil auf ein Bild eines Westbeamten zeigt.)

Oder am 8./9. Mai 1991 : "Regierungs-Wessi nahm Mecklenburger Bauern das Land weg".

Auch die Arbeit der Treuhandanstalt wurde am 14. Mai 1991 kritisch beleuchtet: "Treuhand entläßt 417.000 Metaller. Zynisch sprechen die Bosse vom Großflugtag".

Auch die Vorbehalte gegen Westdeutsche wurden geschürt: 3. Mai 1991: "Angeber-Wessi mit Bierflasche erschlagen. Er protzte mit seinem BMW herum, beschimpfte seine Mitarbeiter als doofe Ossis. Ganz Bernau ist glücklich, daß er tot ist."

Eine derartige Berichterstattung dürfte kaum als unbedenklich anzusehen sein. Die Probleme in den neuen Bundesländern sind groß. Das Verhalten vieler Westdeutscher in den neuen Bundesländern gab ebenfalls Anlaß zu Bedenken.

Es ist daher zu fragen, ob durch eine solche polemische *Pressedarstellung* verhindert wurde, was nach Aussage von Hubert Burda ein Grund für das Bestehen der Super!Zeitung ist, nämlich, daß Deutschland zusammenwachsen soll und nicht in zwei Gesellschaften auseinanderdriften dürfe.

Wir-Gefühl

Weiterhin wurde in der Super!Zeitung versucht, ein starkes *Wir-Gefühl* innerhalb der ostdeutschen Leserschaft zu erzeugen. Es sollte eine große Super!-Familie entstehen. Erzeugt wurde dieses durch Formulierungen wie: "Da sage noch einer, wir hätten nichts zu bieten. Röstfrischer Kaffee aus Halle, Spitzen-Cola aus Berlin, Luxus-Wannen aus Dresden." [15]

Oder im sportlichen Bereich: "Ausverkauf im Ost-Fußball. Das All-Star-Team unserer Klubs in der 2. Liga..."[16]

13 Bericht der Super!Zeitung, Ein Tag im Super!-hilft-Bus, 08.04.92, S. 6
14 Super!Zeitung a.a.O.
15 Titelschlagzeile der Super!Zeitung vom 08.04.92, S. 5
16 Stolz, Ausverkauf im Ost-Fußball: Jede Wette, er geht weiter; Super! Zeitung vom 08.04.92, S. 12

Zudem wurde bei Nennung von Super!Zeitung, SuperTV, SuperIllu von der Super-Familie gesprochen[17]. Redaktionell wurden alle zu einer großen Super-Familie vereint. Durch dieses beabsichtigte Wir-Gefühl erfolgte eine Abschottung gegenüber den anderen, den Westdeutschen. Zusammenfassend läßt sich feststellen, daß die Super!Zeitung der Einheit Deutschlands eher publizistisch hinderlich war, als sie positiv voranzutreiben.

Die SuperIllu

Ein weiteres Produkt des Burda Verlages ist die nur in Ostdeutschland vertriebene SuperIllu. Ihre Auflage betrug 1991 wöchentlich 900.000 Exemplare.[18] Im ersten Quartal 1992 wurden 724.734 Stück pro Woche verkauft.[19]

Der Burda-Verlag und der Gong-Verlag zeichnen verantwortlich für das verlegerische Konzept der SuperIllu. Die Redaktion befindet sich im Berliner Gebäude der ehemaligen DDR-Nachrichtenagentur ADN. 20 Redakteure entwerfen die Illustrierte, ein knappes Drittel von ihnen sind Journalisten aus den neuen Ländern.[20]

Inhaltlich wurde das gleiche oder ähnliches geboten wie in der Super!Zeitung.

Das Konzept der SuperIllu ist nach den Angaben des Chefredakteurs Jochen Wolff, daß man wie ein Ostdeutscher denken und wie ein Westdeutscher handeln müsse. Zudem rechne er mit einer fortdauernden, längerfristigen Teilung des deutschen Medienmarktes.[21]

Hieraus wird deutlich, daß es darauf angelegt wurde, die Einheit Deutschlands im Pressesektor zu verhindern, um daraus Profit zu schlagen. Denn gerade durch eine Polarisierung der gesamtdeutschen Bevölkerung war es möglich, Vorurteile über den jeweils anderen Teil Deutschlands auflagensteigernd auszunutzen.

Auswirkung der Super!Zeitung auf den Zeitungsmarkt

Die Bild-Zeitung, die im 2. Quartal 1990 einen Auflagerekord von 1,1 Millionen Exemplaren allein in den neuen Bundesländern erreichte, schwächte diesen bis zum 30.04.91 auf 600.000 Exemplare ab.

Nach einer Recherche der Fachzeitschrift Medien-Kritik vom 02.12.1991 über Ostzeitungen wurde die Bild-Zeitung zunehmend von der Super!Zeitung überrundet.[22]

Nach einem Bericht im kress-report[23] hat die Bildzeitung in der Woche einen

---

17 Anzeige von Super! im kress-report Nr. 8 vom 15.04.92, S. 1
18 Hanfeld, Medien Kritik Nr. 21 vom 21.05.1991 S. 2
19 kress-report Nr. 8 vom 15.04.92 S.8
20 Hanfeld, a.a.O., S. 2
21 Hanfeld, a.a.O., S. 3
22 Martini, Medien Kritik Nr. 49 vom 02.12.91 S. 17
23 kress report Nr. 8 vom 15.04.92 S. 7

durchschnittlichen Verkauf von 4.450.377 Exemplaren. Dies ist ein Verlust von 555.377 verkauften Exemplaren im Vergleich zum 1. Quartal 1991. Die Bild-Zeitung versucht ihre Zahlenangaben dadurch zu beschönigen, daß sie nur Zahlen in der Woche von Montag bis Freitag bekanntgibt, weil der Samstag als schlechter Verkaufstag die Durchschnittszahl an verkauften Exemplaren herunterdrückt.

Als *Verkaufszahlen* innerhalb der neuen Bundesländer werden 491.672 verkaufte Exemplare für das 1. Quartal ausgewiesen. Hier sind aber auch die Verkaufszahlen von ganz Berlin mit 131.330 Exemplaren enthalten.

Die Verkaufszahlen für das Ausland werden überhaupt nicht bekanntgegeben.

Dies zeigt, daß der Einfluß der Bild-Zeitung auf dem westdeutschen und noch stärker auf dem ostdeutschen Markt abnimmt. Als Grund hierfür muß die Konkurrenz durch die Super!Zeitung angenommen werden.

Nach einer kommunikationswissenschaftlichen Inhaltsanalyse[24] macht die Bild-Zeitung inhaltlich einen Wandel durch. Danach ist die Berliner Bild-Zeitung Ost eine ganz andere als die Berliner Bild-Zeitung West.[25] Rund 30 % der Beiträge würden ausgewechselt, darunter auch Aufmacher und Kommentare. Es liege aher der Schluß nahe, daß Bild Berlin mit beiden Ausgaben nicht mehr als *publizistische Einheit* zu betrachten ist.[26]
Hieraus wird ersichtlich, daß auch Bild bemüht war, ähnlich der Super! eine Zeitung speziell für die Ostdeutschen Leser herauszubringen. Diese Pressepolitik der Verlage führte dazu, daß eine "Quasi-Teilung" des Pressemarktes zur Auflagensteigerung künstlich aufrechterhalten wurde.

In der Untersuchung wird festgestellt, daß alle berücksichtigten Zeitungen im ostdeutschen Vertriebsgebiet den Einigungsprozeß publizistisch behinderten. Die Super!Zeitung habe bei den isolationistischen Inhalten die Nase vorn, in vielen Einzelaspekten entpuppte sich die Bild-Ost als gleichwertiger bzw. überlegener Partner. So zielte Bild-Ost zusammen mit dem Kurier - entgegen anfänglichen Vermutungen - bei politischen und gesellschaftlichen Themen stärker auf isolationistische Tendenzen in den neuen Ländern als die vielkritisierte Burda-Publikation Super!.
Die Super!Zeitung berichtete über diese Untersuchung. Durch Weglassen des ersten Teils der zitierten Aussage und wörtlicher Zitierweise des zweiten Teils wurde das Ergebnis der Forscher, die drei Blätter stünden sich in puncto "Spaltungspolitik" in nichts nach, eindeutig zugunsten des eigenen Blattes verfälscht.[27]

---

24 Bisher unveröffentlichte Inhaltsanalyse von Held/Simeon/Wersig mit dem Titel "Neue Vielfalt am Kiosk? Eine systematische Inhaltsanalyse von Super!, Bild-Zeitung und Kurier, Berlin 1991
25 Ruß-Mohl,in Medien Kritik Nr. 2 vom 06.01.1992 S. 7
26 Ruß-Mohl a.a.O.
27 Ruß-Mohl a.a.O.

Dies alles deutet daraufhin, daß die *Boulevardpresse* in den neuen Bundesländern den verfassungsgemäßen und gesellschaftlichen Aufgaben nicht gerecht wird. Die anderen Medien sind daher aufgerufen, kritisch über die Arbeitsweise der Super!Zeitung zu berichten und dadurch zu versuchen, ein kritisches Bewußtsein bei den potentiellen Super!-Lesern hervorzurufen, auch wenn Anstrengungen in diese Richtung nicht leicht sein dürften.

Zusammenfassung

Die Wiedervereinigung Deutschlands erweist sich als ein langwieriger Prozeß. Die Medien haben die gesellschaftspolitisch ethische Aufgabe, diesen Prozeß zu unterstützen. Sie sollten klärend das Geschehene aufarbeiten und die Probleme der neuen Bundesbürger deutlich machen. Die Presse muß ihrer Aufgabe als Faktor der öffentlichen *Meinungsbildung* gerecht werden.

Der Pressemarkt in den neuen Bundesländern befindet sich im Wandel. Der Wandel betrifft auch die Boulevardpresse. Die Super!Zeitung verdrängte in den neuen Bundesländern die Bild-Zeitung, die versuchte, sich mit einer getrennten Ost-/West-Ausgabe Wettbewerbschancen zu sichern. Die Verkaufszahlen beweisen das Gegenteil.

Die Super!Zeitung versuchte die neuen Bundesbürger durch reißerische Berichte gegen die Wessis aufzubringen. Als weitere Themenschwerpunkte fand man überzogene Abrechnungen mit der SED und dem Staatssicherheitsdienst. Dem Leser wurden Sexgeschichten, reißerische Beiträge und spektakuläre Aktionen geboten.

Insoweit unterschied sich Super! nicht von der Bild-Zeitung. Inhaltlich zielte sie auf die vermeintliche Mentalität der Ostdeutschen ab. Dies verwundert schon deshalb, weil die Zeitung ausschließlich von westdeutschen Redakteuren zu verantworten war (100 % Burda-Verlag, München).

Die anderen Medien sind aufgerufen und gemäß ihres verfassungsrechtlichen Auftrages gehalten, über die Hintergründe der Super!Zeitung zu berichten und zu versuchen, ein kritisches Bewußtsein bei den Lesern zu fördern.

Literaturverzeichnis

Broichhausen, Klaus: Kampf um Käufer auf dem ostdeutschen Boulevard, in: FAZ, 30.04.1991, S. 17

Bullinger, Martin: Die Entwicklung der Medien und des Medienrechts in den neuen Bundesländern, in: AfP 1991, S. 465 ff.

Hanfeld, Micheal: Haben die Wessis das Böse zu uns gebracht?, in: Medien Kritik, Nr. 21 vom 21.05.1991, S. 2 f.

Ders.: Motor und Hochofen der inneren Teilung, in: Medien Kritik Nr. 23 vom 03.06.1991 S. 6 f.

Martini, Bernd Jürgen: Ost-Zeitungen, in: Medien Kritik Nr. 9 vom 02.12.1991 S. 14 ff.

News Burda Verlag: Informationsheft "That's Super" (zit.: Informationsheft des News Burda Verlag)

Rhiel-Heyse, Herbert: Mit Zeitungspapier Aggressionen anheizen, in: Süddeutsche Zeitung, 23.05.1991, S. 3

Ruß-Mohl, Stephan: Gezielte Desinformation in eigener Sache, in Medien Kritik Nr. 2, 06.01.1992, S. 7 f.

5

Strukturen des Pressemarktes in den neuen Bundesländern

Jörg Röver

1. Die Presselandschaft der DDR vor der Wende

Nach den bedeutsamen politischen Umwälzungen im Herbst 1989 und dem endgültigen
Fall der Mauer war zu vermuten, daß diese Ereignisse auch Auswirkungen auf die Presselandschaft der früheren DDR haben würden. Mit einem Mal öffnete sich für bundesdeutsche Verlage und ihre Presseerzeugnisse ein neuer Markt und fast gleichzeitig wurde
die *DDR-Presse* nach der Wirtschafts-, Währungs- und Sozialunion am 1. Juli 1990
marktwirtschaftlichen Konkurrenzbedingungen ausgesetzt.

Seit dieser Zeit haben sich das Angebot und die Inhalte der Zeitungen in den neuen Ländern Brandenburg, Mecklenburg-Vorpommern, Sachsen, Sachsen-Anhalt und Thüringen
erheblich gewandelt. Dagegen ist das von Seiten der DDR befürchtete Zeitungssterben
nicht eingetreten.

Während der 40 Jahre DDR-Geschichte hat es keine großen Veränderungen bei der Tagespresse gegeben. Wie schon Mitte der fünfziger Jahre, so erschienen in der DDR bis
zur Wende 39 Tageszeitungen, in der Regel fünfmal die Woche mit sechs bis acht Seiten.[1] Sie hatten eine Gesamtauflage von 9,7 Millionen Exemplaren. Damit wurden zum
einen die 6,5 Millionen Haushalte versorgt, zum anderen diente diese hohe Auflagenzahl
als Instrument des politischen Systems. In der früheren DDR dienten Massenmedien der
"Entwicklung des Volkes im Geiste des Sozialismus..."[2]

Trotz der einheitlichen Lenkung des Pressewesens und einer geringen Auswahl an Titeln
nahm die DDR-Bevölkerung in der Nutzung der Printmedien einen der vordersten Plätze
in der Welt ein.[3] Dabei waren die hohen staatlichen Subventionen (332 Millionen Mark
jährlich) und die extrem niedrigen Verkaufs- und Abonnementspreise die Basis für diese
rechnerisch hohe Leserdichte.

---

1   Vgl. Günter Holzweißig: Massenmedien in der DDR, Berlin 1983.
2   Vgl. ebd., S.140.
3   Vgl. Wolfgang Grubitsch: Presselandschaft der DDR im Umbruch, in: Media Perspektiven 3/90,
    S.140.

Nur 38 Verlage brachten alle in der DDR erscheinenden Tageszeitungen heraus. Diese befanden sich ausschließlich im Besitz von Parteien und Massenorganisationen. Allein 17 Blätter gehörten der SED: 15 Bezirkszeitungen (einschließlich der "Berliner Zeitung"), eine zentrale Zeitung ("Neues Deutschland") und eine Straßenverkaufszeitung ("BZ am Abend").[4] Die SED-Blätter machten mit knapp 7 Millionen Exemplaren den Hauptteil der Gesamtauflage aus.[5] Sie konnten auf diese Weise flächendeckend in allen Städten und Kreisen des Staates erscheinen.

Die anderen vier *Blockparteien* verfügten über 18 Tageszeitungen: sechs von der CDU, fünf von der LPDP, sechs von der NDPD und eine zentrale Zeitung der DBP. Gegenüber den SED-Bezirkszeitungen waren die Blätter der Blockparteien mit einer Gesamtauflage von 873.000 Exemplaren von geringerer Bedeutung[6] Sie waren hauptsächlich in den Bezirkshauptstädten der DDR erhältlich.

Darüber hinaus gab es noch drei hochauflagige Titel von Massenorganisationen: der Freien Deutschen Jugend (FDJ),"Junge Welt" (1 381 000 Exemplare), des Freien Deutschen Gewerkschaftsbundes (FDGB), "Tribüne" (414 000 Exemplare) und des Deutschen Turn- und Sportbundes (DTSB),"Deutsches Sportecho" (185.000 Exemplare), sowie das Organ der sorbischen Minderheit, "Nowa Doba".

Wie die Tagespresse, so unterlagen auch Illustrierte und Wochenzeitungen je nach Auflagenhöhe und Zielgruppen einer politischen Regelung und Kontrolle. Nach dem Stand von 1988 gab es auf dem Zeitschriftenmarkt der DDR:[7]

*   30 allgemeine Wochenzeitschriften und illustrierte Zeitungen
*   80 Zeitschriften
*   34 Wochenzeitungen und Zeitschriften der Kirchen und religiösen Gemeinschaften

Weitere Zahlen über Gattungen, Herausgeberschaft und Auflagenhöhe sowie eine genaue Anzahl der Titel liegen nicht vor.[8] Auch eine Einordnung des Zeitschriftenwesens nach westdeutschem Muster in bestimmte pressestatistische Kategorien (z.B. Publikumszeitschriften oder sog. "Special-Interest-Titel") hat es nicht gegeben.

---

4 Vgl. Karl-Marx-Universität/Sektion Journalistik (Autorenkollektiv unter Leitung von Prof.Dr.sc.pol. Heinz Halbach): Das journalistische System der Deutschen Demokratischen Republik im Überblick. Lehrheft, Leipzig 1988.
5 Vgl. Horst Röper: Die Entwicklung des Tageszeitungsmarktes in Deutschland nach der Wende in der ehemaligen DDR, in: Media Perspektiven 7/91, S.427.
6 Vgl. ebd., S.427
7 Vgl. Heinz Halbach, a.a.O., S.9.
8 Vgl. Beate Schneider u.a: Strukturen, Anpassungsprobleme und Entwicklungschancen der Presse auf dem Gebiet der neuen Bundesländer (einschließlich des Gebiets des früheren Berlin-Ost), Forschungsbericht im Auftrag des Bundesministers des Innern, Hannover und Leipzig, Oktober 1991 und Februar 1992, Band II, S.175.

westdeutschem Muster in bestimmte pressestatistische Kategorien (z.B. Publikumszeitschriften oder sog. "Special-Interest-Titel") hat es nicht gegeben.

Die Zeitschriften in der DDR hatten thematische Schwerpunkte in den Bereichen Technik und Naturwissenschaft, Politik, Gesellschaft, Staat, Rechts- und Wirtschaftswissenschaften sowie Medizin.[9]

Die populärsten Wochenblätter waren die Programmzeitschrift "FF-dabei" (1.484.000 Exemplare), die Familienzeitschrift "Wochenpost" (1.243.000 Exemplare), die Frauenzeitschrift "Für Dich" (937.600 Exemplare), die Modezeitschrift "Pramo" (773.600 Exemplare) und die "Neue Berliner Illustrierte" (794.000 Exemplare).[10] Viele der auflagenstarken Titel kamen aus Verlagen in Berlin und Leipzig.

2. Die Strategien westdeutscher Verlage nach der Wende

Bereits Anfang 1990 kündigten die meisten SED-Zeitungen - mit Ausnahme des ehemaligen Zentralorgans "Neues Deutschland" - ihre Bindung an die SED/PDS auf, um politisch, juristisch und ökonomisch unabhängig zu werden.[11] In der Folge gründeten sich bis zum Herbst 1990 bei fast allen Titeln eigenständige Verlagsgesellschaften, die als Herausgeber der Zeitungen eingetragen wurden. Die gewonnene ökonomische Unabhängigkeit bedeutete gleichzeitig den "freien Fall" in die neue unbekannte Wettbewerbssituation. Der sich dadurch abzeichnende Existenzkampf vieler Presseerzeugnisse und die Notwendigkeit umfangreicher Erhaltungsinvestitionen ergaben für die finanzkräftigen bundesdeutschen *Großverlage* eine gute Möglichkeit, ihre Zusammenarbeit anzubieten und sich so auf dem ostdeutschen Pressemarkt zu etablieren. Die in der Folgezeit in großem Umfang einsetzenden Aktivitäten führender westdeutscher Verlagsgruppen machten sehr schnell deutlich, von welcher ökonomischen Bedeutung die Veränderungen auf dem ostdeutschen Pressemarkt sind.

Die bislang von den westdeutschen Unternehmen bei der Erschließung des ostdeutschen Zeitungsmarktes angewandten Strategien und Vorgehensweisen waren sehr unterschiedlich:[12]

Im Rahmen eines sehr offensiven und vielfach kritisierten "Vorpreschens" versuchten große westdeutsche Verlagshäuser, trotz ungeklärter Eigentumsverhältnisse, schon kurz nach der Wende mit alten DDR-Verlagen zu kooperieren. Die Formen der Zusammenarbeit umfaßten das Verlagsmanagement, die Bereiche Redaktion und Technik sowie ge-

---

9 Vgl. Elisabeth Noelle-Neumann u.a. (Hrsg.): Publizistik Massenkommunikation, Frankfurt 1990, S.162.
10 Vgl. Heinz Halbach, a.a.O., S.50-52.
11 Vgl. Wolfgang Grubitsch, a.a.O., S.145.
12 Vgl. Horst Röper, a.a.O., S.421.

meinsame Anzeigenakquisitionen bis hin zu Verlagsbeteiligungen.[13] Mit den hierzu eingesetzten Sach- und Geldmitteln war die Hoffnung verbunden, die Verlage später ganz übernehmen zu können. Zu den attraktivsten Kaufobjekten gehörten die regionalen und lokalen Abonnementzeitungen mit einem geschätzten Marktanteil von 64 %.[14]

Die dann in den turbulenten Zeiten der Wende zumeist mit Belegschaftsvertretern ausgehandelten Verträge und Absichtserklärungen über Beteiligungen oder Kooperationen wurden von der Treuhandanstalt als neuer Eigentümerin der Anfang 1990 in Volkseigentum überführten *SED-Bezirkszeitungen* in einigen Fällen nicht anerkannt.[15] So mußte der Bauer-Verlag bei drei von vier Verlagen auf eine geplante Übernahme verzichten, obwohl er mit diesen Ost-Unternehmen bereits kooperiert hatte.

- Andere Zeitungsverlage aus dem Bundesgebiet versuchten in der früheren DDR neue Zeitungen und Verlage zu gründen. Die Strategie wurde von der Annahme getragen, daß die gesamte, von der SED beeinflußte Presse beim Publikum diskreditiert sei und sich daher Chancen für Zeitungsneugründungen ergeben würden.

- Eine weitere Gruppe von Verlagen versuchte ihre westdeutschen Ausgaben in den neuen Bundesländern anzubieten oder auch zusätzliche (Lokal-)Ausgaben in grenznahen Gebieten herauszubringen.

2.1. Die neuen Eigentümer der SED-Bezirkspresse

Die anfänglich als "Kooperation" begonnene Zusammenarbeit der Verlage in Ost und West hat mittlerweile zu einer vollständigen Übernahme durch westdeutsche Großverlage geführt.

Bereits Ende 1990 wurden den Medienkonzernen Gruner+Jahr/ Maxwell die Blätter des Berliner Verlages, "Berliner Zeitung" und "Berliner Kurier am Abend", zu jeweils 50 % verkauft. Nach dem Tod des Verlegers Robert Maxwell hat der Hamburger Medienkonzern auch die restlichen Anteile übernehmen können. Noch im gleichen Jahr bekam die Medien-Union/Rheinpfalz den Zuschlag für die in Chemnitz erscheinende, auflagenstärkste Bezirkszeitung "Freie Presse" und der Kölner Verlag DuMont/Schauberg für die "Mitteldeutsche Zeitung" in Halle.

---

13 Vgl. Beate Schneider, a.a.O., Band I, S.54.
14 Vgl. ebd., S.145.
15 Vgl. Horst Röper, a.a.O., S.421

Im Dezember 1990 wurden von der *Treuhandanstalt* zehn weitere SED-Bezirkszeitungen zum Verkauf angeboten. Nach ihren ursprünglichen Vorstellungen sollte pro West-Verlag nur eine der einstigen *SED-Bezirkszeitungen* veräußert werden.[16] Darüber hinaus wollte die Treuhandanstalt keine Tageszeitungen mit unmittelbar aneinandergrenzenden oder sich überschneidenden Verbreitungsgebieten an denselben West-Verlag vergeben.[17] Bei ihrer Ausschreibung wurden die bisher bestehenden Kooperationen und Beteiligungen westdeutscher Verlage und die von ihnen bis dahin "großzügig" investierten Millionenbeträge nicht berücksichtigt. Die Entscheidung der Treuhand erfolgte aufgrund folgender Vergabekriterien:[18]

- angebotener Kaufpreis,
- vorgelegte Sanierungs- und Investitionskonzepte,
- Sicherung von Arbeitsplätzen.

Nach monatelangen Verhandlungen und rechtlichen Klärungen früherer Besitzansprüche[19] wurde der Verkauf der früheren SED-Presse im Sommer 1991 abgeschlossen.

Die bei dem umfangreichsten Zeitungsverkauf der deutschen Geschichte von der Treuhandanstalt geplante Beteiligung mittelständischer Verlagsbetriebe wurde nicht erreicht. Entgegen ihrer Ankündigung erhielten die zehn auflagenstärksten Verlagsgruppen im westlichen Teil der Republik den "Löwenanteil" der angebotenen Tagespresse der ehemaligen DDR und der zugehörigen Verlage.[20] Auch bei den Zeitungen, die von mittelständischen Unternehmen erworben wurden, ist in vielen Fällen indirekt ein westdeutscher Großverlag am Erwerb der SED-Bezirksblätter beteiligt (s. folgende Seite).[21]

Nur das ehemalige Zentralorgan *Neues Deutschland* blieb im Besitz der PDS. Das überregionale Parteiblatt, zu DDR-Zeiten mit millionenstarker Auflage, schrumpfte inzwischen in der Gesamtauflage um gut 90 %. Aber auch bei den Bezirkszeitungen gingen die Auflagen um 10 bis 35 % zurück.[22]

---

16 Vgl. Hannoversche Allgemeine Zeitung vom 18.5.1991
17 Vgl. Peter Turi: DDR-Presse: Chronik eines angekündigten Todes, in: Media Spectrum 1/91, S.18.
18 Vgl. Beate Schneider, a.a.O., S.116.
19 U.a. erhob die SPD zwischenzeitlich einen Anspruch auf sieben von zehn der zu verkaufenden Zeitungen, weil die Zeitungen vor 1933 der Partei gehörten und dann von den Nationalsozialisten enteignet wurden (Hannoversche Allgemeine Zeitung vom 18. Mai 1991).
20 Vgl. Horst Röper, a.a.O., S.427
21 Vgl. Beate Schneider, a.a.O., Band I, S.119-121 und Horst Röper: Formation deutscher Medienmultis 1991, in: Media Perspektiven, Heft 1/92, S.2-23.
22 Vgl. Horst Röper, a.a.O., Media Perspektiven 7/91, S.422 und Planungsdaten Ost, in: HORIZONT Nr.44, 1.November 1991.

Die neuen Eigentümer der SED-Bezirkspresse

Titel 1991	Auflage III/91 in Tsd.	Eigentümer (E: Eigentümeranteil)
Berliner Zeitung	286,6	Gruner+Jahr
Berliner Kurier	127,7	Gruner+Jahr
Lausitzer Rundschau	231,5	Saarbrücker Zeitung[23]
Märkische Oderzeitung	170,0	Südwestpresse;Stuttgarter Zeitung;[24] (E zu je 50%)
Märkische Allgemeine	265,0	Frankfurter Allgemeine Zeitung
nordkurier	153,7	Augsburger Allgemeine, Kieler Nachrichten[25], Schwäbische Zeitung (E mit je 33,3 %)
Ostsee Zeitung	232,1	Lübecker Nachrichten[26]; Axel Springer Verlag (E zu je 50%)
Freie Presse	572,0	Die Rheinpfalz/Ludwigshafen
Sächsische Zeitung	492,8	Gruner + Jahr (60%), SPD (40%);
Leipziger Volkszeitung	345,0	Axel Springer Verlag, Verlagsgruppe Madsack (E zu je 50%)
Mitteldeutsche Zeitung	510,0	DuMont/Schauberg
Volksstimme	356,8	Heinrich Bauer Verlag
Freies Wort	129,4	Neue Presse Coburg[27]
Thüringer Allgemeine	310,0	WAZ-Gruppe und TA-Mitarbeiter (E zu je 50%)
Ostthüringer Zeitung	200,0	WAZ-Gruppe (40%); Allgemeine Zeitung Mainz mit Sebaldus-Verlag (40%), OTZ-Mitarbeiter (20%);

---

23 An der "Saarbrücker Zeitung" ist die Holtzbrinck-Gruppe zu 52,3 Prozent beteiligt
24 Der Verlag Rheinpfalz ist mit 44,4 Prozent an der "Stuttgarter Zeitung" beteiligt.
25 Der Axel Springer Verlag ist mit 25 Prozent an den "Kieler Nachrichten" beteiligt.
26 An den "Lübecker Nachrichten" hält der Axel Springer Verlag eine Beteiligung von 55 Prozent.
27 An der "Neuen Presse", Coburg ist die Verlagsgruppe Süddeutsche Zeitung/Friedmann-Erben zu 70% beteiligt.

2.2. Der Verkauf der Blockpartei-Zeitungen

Für die Veräußerung der Zeitungen der ehemaligen Blockparteien hatte die Treuhandanstalt keine Zuständigkeit. Hierfür waren die alten Herausgeber bzw. Verlage selbst verantwortlich. Ihre mangelnde *Wettbewerbsfähigkeit* brachte diese Blätter nach Öffnung der
Grenze allerdings in eine sehr viel schlechtere Marktposition als die wirtschaftlich attraktiveren Zeitungen der SED.[28]
Schneller als vielerorts angenommen, fanden die früheren Zeitungen der Blockparteien
sehr schnell im Verlag der Frankfurter Allgemeinen Zeitung, der WAZ-Gruppe als
auch im Springer-Konzern finanzkräftige westdeutsche Käufer. Daß Finanzkraft und
verlegerisches Know-how nicht gleichzeitig auch Garant für das Überleben dieser Blätter
war, zeigt die heutige Situation: Von ehemals 18 Regionalblättern der ehemaligen Blockparteien sind nur wenige Titel übrig geblieben. Das Naumburger und Hallesche Tageblatt
übernehmen seit Dezember 1991 den Mantel der früheren SED-Bezirkszeitung Leipziger
Volkszeitung. An allen drei Zeitungen sind die Verlagsgruppe Madsack und der Axel
Springer-Verlag zu je 50 % beteiligt. Ein weiterer noch erscheinender Regionaltitel sind
die Dresdner Neuesten Nachrichten.[29] Hier halten die Eigentümer der Leipziger Volkszeitung (Springer und Madsack) mit 51 % die Anteilsmehrheit. Der Rest ist in Besitz des
Süddeutschen Verlages (Süddeutsche Zeitung). Die Norddeutschen Nachrichten erscheinen nur noch als Kopfblatt der Schweriner Volkszeitung (Burda-Verlag) im Raum Rostock. Als letzte eigenständige Regionalzeitung der alten Blockparteien erscheinen die
Potsdamer Neueste Nachrichten (Der Tagespiegel) und die "Thüringische Landeszei-
tung", mit der die WAZ-Gruppe aus Essen einen Kooperationsvertrag hat.[30]
Alle anderen regionalen Parteiblätter haben ihr Erscheinen inzwischen eingestellt[31] oder
sind in den oben genannten Zeitungen aufgegangen.

2.3. Der Bedeutungsverlust der überregionalen DDR-Blätter

Die vor der Wende sehr auflagenstarken überregionalen DDR-Zeitungen waren von den
Veränderungen im Printbereich am stärksten betroffen.
Wirtschaftlich nicht mehr überlebensfähig waren Titel früherer Massenorganisationen
wie die Tribüne und das Deutsche Sportecho. Übriggeblieben sind nur noch Junge Welt
(Verlagsanstalt Berlin GmbH), das Deutsche Landblatt (Frankfurter Allgemeine Zeitung),
früher Bauern Echo, und die Zeitung der sorbischen Minderheit, heutiger Titel Serbske

28 Vgl. Horst Röper, a.a.O., Media Perspektiven 7/91, S.423-424.
29 Zum 1. Dezember 1991 wurde die Tageszeitung "Die Union" von den "Dresdner Neuste Nachrichten"
   übernommen und ist darin aufgegangen.
30 Vgl. Beate Schneider, a.a.O., Band I, S.122 -127.
31 Als vorerst letzte der Regionalzeitungen früherer Blockparteien hat die aus dem Zusammenschluß
   von Die Union und Dresdner Neueste Nachrichten entstandene Ausgabe Chemnitzer Nachrichten ihr
   Erscheinen am 14.3.1992 eingestellt (Hannoversche Allgemeine Zeitung vom 14.3.1992).

Nowiny. Diese konnte ihr Überleben aber nur mit einer Subvention in Millionenhöhe der letzten DDR-Regierung sichern.[32] Wie bei der Zeitung Neues Deutschland, so hat sich auch die Gesamtauflage dieser drei noch erscheinenden Blätter mit zusammen 150.000 Exemplaren drastisch reduziert.[33] Dieses ist ein deutliches Indiz dafür, daß die überregionale Presse der früheren DDR zu einem großen Teil nur Pflichtlektüre war und neben den regionalen Blättern freiwillig oder auch unfreiwillig gehalten wurde.[34]

2.4. Großes Engagement westdeutscher Verlagshäuser

Neben der Beteiligung oder Übernahme ostdeutscher Zeitungen wurden von grenznahen Verlagen und Zeitungen westdeutscher Partnerstädte schon bald nach der Wende lokale *Nebenausgaben* herausgebracht. Von den 78 neuen Zeitungsausgaben ein Jahr nach der Wende erschien ein Großteil in den Kreisen und Städten entlang der innerdeutschen Grenze.[35] So bezog die neugegründete Magdeburger Allgemeine Zeitung ihren Mantel von der Hannoverschen Allgemeinen Zeitung (Verlagsgruppe Madsack) und die Wernigeröder Allgemeine erschien als Bezirksausgabe der Harzburger Zeitung. Viele von diesen regionalen Lokalausgaben konnten sich allerdings nicht halten und wurden inzwischen wieder eingestellt.[36]

Andere westdeutsche Großverlage versuchten mit ostdeutschen Ablegern ihrer Boulevard-Erzeugnisse den bis auf die "BZ am Abend" unbekannten Typ der Straßenverkaufszeitung in den neuen Bundesländern zu etablieren. Schon bald nach den politischen Umwälzungen waren in den neuen Bundesländern Nebenausgaben der Bild-Zeitung (Springer Verlag), der Hamburger Morgenpost (Gruner + Jahr) und des Kölner-Express (DuMont/Schauberg) zu kaufen. Anfänglich waren die Ost-Auflagen dieser Blätter zum Teil beträchtlich. Inzwischen sind sie stark gesunken oder erscheinen nicht mehr. Die fünf Ausgaben des Express (Du-Mont/Madsack) haben sich bis auf eine Ausgabe mit dem Namen Mitteldeutscher Express im Gebiet von Halle reduziert.[37]

Einige Unternehmen aus der alten Bundesrepublik haben versucht, mit einer neuen Tageszeitung oder der Gründung eines neuen Verlages in Ostdeutschland erfolgreich zu sein.

Es gibt aber nur wenige dieser meist hundertprozentigen Tochterunternehmen westdeutscher Verlage, die gleichzeitig neue Zeitungen im Sinne von neuen publizistischen

---

32 Vgl. Walter J. Schütz: Der Zeitungsmarkt in den neuen Ländern, in: Bundesverband Deutscher Zeitungsverleger e.V. (Hrsg.): Zeitungen 91. BDZV-Jahrbuch. Bonn 1991, S.108.
33 Vgl. Beate Schneider, a.a.O., Band I, S.128.
34 Vgl. Walter J. Schütz, a.a.O., S.108.
35 Vgl. ebd., Band I, S.135.
36 Zum 31.3.1992 stellte die Braunschweiger Zeitung ihre gesamten bis dahin erschienenen östlichen Bezirksausgaben in Halberstadt, Haldensleben und Oschersleben ein.
37 Vgl. Horst Röper, a.a.O., S.426.

Einheiten herausgeben.[38] Eine Ausnahme ist die Nordische Verlagsgesellschaft[39] mit dem "Greifswalder Tageblatt".

Obwohl die Einseitigkeit der ehemaligen Presselandschaft der DDR Zeitungsneugründungen geradezu herausgeforderte, konnten viele nach der Wende neu auf den Markt erschienene Ausgaben ihr zweites Erscheinungsjahr nicht mehr vollenden. Gut ein Drittel dieser Blätter gibt es nicht mehr.[40] Die Gründe dafür liegen nicht nur in der mangelnden Wirtschaftlichkeit, sondern auch in der weiterhin starken *Leser-Blatt-Bindung* der ostdeutschen Bevölkerung zu den alten lokalen und regionalen SED-Titeln.

Dennoch gab es einige erfolgreiche Neugründungen. Dazu gehört die im Verlagszusammenschluß Burda/Murdoch herauskommende Straßenverkaufzeitung "Super!", die mit einer verkauften Auflage von 470.000 Exemplaren[41] zur schärfsten Konkurrenz für die "Bild-Zeitung" geworden ist.

3. Die bestehende Struktur der Tagespresse in Ostdeutschland

Im Rahmen einer Stichtagssammlung hat das Institut für Journalistik und Kommunikationsforschung Hannover im Auftrag des Bundesministeriums des Innern[42] festgestellt, daß auf dem Gebiet der ehemaligen DDR im Oktober 1991 von 67 Verlagen Tageszeitungen herausgegeben wurden. Das ist eine Erhöhung um 76 % gegenüber der Zeit vor der Wende. Damals waren es nur 38 Verlage. Von den 67 Verlagen hatten nur 51 ihren Sitz in Ostdeutschland. Etwas mehr als die Hälfte dieser Unternehmen (insgesamt 26) sind aus Verlagen hervorgegangen, die bereits vor der Wende in der DDR existierten. Zu der Zeit erschienen sie allerdings unter anderen Namen, anderen Rechtsformen und anderen Eigentumsverhältnissen. Die restlichen 25 Verlage sind Neugründungen.[43]

Die Zahl der Vollredaktionen (publizistische Einheiten), die allerdings nicht alle ihren Sitz in den neuen Bundesländern hatten, erhöhte sich von 38 auf 60. Ein großer Teil dieser publizistischen Einheiten gehört zu den 39 Tageszeitungen, die es bereits vor der Wende in der DDR gegeben hat. Wie bei den Verlagen, so erscheinen einige dieser alten Blätter unter neuem Namen.[44]

---

38 Vgl. Beate Schneider, a.a.O., Band I, S.135.
39 An dem Verlag sind sechs westdeutsche Zeitungsverlage mit gleichen Anteilen beteiligt: Wilhelmshavener Zeitung, Oldenburgische Volkszeitung, Emder Zeitung, Siegener Zeitung, Dithmarscher Zeitung und Jeversches Wochenblatt.
40 Dazu gehören auch die zuvor angesprochenen Ostausgaben westdeutscher Verlage im Grenzgebiet.
41 Vgl. Planungsdaten Ost, in: HORIZONT Nr.44, 1.November 1991.
42 Vgl. Beate Schneider, a.a.O., Band I und II.
43 Vgl. ebd, Band I, S.171.
44 Beispielsweise heißt die frühere SED-Bezirkszeitung "Freie Erde" jetzt "nordkurier", die "Freiheit" wurde in "Mitteldeutsche Zeitung" umbenannt, etc.

Alle 60 Vollredaktionen publizierten im Herbst 1991 insgesamt 349 Ausgaben, die sich entweder im redaktionellen und/oder im Anzeigenteil voneinander unterschieden. Allerdings stellten dabei fast drei Viertel aller Ausgaben die noch existierenden 28 alten publizistischen Einheiten dar. Neue Vollredaktionen produzierten nur 12 % der Zeitungsausgaben.[45]

Obwohl sich das Angebot an Tageszeitungen erhöht hat, ist die Gesamtauflage gegenüber 1989 um 30 % auf etwa 7 Millionen gesunken.[46] Wie zu Zeiten der DDR entfällt der sehr viel größere Teil der täglichen Auflage immer noch auf lokale und regionale Abonnementzeitungen. Nach 64 % im Herbst 1989 stieg ihr Anteil an der Gesamtauflage sogar auf 73 % Ende 1991. Dieser Zugewinn macht die weiter dominierende Stellung der alten SED-Bezirkszeitungen deutlich. Ihre verkaufte Auflage liegt heute immer noch bei rund 4,5 Millionen.[47]

Trotz der ausgebauten Position der Regional- und Lokalausgaben hat sich die Nachfrage nach bestimmten Zeitungstypen geändert, was zu Veränderungen in der bisherigen Pressestruktur führte:[48]

So ist der Marktanteil der überregionalen Zeitungen an der verkauften Gesamtauflage stark gefallen. 1989 betrug er noch 34 %, im Herbst 1991 dagegen nur 5 %. Stark nachgefragt werden dagegen die neuen Straßenverkaufszeitungen. Ihr Marktanteil an der verkauften Gesamtauflage stieg im gleichen Zeitraum von 2 % auf fast ein Fünftel der Gesamtauflage (22 %).

4. Die Entwicklung des Zeitschriftenmarktes nach der Wende

Gut zweieinhalb Jahre nach der politischen Wende in der früheren DDR unterscheidet sich die Situation auf dem Zeitschriftenmarkt im Osten noch immer wesentlich von der im Westen der Bundesrepublik. Trotz bereits erfolgter einschneidender Veränderungen in diesem Bereich der Printmedien sind die strukturellen Umwandlungen im ostdeutschen Zeitungsmarkt in vollem Gange und längst nicht abgeschlossen.

Die anfängliche "neugierige Euphorie" der ostdeutschen Leserschaft ist einer gewissen Nüchternheit bei der Entwicklung des ostdeutschen Zeitschriftenmarktes gewichen. Die meisten Publikumszeitschriften in den neuen Bundesländern finden nur halb so viele Käufer wie im Westen. Eine Analyse von in den neuen Bundesländern verkauften Zeitschriften zeigt: Es wurden im Herbst 1991 von diesen Titeln insgesamt nur 7,7 Millionen

---

45 Vgl. Beate Schneider, a.a.O., Band I, S.158.
46 Vgl. Beate Schneider: Vorliebe fürs Hausgemachte - Leserverhalten in Ost und West, in: MEDIUM MAGAZIN Heft 1/92, S.20.
47 Vgl. ebd., S.20
48 Vgl. Beate Schneider, .a.a.O., Band I, S.146.

pro Ausgabe verkauft gegenüber 64 Millionen Exemplaren im Westen.[49] Obwohl die im ostdeutschen Zeitschriftengeschäft tätigen Verlage schon heute von einer um 16 Millionen Bundesbürger erweiterten Leserschaft und einem neuen Anzeigenmarkt mit großen Wachstumspotentialen profitieren, bleibt das Nachfragewachstum bei Zeitschriften im Osten hinter den Erwartungen zurück. Sollte das bisherige Tempo so anhalten, "wird es (...) volle zehn Jahre dauern, bis Ost- und Westdeutsche am Kiosk gleich viel kaufen".[50] Entsprechend waren die Strategien westdeutscher Zeitungsverleger bei der Erweiterung ihres Absatzmarktes von unterschiedlich wirtschaftlichem Erfolg:[51]

So stießen die von den führenden Verlagen im Westen herausgegebenen Zeitschriftentitel im Osten auf unterschiedliche Akzeptanz. Sehr erfolgreich sind niedrigpreisige Zeitschriften und preiswerte Jugendtitel. Die ersten 10 der im Osten meistverkauften West-Titel mit einem Anteil von mehr als 20 % ihrer Gesamtauflage kosten weniger als 3 DM.[52] Allein fünf dieser populären West-Magazine bringt der Heinrich Bauer Verlag heraus, darunter auch die Programmzeitschrift "Auf einen Blick", mit einer Auflage von 700.000 Exemplaren Spitzenreiter im IV. Quartal, weiter die Jugendzeitschriften "Bravo" (knapp 490.000 Exemplare) und "Mini" (über 300.000 Exemplare) sowie die Sexmagazine "Praline" und "Wochenend"(beide um die 200.000 Exemplare).[53]

Sehr hoch im Kurs bei der ostdeutschen Bevölkerung stehen westdeutsche Titel mit Servicecharakter. Aufgrund des höheren Nutzwertes dieses Zeitschriftentyps sind die Leser in den neuen Bundesländern eher bereit, auch einen höheren Copy-Preis (ab 4,50 DM) zu akzeptieren. Gemessen an ihrer Gesamtauflage verkaufen sich die verschiedensten Ratgebertitel, wie z.B. Mein schöner Garten (Burda Verlag, 220.000 Exemplare), Selbermachen (Jahreszeitenverlag, 85.000 Exemplare) sowie Selbst ist der Mann (55.000 Exemplare) und Auto-Zeitung (40.000 Exemplare, beide Heinrich Bauer Verlag) überdurchschnittlich gut.[54]

Dagegen hat die große Zahl von sogenannten "Special-Interest-Titeln" auf dem ostdeutschen Markt weniger Erfolg. Die zumeist einem anspruchsvolleren und teuren Segment zugehörigen Titel entsprechen zur Zeit nicht dem Interesse und den Erwartungen der ostdeutschen Bevölkerung. Die Gründe liegen sicherlich in der schlechten wirtschaftlichen Entwicklung in den neuen Bundesländern, die Auswirkungen auf das Budget und die Ausgabenstruktur eines Großteils der dort lebenden Bevölkerung hat.

---

49 Vgl. Peter Turi: Harmonielehre, in: Media Spectrum 1/92, S.25.
50 Vgl. ebd., S.25.
51 Vgl. ebd., S.28.
52 Vgl. ebd., S.27.
53 Vgl. Auflagenangaben IVW-Auflagenliste IV/1991
54 Vgl. Peter Turi, a.a.O., S.27.

So konnte der mit diesem Zeitschriftentyp im Westen sehr erfolgreiche Verlag Gruner & Jahr insgesamt nur 4,4 % der Gesamtauflage seiner Westtitel im Osten verkaufen. Der Burda-Verlag liegt dagegen mit 8,7 % deutlich besser. Der Springer Verlag kommt mit seinen Zeitschriften sogar auf einen Anteil von 12,2 % und der im ostdeutschen Zeitungsmarkt besonders expandierende Heinrich Bauer Verlag ist Spitzenreiter mit 13,6 %.[55]

Noch schwieriger haben es die in Westdeutschland mit hohen Auflagen erscheinenden aktuellen Illustrierten und meinungsbildenden Titel wie "Stern", "Der Spiegel" oder "Die Zeit". Sie kommen in den neuen Bundesländern über die 5-%-Hürde ihrer verkauften Gesamtauflage nicht hinaus.[56]

Sehr viel erfolgreicher als die "reinen" West-Titel sind die aus und für die neuen Bundesländer konzipierten Zeitschriften. Neben den kostenlos verteilten Supplementtiteln (rtv ost, teleprisma u.a.) gehört dazu die von Burda und der Gong/Sebaldusgruppe Nürnberg zusammen im neuen MVB-Magazin-Verlag herausgebrachte "Super Illu" mit 876.654 verkauften Exemplaren im IV. Quartal 1991 und die "Super TV" mit über 700.000 verkauften Exemplaren nach nur 2 Jahren Erscheinungsdauer.[57]

Dementsprechend kommen auch die vom neuen Eigentümer Gruner + Jahr im Berliner Verlag umgestalteten Zeitschriften "Eltern/Mein Kind und ich" sowie "Neues Wohnen" in Ostdeutschland sehr viel besser beim Leser an als die im Westen thematisch konkurrierenden Titel des Hamburger Verlagshauses.[58]

Die Überlebenschancen traditioneller Ost-Titel ist bei den Zeitschriften noch geringer als bei der Tagespresse. Nur noch wenige der früher wöchentlich oder monatlich erscheinenden Blätter werden von den jetzt in Westbesitz befindlichen Ost-Verlagen herausgegeben: War der Berliner Verlag vor der Wende Herausgeber von mehreren auflagenstarken und konkurrenzlos erscheinenden *Publikumszeitschriften*, so erscheinen im jetzigen Verlagsprogramm nur noch drei Titel, "FF-dabei" (neuer Name "FF"), die "Wochenpost" und die Zeitschrift "Magazin".[59]

Noch stärker ist der vom Heinrich Bauer Verlag übernommene Verlag Junge Welt in Ost-Berlin von der gewandelten Lesekultur der ostdeutschen Bevölkerung auf dem Zeitschriftenmarkt betroffen. Der Hamburger Zeitschriftenriese hat inzwischen fast alle Periodika der früheren Pionier- und FDJ-Literatur eingestellt. Die aus dem eigenem

55 Vgl. ebd., S.27.
56 Vgl. IVW-Auflagenliste IV/1991
57 Vgl. ebd.
58 Vgl. Beate Schneider, a.a.O. (Forschungsbericht, Band II), S.197.
59 Vgl. Peter Turi, a.a.O., Media Spectrum 1/92, S.28.

Hause stammende Zeitschrift "Bravo" oder auch der vom Comic-Verlag Ehapa herausge-
bene Ost-Renner "Mickey Mouse" sind im Wettbewerb sehr viel erfolgreicher.[60]
Demgegenüber versucht der Gong-Verlag trotz Auflagenrückgänge die im "Verlag für
die Frau" (Leipzig) erscheinenden Ratgeber- (Guter Rat, Deine Gesundheit) und Frauen-
zeitschriften ("Sybille" und Modische Maschen") in den neuen Bundesländern zu halten.

Neugründungen oder alte Ost-Titel, die von noch bestehenden Verlagen im Osten ohne
Kooperationspartner aus dem Westen herausgegeben werden, gibt es praktisch nicht
mehr. Die Weiterführung des DDR-Magazins "Eulenspiegel" ist die bekannteste Ausnahme. Allerdings gibt es für dieses und andere frühere DDR-Titel nur eine kurze Über-
gangsfrist. Sollten sie sich auf Dauer nicht auch auf dem westdeutschen Zeitschriftenmarkt behaupten können, werden sie wahrscheinlich alle vom Markt verschwinden.[61]

5. Die Wettbewerbssituation bei den Printmedien

Wettbewerb der Medien im Rahmen eines freien, nicht reglementierten Marktes spiegelt
sich wider in einem vielfältigen Nebeneinander von Medienangeboten, z.B. bei Zeitungen
und Zeitschriften. Wettbewerb bei den Printmedien bedeutet einerseits den Wunsch nach
publizistischer Vielfalt, andererseits aber auch das Streben von Presseunternehmen, den
eigenen Marktanteil zu Lasten des Mitbewerbers zu erweitern, mit dem Ziel, die Erst-
oder Alleinanbieterposition zu erreichen. Die Folge eines auf diese Weise eingeschränk-
ten oder nicht mehr vorhandenen Wettbewerbs ist die Reduzierung des publizistischen
Angebots.[62]

Damit ist auch der Zustand der *Wettbewerbssituation* auf dem Pressemarkt im westlichen
Teil der Bundesrepublik beschrieben. Die Zahl der selbständigen Zeitungsverlage hat sich
dort zwischen 1949 und 1989 um die Hälfte auf 350 verringert.[63] Im alten Bundesgebiet
sind die Hälfte aller Kreise sog. "Ein-Zeitungs-Kreise": Hier hat eine Zeitung die unange-
fochtene Alleinanbieterposition.[64] Selbst in den Gebieten, wo im lokalen oder regionalen
Bereich zwei Zeitungen bestehen, wird durch vorhandene Kooperationen im Anzeigen-
bereich, bei den Redaktionen oder der Organisation, ein wirtschaftlicher Wettbewerb
ausgeschaltet.

---

60 Vgl. ebd., S.28.
61 Vgl. ebd., S.25
62 Vgl. Walter J. Schütz: Wettbewerb der Printmedien. Marktstrukturder Tagespresse nach der Wieder-
    vereinigung, Beitrag aus Sicht des Kommunikationswissenschaftlers zur Sitzung des DIHT-Informa-
    tionsausschusses am 14.November 1991 in Frankfurt, S.2.
63 Vgl. Walter J. Schütz: Deutsche Tagespresse 1989, in: Media Perspektiven 12/1989, S.748ff.
64 Vgl. Walter J. Schütz, a.a.O., S.4.

Und wie hat sich der Wettbewerb der Printmedien auf dem Gebiet der früheren DDR
entwickelt?

Obwohl in den neuen Bundesländern erst seit knapp zwei Jahren die Gesetze der Marktwirtschaft gelten, ist die Wettbewerbssituation auf dem dortigen Pressemarkt bereits viel
schlechter als in Westdeutschland.

Nur für eine relativ kurze Zeit nach der Wende wiesen vor allem grenznahe Orte und Ge-
biete eine Mehrzahl von miteinander konkurrierenden Zeitungen auf. So erschienen beispielsweise in Thüringen im April 1991 insgesamt 22 Zeitungen im lokalen bzw. regionalen Bereich.[65] In den Kreisen, wo ehemalige Bezirkszeitungen der SED und auch neue
Zeitungen mit lokalen Inhalten erschienen, gab es eine bis dahin nicht gekannte Zeitungs-
dichte. Diese war regional aber sehr unterschiedlich.

Anders als in Thüringen, wo nahezu die gesamte Bevölkerung mindestens zwei Zeitungen zur Auswahl hatte, lebten in Mecklenburg-Vorpommern lediglich ein Drittel und in
Brandenburg nur knapp 40 % der Ostdeutschen in Mehr-Zeitungs-Kreisen.[66] In den übrigen Gebieten fand kein publizistischer Wettbewerb statt.[67]

Schon damals war absehbar, daß auch in Thüringen auf Dauer diese große Vielfalt aus
wirtschaftlichen Gründen keinen Bestand haben würde. Folglich hat sich im letzten Jahr
das Angebot an Zeitungen im Bundesland Thüringen durch Fusionen und Einstellungen
auch weiter verringert.[68] Doch aufgrund der "mörderischen Verluste"[69], die dieser Wettbewerb hervorruft und die schwierige ökonomische Situation in den neuen Bundesländern, wird sich das Zeitungsangebot nicht nur in Thüringen weiter verringern und sich
der Angebotsstruktur im Westen anpassen.

Allerdings ist aus der Entwicklung deutlich geworden, daß einige große westliche Verlagshäuser zunächst auf Zeitungsneugründungen verzichtet und im Rahmen von ersten
Kooperationen die Entscheidung der Treuhand über den Verkauf der ehemaligen SED-
Bezirkszeitungen abgewartet haben, um dann eine Unternehmensstrategie zu verfolgen,
die der zu erwartenden Marktsituation angepaßt ist.[70]

Folglich waren die Entscheidungen der Treuhandanstalt im Hinblick auf die Struktur des
Zeitungsmarktes in den neuen Bundesländern und für die sich daraus entwickelnde
augenblickliche *Wettbewerbssituation* von entscheidender Bedeutung:[71]

---

65 Vgl. Horst Röper, a.a.O., S.424.
66 In Sachsen und Sachsen-Anhalt entsprach dieser dem durchschnittlichen Wert für ganz Ostdeutsch-
     land.
67 Vgl. Beate Schneider, a.a.O., Band I, S.165-167.
68 Vgl. Horst Röper, a.a.O., Media Perspektiven 7/91, S.424-426.
69 Vgl. Günther Grotkamp: Wettbewerb der Printmedien. Marktstruktur der Tagespresse nach der Wie-
     dervereinigung, Beitrag aus Sicht des Verlegers zur Sitzung des DIHT-Informationsausschusses am
     14.November 1991 in Frankfurt, S.15.
70 Vgl. Walter J. Schütz, a.a.O., S.7.
71 Vgl. Horst Röper, a.a.O., S.426-427.

- Nur bei fünf Verlagen als Herausgeber von bisherigen SED-Bezirkszeitungen wurde der Besitz auf zwei oder mehr Partner aufgeteilt, die nicht wiederum untereinander verflochten waren;

- Nur im Fall des "nordkurier" hat die Treuhandanstalt als Käufer drei mittelständische Verlage, "Augsburger Allgemeine", "Kieler Nachrichten" und "Schwäbische Zeitung", als Käufer akzeptiert.[72] An den Kieler Nachrichten ist der Axel Springer Verlag zu 25 % beteiligt. Wie in diesem Fall, so sind auch in allen anderen Fällen westdeutsche Großverlage durch direkte oder indirekte Beteiligungen Eigentümer der alten SED-Presse.

- Alle Zeitungsverlage wurden mit ihrer bestehenden Struktur verkauft. So behielten insbesondere die SED-Bezirkszeitungen ihre jeweiligen Ausgaben und Gesamtauflagen.

Im Ergebnis hat die Treuhandanstalt mit Billigung des Bundeskartellamtes durch ihre Veräußerungspolitik das frühere Pressesystem der SED festgeschrieben und auf Dauer in die gesamtdeutsche Medienlandschaft zementiert.[73]

Die meisten der früheren Bezirkszeitungen der SED hatten in allen Kreisen und Orten ihrer Bezirke das Monopol der Lokalberichterstattung. In den meisten Fällen werden es diese *Regionalzeitungen* trotz einiger Auflagenverluste zukünftig auch behalten oder zumindest eine marktbeherrschende Position einnehmen. Wichtiges Einflußelement ist die bereits erwähnte, immer noch starke Leser-Blatt-Bindung bei diesen Zeitungen. Sie wird sich in nächster Zeit noch verstärken, wenn zahlreiche Familien- und/oder Kleinanzeigen den lokalen Charakter dieser Zeitungen weiter vergrößern.[74]

Bereits im 2. Quartal 1991 waren die ehemaligen Bezirkszeitungen der SED in der Rangfolge der Auflagenhöhe einer gesamtdeutschen Zeitungsstatistik nach der "Westdeutschen Allgemeinen" auf den Plätzen zwei, drei und vier sowie nach der "Süddeutschen Zeitung" auf den Plätzen sechs, sieben, neun und zehn zu finden.[75] Somit trägt die Auflagenstärke der ehemaligen SED-Presse in Ostdeutschland eher zu einer Zeitungseinfalt als zu einer Zeitungsvielfalt bei.

Darüber hinaus mag die Entscheidung der Treuhand, fast nur finanzstarke westdeutsche Verlagsriesen an dem lukrativen SED-Zeitungspaket zu beteiligen, aufgrund der hohen Kauf- und Investitionssummen für die alten Verlage unter betriebswirtschaftlichen

---

72 Eine weitere Ausnahme ist die Zeitung "Neues Deutschland", die aber immer noch im Besitz der Partei PDS ist.
73 Vgl. Walter J. Schütz, a.a.O., S.8.
74 Vgl. Günther Grotkamp, a.a.O., S.19.
75 Vgl. Hitliste - Die zehn größten und zehn kleinsten der 384 Lokalzeitungen in Deutschland, in: MEDIUM MAGAZIN 1/92, S.23.

Aspekten zunächst richtig erscheinen. Dennoch erfolgte diese Verkaufspolitik zu Lasten eines funktionierenden Wettbewerbs. Dabei kann es nur ein kleiner Trost sein, daß im Markt der Regionalzeitungen jetzt auch Großverlage wie Bauer, Burda und Gruner & Jahr agieren, die bisher im Zeitungsgeschäft kaum in Erscheinung getreten sind. Im Gegenteil, damit verstärkt sich der in Deutschland bereits bestehende Konzentrationsprozeß bei der Tagespresse weiter und führt höchstens zu Veränderungen innerhalb der Rangfolge der zehn auflagenstärksten Verlagsgruppen.[76]

Eine zunehmende Verschlechterung hinsichtlich der Wettbewerbssituation ist bei den neu auf dem ostdeutschen Zeitungsmarkt erscheinenden Boulevardblättern zu erwarten. Zwar ist sie dort, wo Ausgaben der Bild-Zeitung, der Super! Zeitung, der Morgenpost und des Express miteinander konkurrieren vergleichsweise besser als in den anderen Gebieten des Bundesgebietes, doch wird sich diese Situation möglicherweise sehr schnell ändern, wenn der zur Zeit noch tobende Preiskrieg auf diesem Markt beendet ist und die Bevölkerung in den neuen Bundesländern für diesen neuen Zeitungstyp kostendeckende Bezugspreise zahlen muß.[77]

Der Preis- und Leistungswettbewerb wird auf lange Sicht die Angebots- und Wettbewerbssituation auf dem Zeitschriftenmarkt beeinflussen. Mit zunehmender Gesundung der Wirtschaft in den neuen Bundesländern werden vermehrt höherpreisige Zeitschriftentitel im Osten erfolgreich sein. Es ist aber fraglich, ob an dieser Entwicklung andere als die schon jetzt im Osten dominierenden West-Verlage beteiligt sein werden, zumal die Marktzutrittsbarrieren auf beiden Märkten sehr hoch sind.
Im Augenblick dominieren West-Titel, die bis auf wenige Ausnahmen nur von den im Westen führenden Verlagshäusern Springer, Bauer, Burda und Gruner + Jahr herausgegeben werden.

Auf dem Zeitungs- und Zeitschriftenmarkt zeichnet sich damit parallel ein zunehmender *Konzentrationsprozeß* ab, der eines nicht bewirken kann: mehr Wettbewerb!

Zusammenfassung

Vor der Wende hatte die 40jährige Presselandschaft der DDR kaum Veränderungen erlebt, weder inhaltlich noch strukturell. Die einheitlich gelenkte Tagespresse bestand aus 39 Zeitungen. Dominierend waren das "Neue Deutschland", die Bezirksblätter der SED und einige hochauflagige, überregionale Zeitungen der Massenorganisationen. Auch der Zeitschriftenmarkt war nur von relativer Vielfalt und schlechter Qualität.

---

76 Vgl. Horst Röper: Daten zur Konzentration der Tagespresse in der Bundesrepublik Deutschland im I. Quartal 1991, in: Media Perspektiven 7/91, S.431-444.
77 Vgl. Günther Grotkamp, a.a.O., S.16.

Die Öffnung der Grenzen bewirkte zweierlei: die sofortige Erschließung des neuen Absatzmarktes durch westdeutsche Verlage und deren Presseerzeugnisse sowie marktwirtschaftliche Konkurrenzbedingungen für die alten Zeitungen und Zeitschriften der DDR. Als neue Eigentümerin hat die Treuhandanstalt 1990/91 mit den Entscheidungen über den Verkauf der ehemaligen SED-Zeitungen (mit Ausnahme des Neuen Deutschland) die *Pressestruktur* der früheren DDR weitgehend festgeschrieben: Die früheren SED-Bezirkszeitungen dominieren mit ihrer vielerorts vorherrschenden Allein- oder Erstanbieterposition die ostdeutsche Tagespresse. Die überregionale Presse hat keine Bedeutung mehr. Viele Neugründungen im regionalen und lokalen Bereich können sich nicht halten. Zum Teil sehr erfolgreich sind die neuen Ausgaben der Boulevardpresse westdeutscher Prägung. Das gilt auch für Zeitschriften, die für den ostdeutschen Markt gemacht sind, und für "reine" Westtitel, wenn sie einen niedrigen Copy-Preis haben oder dem Segment der Ratgebertitel angehören. Alte DDR-Titel haben kaum eine Chance.
Die zehn in Westdeutschland erfolgreichsten Verlagsgruppen beherrschen den Zeitungs- und Zeitschriftenmarkt in der ehemaligen DDR. Besonders herauszuheben sind dabei der Springer-Verlag, der Bauer-Verlag, die Burda-Gruppe und Gruner & Jahr aus Hamburg.
Die Wettbewerbssituation auf beiden Märkten ist in den meisten Teilen der fünf neuen Bundesländer schon jetzt schlechter als in Westdeutschland. Die erhoffte Zeitungsvielfalt in Ostdeutschland ist eine Zeitungseinfalt geblieben.

Literaturverzeichnis

Grotkamp, Günter: Wettbewerb der Printmedien. Marktstruktur der Tagespresse nach der Wiedervereinigung, Beitrag aus Sicht des Verlegers zur Sitzung des DIHT-Informationsausschusses am 14. Novem-ber 1991 in Frankfurt, S.12-22.
Grubitsch, Wolfgang: Presselandschaft der DDR im Umbruch, in: Media Perspektiven 3/90, S.140-155.
Hitliste - Die zehn größten und zehn kleinsten der 384 Lokalzeitungen in Deutschland (Quelle Walter J. Schütz), in: Medium Magazin 1/92, S.23.
Holzweißig, Günther: Massenmedien in der DDR, Berlin 1983. IVW-Auflagenliste, I-IV/1991.
Karl-Marx-Universität, Sektion Journalistik (Autorenkollektiv unter Leitung von Prof.Dr.sc.pol. Heinz Halbach): Das journalistische System der Deutschen Demokratischen Republik im Überblick. Lehrheft, Leipzig 1988.
Noelle-Neumann, Elisabeth (Hrsg.) **u.a.**: Publizistik Massenkommunikation, Frankfurt 1990.
Planungsdaten Ost (o.V.), in: HORIZONT Nr.44, 1.November 1991.

Röper, Horst: Die Entwicklung des Tageszeitungsmarktes in Deutschland nach der Wende in der ehemaligen DDR, in: Media Perspektiven 7/91, S.421-430.

ders.: Daten zur Konzentration der Tagespresse in der Bundesrepublik Deutschland im I. Quartal 1991, in: Media Perspektiven 7/91, S.431-444.

ders.: Formation deutscher Medienmultis 1991, in: Media Perspektiven, Heft 1/92, S.2-23.

Schneider, Beate u.a.: Strukturen, Anpassungsprobleme und Entwicklungschancen der Presse auf dem Gebiet der neuen Bundesländer (einschließlich des Gebiets des früheren Berlin-Ost), Forschungsbericht im Auftrag des Bundesministers des Innern, Hannover und Leipzig, Oktober 1991 und Februar 1992, Band I und II.

Schneider, Beate: Vorliebe fürs Hausgemachte - Leserverhalten in Ost und West, in: MEDIUM MAGAZIN Heft 1/92, S.20-21.

Schütz, Walter J.: Der Zeitungsmarkt in den neuen Ländern, in: Bundesverband Deutscher Zeitungsverleger e.V. (Hrsg.): Zeitungen 91. BDZV-Jahrbuch. Bonn 1991, S.106-112.

ders.: Wettbewerb der Printmedien. Marktstruktur der Tagespresse nach der Wiedervereinigung, Beitrag aus Sicht des Kommunikationswissenschaftlers zur Sitzung des DIHT-Informationsausschusses am 14.November 1991 in Frankfurt, S.2-9.

Turi, Peter: DDR-Presse: Chronik eines angekündigten Todes, in: Media Spectrum 1/91, S.16-20.

ders.: Harmonielehre, in: Media Spectrum, 1/92, S.24-28.

6

Die Situation Freier Radios in den neuen Bundesländern und europäische Aspekte

Jörg Vollbeding

Stellt Euch vor, es ist FREI-Tag und alle machen mit! - Mit diesem Slogan begann 1990 eine der zahlreichen Veranstaltungen, die das nicht-kommerzielle Bürgerradio Freier Rundfunk Erfurt International, kurz Radio F.R.E.I., organisiert hatte. Was stattfand, war Radio zum Anfassen, Radio zum Mitmachen und Mitdenken. Freies Radio. Es ging um Themen, verhandelt von und mit den Leuten, die selbst betroffen sind. Das Radio als Ort der Kommunikation, wo die Sprache ihr Gesicht bekommt und Gesichter Namen. Seltsame Träumer, diese Leute, die glauben, ein Radio ohne Kapital und professionelle Journalisten machen zu können?

Das "Radio associative" oder "Community Radio" erkämpfte sich in den siebziger und frühen achtziger Jahren seinen Platz in der Rundfunklandschaft. In fast allen westeuropäischen Ländern sind sie mittlerweile legalisiert oder werden zumindest geduldet. In Frankreich, den Skandinavischen Ländern, den Niederlanden und Belgien gibt es besondere Bedingungen für *Freie Radios*.

Auch in Deutschland gab es im letzten Jahrzehnt eine starke *Radiobewegung*.

Trotzdem gelang es nur drei Radios, im Zuge der Privatisierung des Rundfunks eine Lizenz zu bekommen: Radio 100 in Berlin, Radio Z in Nürnberg und Radio Dreyeckland in Freiburg.

Vorher (und auch nachher) hat es eine Flut von Piratenradios gegeben, die sich 1982 zu einer Assoziation der Freien Radios zusammenfanden.

Bei aller Verschiedenheit der Organisationsformen gibt es einige gemeinsame Kriterien, die die Freien Radios verbinden:

1. Freies Radio ist Lokalradio - es agiert in einem überschaubaren und erfahrbaren Bereich.
2. Freies Radio ist Hörerradio - Die Sendungen werden von aktiven Hörern selbst gestaltet. Außerdem können Hörerinnen und Hörer im Studio oder per Telefon persönlich Einfluß nehmen.

Das Radio unterliegt der Kontrolle durch seine aktiven Hörerinnen und Hörer.
3. Freies Radio ist offenes Radio - der Zugang zum Radio ist für alle Bürger gewährleistet. Das Programm ist nicht starr, die Struktur öffentlich überschaubar.
4. Freies Radio ist nicht-kommerziell - es finanziert sich aus Mitgliedsbeiträgen, Spen-
den, Veranstaltungen etc. und arbeitet nicht gewinnorientiert.

Es gibt etliche Radioprojekte, die sich als nicht-kommerziell verstehen und trotzdem
teilweise Einnahmen aus der Werbung haben. Allerdings macht die Werbung nur einen
geringen Teil aus und verkleinert oft nur das Manko im Budget. Im Selbstverständnis bedeutet nicht-kommerziell die Ablehnung des Verkaufes größtmöglicher Hörerschaften an
die werbetreibende Industrie, also des Diktats der Einschaltquoten.

Lebendiges Radio machen heißt, sich auf unterschiedliche Meinungen einzulassen und
sie ohne Zensur zur Diskussion zu stellen. Scheinbare Objektivität wird ersetzt durch eine
unmittelbare, parteiische Berichterstattung, durch Emotionalität und Subjektivität.
In Westdeutschland gibt es heute zwei Freie Radios: Radio Dreyeckland und Radio Z.
Die Sendungen, die die "Freien Radios" in Ostdeutschland heute ausstrahlen, sind kein
Freies Radio. Sie vermitteln in Ansätzen allenfalls das, was Freie Radios leisten könnten.
Es gibt in den neuen Bundesländern kein legales Freies Radio. Die Freien Radios in Ost-
deutschland kämpfen um ihre Senderechte.

Die Radios und Initiativen in den neuen Bundesländern
- Geschichte und Perspektiven -

Rückblende. Herbst '89: Hunderttausende demonstrieren in Leipzig und der ganzen DDR
für Freiheit und Demokratie. Ein ganzes Volk ist in Bewegung. Nur in den Redaktions-
stuben und Sendezentralen herrscht weitgehend Funkstille; die alten Köpfe haben noch
das Sagen. Kein Wunder, daß Menschen von neuen, ganz anderen Medien träumen. Frei
und von unten gewachsen sollen sie sein. Doch wie soll das funktionieren?

Kanal X, Leipzig

Der erste Freie Rundfunksender der DDR der Nachwendezeit war nicht etwa ein Radio,
sondern eine Fernsehstation - *Kanal X.*
Am Vorabend der DDR-Wahl des 18.März 1990 wurde mit stillschweigender Duldung
der Post ein zweistündiges Programm über Leipzig ausgestrahlt. Natürlich hatte im Oktober '89 niemand an Piratenfernsehen denken können. Damals war es wichtig, überhaupt
eine eigene Stimme zu bekommen. Doch aus Flugblättern wurden Zeitungen, immer
mehr und vielfältigere Inhalte mußten transportiert werden. Zwei Videokünstler aus der

BRD brachten ein paar Leute vom Neuen Forum in Leipzig auf die Idee, es mal mit Fernsehen zu probieren. Radio wäre zwar naheliegender, weil billiger gewesen, aber es gab eine Spende aus den USA und Fernsehen bietet natürlich faszinierende Möglichkeiten. Kanal X, der Freie lokale Rundfunksender Leipzig, wurde als Verein gegründet. Wichtig waren den Fernsehmachern die politische Auseinandersetzung, neue Sichtweisen und der Anspruch "Fernsehen als Gesamtkunstwerk". Die Resonanz der Öffentlichkeit war beträchtlich, auch wenn die Sendeleistung nur für ein paar Stadtbezirke reichte. Noch Tage nach der ersten Sendung riefen begeisterte Zuschauer an.

Obwohl eine später von der Post angestrengte Klage wegen Nichtigkeit abgewiesen wurde (man bedenke die politische Situation im Frühjahr 1990), verzichtete Kanal X auf eine kontinuierliche Sendetätigkeit. Stattdessen wurden ein Lizenzgesuch eingereicht und Beiträge für etablierte Sender (DFF, ARD, ZDF) konzipiert und produziert. Schwerpunkte der journalistischen Arbeit sind Berichte über soziale und wirtschaftliche Probleme, Kunst und Kultur, die Förderung des Umweltbewußtseins und die Dokumentation der Stadtentwicklung Leipzigs.

Das erste Lizenzgesuch wurde im Mai 1990 abgelehnt.

Trotzdem meldete sich der im Leipziger Haus der Demokratie untergebrachte Sender noch einige Male im Äther, zuletzt am 2. Oktober 1990. Obwohl dem Sender von vielen Leipzigern Sympathie entgegengebracht wurde und sich prominente Leute wie Sachsens Ministerpräsident Kurt Biedenkopf positiv zu einer Lizenzierung äußerten, sieht Kanal X für sich als nicht-kommerzielles Stadtfernsehen, auch als Fensterprogramm, keine Chancen mehr. Außerdem haben der zermürbende Papierkrieg und die Aussicht auf eine gesichertere Existenz als Videoproduzent für andere Anbieter zu inneren Auseinandersetzungen geführt. Ein Teil der ursprünglichen Crew hat Kanal X verlassen. Der Rest will ähnlich arbeiten wie der Kölner Sender Kanal 4.

Radio P, Berlin

Kurz nachdem in Leipzig das erste Mal Freie Rundfunkwellen durch den Äther "rauschten", begann im Berliner Prenzlauer Berg das erste Freie Radio der DDR sein Programm: *Radio P*.

Vorausgegangen waren Kontakte von Leuten aus der alternativen Szene des Ostberliner Stadtteils mit Aktivisten von Radio Dreyeckland. Die Motivationen für Freies Radio waren, wie auch bei anderen DDR-Initiativen, sich Gehör zu verschaffen, sich zu artikulieren, aber auch eine ganz neue Qualität der Kommunikation auszuprobieren. Mit den Runden Tischen brachten die Bürgerbewegungen in der DDR Formen direkter Demokratie in die Politik ein. Viele verschiedene, auch minoritäre Meinungen, die in einer Atmosphäre des Miteinander diskutiert wurden, und letztlich praktikable, mehrheitlich akzeptierte Lösungen finden ließen. Wichtig für die Arbeit war, daß jede Stimme an den Runden Tischen gleichwertig war, und dadurch die Chance gegeben war, daß sich Vernunft und nicht der Stärkere durchsetzte.

Radio P ist sicherlich das Freie Radio in Ostdeutschland, das die unterschiedlichsten Gesichter hatte. Bandleader, Künstler, Hausbesetzer, Studenten, Bürgerrechtler und Kommunalpolitiker prägten das Bild von Radio P. Eigentlich gibt es heute eine Menge Leute in Ostberlin, die von sich behaupten, Radio P zu sein.

Und während all der Zeit wurde, mit größeren Pausen und mehr oder weniger regelmäßig, gesendet. Radio P nennt sich heute *Radio Prenzlauer Berg*, auch um Verwechslungen zu vermeiden. Anders als in der ersten Zeit will man nicht in erster Linie Pirat sein, sondern seine legitimen Interessen auch öffentlich vertreten. So gründeten die Leute von Radio P einen Förderverein, machten Öffentlichkeitsarbeit und Musikveranstaltungen mit Diskussionsrunden. In der Humboldt-Universität wurde Anfang diesen Jahres ein Forum zum Freien Radio organisiert.

Radio Prenzlauer Berg versteht sich heute als Kiez-Radio mit Wirkung darüber hinaus. Die Themen ihrer Sendungen sind lokalpolitisch oder von globalem Interesse, der Wortanteil überwiegt (ca 80% bei 1,5 Stunden Sendezeit/Woche), die Meinungen sind ausgewogen. Mit erfinderischem Geschick entgehen sie seit Februar den Bemühungen des Bundesamtes für Telekommunikation, ihren Sender zum Schweigen zu bringen.

Das Bundesamt, das in den einzelnen Bundesländern mit unterschiedlichem Aufgebot an Polizei unterstützt wird, beruft sich auf die §§ 1 und 15 Fernmeldeanlagengesetz (FAG), das in großen Teilen noch aus dem Jahr 1937 stammt. Inhaltliche Erwägungen spielten offiziell bisher bei keinem Beschlagnahmeversuch in den neuen Bundesländern eine Rolle (fraglich ist, ob die eingesetzten Mittel verhältnismäßig waren, angesichts einer Vielzahl unbehelligter Musikpiraten).

Das Jugendradio DT64 sendete von Radio P, wie übrigens auch von anderen Freien Stationen, Präsentationen und Hinweise zum Programm.

Radio Coloradio, Dresden

Wie schon in Leipzig entstand die Idee, sich elektronische Medien zunutze zu machen, auch in Dresden in den Reihen des Neuen Forums.

Im Frühsommer 1990 nahmen sich einige Aktivisten vor, ein Bürgerradio nach westeuropäischem Vorbild ins Leben zu rufen, um etwas vom Geist des Herbstes '89 zu erhalten. Seitdem gab es diverse Versuche, das Projekt umzusetzen. Daß es trotzdem noch ein Jahr dauern sollte, bis sich eine Handvoll Entschlossener zur *Radioinitiative Dresden* zusammenfand, hat sicher viele Gründe. Die ungeklärte rechtliche Situation und die finanziellen Hürden wirkten entmutigend, allgemeine Resignation und Entpolitisierung machten auch um zunächst Interessierte keinen Bogen, die konkreten Vorstellungen gingen sehr stark auseinander.

Erklärtes Anliegen ist es, Informationen zu bringen, die woanders unter den Tisch fallen, den Informationsaustausch zwischen alternativen Projekten, Gruppen und Initiativen zu verbessern, kommerziell chancenlosen Aktivitäten Zugang zur Öffentlichkeit zu verschaffen, ein Forum für Minderheitengruppen zu sein und vielleicht sogar zu einer neuen Kultur des Zusammenlebens in der Stadt beizutragen.

Die Radioinitiative Dresden arbeitete bisher praktisch ohne größere Öffentlichkeit. Sie produziert Beiträge, die sie in Cafés abspielt.

Sie will zusammen mit den anderen Radiogruppen in Sachsen durch parlamentarische Vorstöße und Lobbyarbeit darauf drängen, daß Frequenzen für alternative Programme bereitgestellt werden.

Die rechtliche Situation im Freistaat scheint dafür nicht ungünstig zu sein, Lokalradios sind im Mediengesetz vorgesehen, und es gibt die Möglichkeit zu Modellversuchen. Wenn die Forderungen der Radiomacher, die von der Opposition im Landtag unterstützt werden, kein Gehör finden, ist man in Dresden auch entschlossen, per UKW den nötigen Druck auszuüben.

Radio F.R.E.I., Erfurt

Erfurt machte als die Stadt von sich reden, in der das Gebäude der Stasi als erstes gestürmt wurde. Weniger ist bekannt, daß das Bürgerkommitee im Januar 1990 den Rücktritt der Stadtverordnetenversammlung erzwang, und daß es in der Zeit bis zur Kommunalwahl im Mai ein Interimsparlament gab, das paritätisch mit den Gruppen und Parteien des Runden Tisches der Stadt besetzt war. Ich erwähne das, weil ich glaube, daß dieser Umstand zu einem besonderen Selbstverständnis der Zusammenarbeit der verschiedenen Gruppen der Bürgerbewegung geführt hat, das Voraussetzung für die überaus erfolgreiche Arbeit des Erfurter Freien Radios war.

Die Gründer von *Radio F.R.E.I.* waren wie schon anderenorts in der Bürgerbewegung engagiert. Sie wollten der zunehmenden Kommerzialisierung der Medien etwas entgegensetzen - im Frühjahr '90 hatte die erste unabhängige Zeitung der DDR, die Neue Erfurter Zeitung, ihr Erscheinen eingestellt. In diesem Umfeld wuchs das Interesse an einem nicht-kommerziellen Lokalradio. Im Sommer wurde Kontakt mit westeuropäischen Radios und der *Europäischen Föderation Freier Radios (FERL)* aufgenommen und eine Zusammenarbeit vereinbart. Im September 1990 wurde der Verein Freier Rundfunk Erfurt International gegründet und ein offizielles Ansuchen um Sendeerlaubnis gestellt. Ende September stellte sich Radio F.R.E.I. mit einer ersten Testsendung dem Erfurter Publikum vor. Am 6. Oktober 1990 fand dann die Auftaktveranstaltung statt: ein sechsstündiges Fest, gepaart mit Gesprächsrunden, die direkt aus einem öffentlichen Haus der Stadt ausgestrahlt wurden.

An dieser *Pilotsendung* nahmen auch Vertreter Freier Radios aus Frankreich, Belgien, Östereich und der Schweiz, lokale Initiativen, Kandidaten der Landtagswahl sowie über dreihundert Bürger der Stadt teil.

Darüber hinaus trafen aus ganz Europa Solidaritätsbotschaften ein.

Motiviert durch die Resonanz der Öffentlichkeit und der Presse entschloß sich die Gruppe von etwa 30 jungen Leuten, einen regelmäßigen Sendebetrieb von täglich zwei Stunden aufzunehmen.

Am Anfang wurde vieles improvisiert, doch viele Initiativen der Stadt begriffen jetzt die Potenzen des Mediums.

Nach den ersten 14 Tagen kam jedoch erst einmal das Sende-Aus durch eine versuchte Beschlagnahme des Senders. Zu diesem Zeitpunkt wurde begonnen, auf verschiedenen Ebenen für das Projekt zu kämpfen.

Mit den spektakulären Sendeaktionen waren Zeichen gesetzt worden und jetzt richtete sich die Hoffnung auf eine breite öffentliche Diskussion zur Mediengesetzgebung. Dazu wurden Unterschriftensammlungen, Informationsstände und weitere Podiumsveranstaltungen mit Abgeordneten des Landtages organisiert. In Zusammenarbeit mit der FERL wurde ein komplettes "Gesetzespaket" erarbeitet, das eine Reihe von konstruktiven Änderungsvorschlägen zum Regierungsentwurf des Privatrundfunkgesetzes enthielt. Das wurde in alle Fraktionen des Landtages getragen.

Inzwischen sendete Radio F.R.E.I. wieder. Das Thema Golfkrieg war zu wichtig, als daß ein Bürgerradio dazu schweigen konnte. Jeden Tag gab es Mitschnitte, Berichte und Meinungen, wurden Aktionen in der Stadt koordiniert. Es zeigte sich, daß Radio mehr vermag als nur Lieferant von Informationen zu sein. Es verband die Gruppen untereinander, die gegen den Golfkrieg eintraten, und es verschaffte ihnen Öffentlichkeit: Während einer mehrstündigen Rathausbesetzung rief das Radio zur Teilnahme auf und berichtete über den Stand der Verhandlungen mit dem Magistrat. Erfurt wurde im Januar 1991 als einzige Stadt in Deutschland von seinem CDU-Bürgermeister symbolisch zur Stadt des Friedens erklärt!

Ende Mai 1991, Radio F.R.E.I. sendete inzwischen regelmäßig 2 bis 4 Stunden pro Woche aus einem jedem zugänglichen Studio, wurden Vertreter zu einer öffentlichen Anhörung in den Landtag eingeladen.

Kurz vor Verabschiedung des Privatrundfunkgesetzes organisierte der F.R.E.I. e.V. nochmals eine Diskussionsrunde mit den medienpolitischen Sprechern aller Landtagsparteien und dem Oberbürgermeister Erfurts. Trotz Sympathien auch im konservativen Lager fanden die Vorschläge des Radios keine Berücksichtigung im Privatrundfunkgesetz.

Zur selben Zeit stellte Radio F.R.E.I. den Sendebetrieb ein, nachdem schon am 19.6.1991 Polizeikräfte und Beamte des Bundesamtes für Telekommunikation während einer Sendung zu den Tagen der jüdischen Kultur in Thüringen das Studio gestürmt hatten. An der Gesprächsrunde nahmen Gäste wie der Vorsitzende des Landesschriftstellerverbandes, Henning Pawel, und der stellvertretende Fraktionsvorsitzende der CDU im Stadtparlament teil. Die Sendung mußte natürlich trotz Protestes der Gäste abgebrochen werden; die beabsichtigten Beschlagnahmungen und Identitätskontrollen konnten allerdings nicht vorgenommen werden.

Obwohl Radio F.R.E.I. aufgrund der aktuellen Gesetzeslage nicht mehr sendet, ist es zu einem wichtigen Bindeglied zwischen verschiedensten Initiativen im sozialen und kulturellen Bereich der Stadt geworden. Zum Ausdruck kam das anläßlich des 1. Geburtstagsfestes des Projektes, an dem mehr als tausend vor allem jugendliche Besucher zusammenkamen, um gemeinsame Anliegen zu artikulieren.

Aktiv unterstützt wird Radio F.R.E.I. von etwa dreißig Organisationen und Vereinen in Erfurt.

Ende November 1991 wurde ein erstes Europäisches Mediensymposium von Radio F.R.E.I. im Erfurter Rathaus durchgeführt. Außerdem ist die Projektbasis breiter geworden. Unter dem Dach des F.R.E.I. e.V. - inzwischen gemeinnützig - existieren seit September 1991 ein Zeitungsprojekt (FREIBRIEF), eine Medienwerkstatt, ein Kulturcafé, ein Jugendprojekt.

Durch Kontakte in ganz Europa steht das Radio anderen Radiostationen als Korrespondentenstützpunkt zur Verfügung.

Die gegenwärtige Situation in Thüringen ist folgende: Neben einem sehr starken MDR ist lediglich ein einziger privater Radioveranstalter vorgesehen, der zur Abdeckung des gesamten Landes verpflichtet ist. Radio F.R.E.I. hat im Vorfeld der Ausschreibung mit einem aussichtsreichen Bewerber für die Landeskette einen Vertrag über die Nutzung eines Fensterprogramms auf der Erfurter Frequenz, welche bis Ende 1992 ans Netz gehen soll, abgeschlossen. Diese Kompromißlösung beinhaltet bis zu sechs Stunden täglich redaktionell eigenständiges Lokalradio.

Im Moment wird ein tragbares Sendekonzept erarbeitet, und nach wie vor will Radio F.R.E.I. auf eine schnelle Gesetzesänderung drängen, um Freien Radios in Zukunft eigene Chancen einzuräumen.

Radio T e.V., Chemnitz

Die Idee zu Radio T entstand Ende 1990. Die meisten der Jugendlichen waren im Alternativen Jugendzentrum engagiert, das in Chemnitz geradezu "vorbildlich" ein Dach für viele interessante soziokulturelle Projekte ist. Nach Kontakten mit einer Münchener Radioinitiative wurde der *Verein Radio T* gegründet. Inzwischen ist er als gemeinnützig anerkannt. Ähnlich wie in Dresden wurden die Prioritäten auf den Ausbau eines Studios und das Aneignen von journalistischen, sprachlichen und technischen Fähigkeiten in Radioseminaren gesetzt.

Der Name ist zur Zeit die Situation der Radiomacher: Radio T - das Trockenradio. Es strebt ein freies, nicht-kommerzielles Lokalradio in Chemnitz an. Radio T soll ein Hörerradio werden. Derzeit werden regelmäßig einmal wöchentlich dreistündige Sendungen von einem Dachboden in den im Erdgeschoß befindlichen Jugendklub übertragen. Außerdem werden Gesprächsrunden organisiert.

Wie die meisten der Radioprojekte, die den Schritt zum illegalen Sendebetrieb nicht gegangen sind, steht auch Radio T vor dem Dilemma fehlender Öffentlichkeit. Selbst von der potentiellen Zielgruppe werden diese Initiativen oft belächelt und ihre Arbeit so erschwert.

Babelsberger Medien Verein / Radioinitiative Potsdam

Der *Babelsberger Medien Verein* ist Ende 1991 entstanden und somit fast das jüngste Projekt hinsichtlich eines Freien Radios.

Das riesige Medienzentrum Berlin/Potsdam-Babelsberg schreit regelrecht nach Alternativen. Radio 100 etwa war eine. Mit dem Mediensterben in Ostberlin sollte auch DT64 verstummen, bekam aber noch eine "Galgenfrist" . Dafür gibt es jetzt RTL auf 103,4 MHz. Und das erst kurz vor Jahresende 1991 aus dem Boden gestampfte *Rockradio B* des ORB wird mit dem in Berlin so geschmähten *Radio 4U* eine "unheilschwangere Ehe" eingehen.

Der Name bezieht sich nicht auf den DEFA-Standort Babelsberg, sondern auf die Analogie der "Gegen"-Kultur von Kreuzberg, Prenzlauer Berg und Babelsberg.

Der Verein will mehr machen als "nur" Radio. Es gibt Bestrebungen, ein Videomagazin zu produzieren, welches sich speziell politischen und szenekulturellen Ereignissen verpflichtet fühlt.

Ergänzend dazu wird gemeinsam mit politischen Gruppen auf die Einrichtung eines offenen Kanals nach Berliner Vorbild (Kabel-TV) gedrängt.

Die Motivation zu einem Freien Radio entstand aus den Sachzwängen praktischer, täglicher Politik. Die Mitglieder der Initiative sind "GRÜNEN-nah" oder auch Mitglied in Umweltgruppen. Das Radio soll jedoch nicht Instrument einer Partei werden! Es soll offen sein für alle möglichen Leute. Die positiven Erfahrungen, die im grünen Haus Potsdam gemacht wurden, sollen auch medienmäßig umgesetzt werden. Die Integration der 2./3. Welt-Gruppen, der Senioren, amnesty international, Jugendgruppen oder der Umweltgruppe ARGUS[1] ist für sie ebenso wichtig wie praktische Solidarität, beispielsweise mit Hausbesetzern .

---

1   1988 von Leuten des Radios mitbegründet

Vom konkreten Radiomachen sind sie noch ein Stück entfernt. Derzeit versuchen sie Ihre Vorstellungen in die Öffentlichkeit zu tragen.

Neben den genannten Initiativen gibt es noch eine Medienwerkstatt in Rostock, ähnlich wie in Potsdam, Radioinitiativen, die Programme in Offenen Kanälen machen wollen (Leipzig, Schwerin ...), sowie funktionierende Kabelradios an Hochschulen und Universitäten (Ilmenau).Die technische Infrastruktur ist bei einigen Gruppen ausgezeichnet.

Radio P, Coloradio, Radio F.R.E.I. sind von den bisher beschriebenen Projekten die kurzfristig sendefähigen Freien Radios in Ostdeutschland. Dafür sprechen mehrere Kriterien:

1. der Gruppenzusammenhalt
2. die Basis (Verwurzelung in Gruppen und Initiativen im Territorium)
3. die bestehende Öffentlichkeit
4. das Sendekonzept

Es gibt bei aller Verschiedenheit der Ansätze und politischer Anschauungen Gemeinsamkeiten:

1. natürlich die soziale und kulturelle Herkunft ("Identität")
2. das Alter, fast ausschließlich Jugendliche von 15-30 Jahren
3. ähnliche Vorstellungen von Radiokultur und
4. im Gegensatz zur Radiobewegung der 80er Jahre in der Bundesrepublik gab es ein Vorbild im eigenen Land, was Themen, Machart und Präsentation angeht: den Jugendsender DT64
(Das erklärt vielleicht auch, daß es hier nur knapp 10 Versuche zu freien Radio gab)

Das Vorbild war so stark, daß, als die Abschaltung immer greifbarer wurde, sich Gruppen der Bürgerinitiativen für DT64 radikalisierten und daraus das jüngste Freie Radio entstand, das am 1.1.1992 um 0.00 seinen Sendebetrieb aufnahm:

Radio PT (Freies Radio Weimar - FRW)

Genaugenommen gibt es *Radio PT* (Pirate Transmitter) schon seit Oktober 1991. Zwei technikbegabte Schüler hatten sich einen Sender gebaut und spielten etwas Musik und Grüße für ihre Mitschüler. Im November gab es dann erste Kontakte zum Aktionskreis für DT64. Dann entstand die Idee, notfalls (d.h. bei Abschaltung von DT64) selbst ein Radioprogramm zu senden. Ursprünglich dachte man allerdings, "nur" einige mit DT64 vorproduzierte Sendungen auszustrahlen, um damit gegen die Abschaltung zu protestieren. Im Funkhaus Berlin wurde eine Neujahrssendung produziert. (Im "Ernstfall" wäre diese Sendung übrigens gleichzeitig in vier großen Städten Thüringens ausgestrahlt worden!) Letztlich waren die einmal interessierten Leute aus Weimar nicht mehr zu bremsen. Aus der einmalig geplanten Aktion wurde ein Radio mit Sendekonzept, das viermal die Woche mehrere Stunden lang im Äther Weimars zu hören ist. Ein Raum für ein auch Gästen zugängliches Studio war schnell gefunden und wurde mit Heimtechnik ausgestattet. Und los ging es. Angetreten nicht etwa mit dem Anspruch, sich möglichst schnell strafbar zu machen, sondern zu zeigen, daß ein Radio, das seine Wirklichkeit aus dem Betroffensein und der Lust am eigenen Handeln bezieht, die derzeitige Sprachlosigkeit überwinden kann. RADIO PT ist der erneute Versuch, den Fakt eines amtsschimmligen Fernmeldeanlagengesetzes und einer undemokratischen Mediengesetzgebung in Deutschland ad absurdum zu führen. Und es ist der erneute Beweis, daß ohne viel Geld und eine überproportionale Technik ein interessantes und informatives, da offen zugänglich, und das lokale Leben authentisch widerspiegelndes Radio gemacht werden kann.

Daß dieser Beweis den Rechtsstaat nicht interessiert, macht einmal mehr das Dilemma deutlich, in dem die Radioinitiativen in Deutschland stecken. Lakonisch wird der Verstoß gegen ein Gesetz registriert, und der Apperat in Bewegung gebracht, der die "Ordnung" wieder herstellt. Der Grund für die "Ruhestörung" ist offiziell nicht relevant, die Postfahnder haben sich gefälligst die Ohren beim Hören zuzuhalten.

Nicht-kommerzielle Radios haben bei Politikern keine Lobby, auch im Osten Deutschlands nicht. Dafür ist die Politik um so mehr darauf gerichtet, parteipolitischen Einfluß auf die öffentlich-rechtlichen Sendeanstalten zu gewährleisten und die privaten Medien in die Hände finanzkräftiger Unternehmen zu geben.

Die Gemeinschaft der Freien Radios Ostdeutschlands

Ein Beispiel, wie das funktioniert, haben uns die großen Verlagsunternehmen bei der Aufteilung des Printmedienmarktes gegeben. Die WAZ, die beispielsweise in Thüringen alle großen Zeitungen kontrolliert, bewirbt sich gleich zweifach um eine Lizenz als privater Rundfunkanbieter.

Obwohl es im Thüringer Privatrundfunkgesetz Paragraphen gibt, die eine Lizenzvergabe bei Mehrfachmonopol verhindern sollen, ist eine Erteilung im denkbaren Bereich. Es ist bekannt, wie einer aus Vertretern "gesellschaftlich relevanter Gruppen" zusammengesetzten Rundfunkkommission Entscheidungen abargumentiert werden. Wenn es im politischen Interesse liegt, werden schnell Lösungen gefunden, Gesetze zu umgehen oder zu ändern.

Fazit

Die Medien werden nach einer Zeit des Aufbruchs zunehmend von politischen und wirtschaftlichen Interessen beherrscht. Der Bürger wird wieder ausgeschlossen, die demokratische Kontrolle ist nicht gewährleistet.

Kurzzeitig hatte sich auf dem Boden einer gesellschaftlichen Umwälzung eine historisch neue Qualität von Kommunikation entwickelt, die ihren authentischen Ausdruck in manchen sich selbst befreienden, aber vor allem in neu entstehenden Medien fand. Journalisten wurden zu gleichermaßen Betroffenen wie ihre Rezipienten, die Trennlinien verwischten sich.

Die "Vereinigung" hat diese Entwicklung nicht nur unterbrochen, sondern ihr durch das Aufzwingen verkrusteter Strukturen langfristig den Boden entzogen.

Die *Radioinitiativen der neuen Bundesländer* sehen im nicht-kommerziellen Lokalradio die Möglichkeit, eine kritische Öffentlichkeit für selbstbesimmte Menschen zu schaffen.

Um ihre Interessen gemeinsam besser zu vertreten und so eine breitere Lobby zu finden, gründeten neun Radiogruppen im September 1991 die Gemeinschaft Freier Radios Ostdeutschlands.

In ihrer Charta heißt es:

Die Medien verzichten auf ihre Rolle als kritisches Gegengewicht zu den politischen Institutionen, [...] und machen sich oft genug zum Anwalt einer Einschränkung der Grundrechte und -freiheiten im Rahmen einer neuen europäischen Sicherheitsdoktrin.

Anstatt den freien Meinungsaustausch und die Verbreitung von Ideen zu fördern und Menschen und und Völker einander näher zu bringen, bauen die bestehenden politischen Systeme neue Barrieren auf, indem sie alle, die nicht über die nötigen Geldmittel verfügen, vom Kommunikationssystem ausschließen.[2]

Ausgehend von Artikel 10 der Europäischen Menschenrechtskonvention formuliert die Charta die Ansprüche und Ziele von Freien Radios und begründet ihre Notwendigkeit.[3]

Mit der Charta und einem Konzeptpapier über die Entwicklung der Medienlandschaft in den neuen Bundesländern wird die Gemeinschaft im Sommer 1992 zusammen mit der Europäischen Förderation Freier Radios (FERL) an europäische Gremien herantreten, um auf die hiesige Situation aufmerksam zu machen.

Europäische Lichtblicke

Die *Europäische Förderation Freier Radios (FERL)*, die sich im August 1986 gründete und der ca. 300 Radiostationen aus 17 Ländern angehören, setzt sich als nichtstaatliche

---

2 Charta der Gemeinschaft Freier Radios Ostdeutschland (s. Anhang)
3 Vollständiger Text im Anhang

Organisation für die Anerkennung der europäischen Lokalsender im Dienste der sozialen Kommunikation ein.

In der FERL koordinieren die Radiostationen ihre Aktivitäten, leisten technische, materielle und organisatorische Hilfe, realisieren einen Programmaustausch.

Mehrfach wurden in den vergangenen Jahren Anträge an das Europäische Parlament und an den Europarat gestellt. 1989 wurde ein von Roberti Barzanti (Berichterstatter des Ausschusses für Recht und Bürgerrechte) eingebrachter Entschließungsantrag über rechtliche Aspekte und Fördermaßnahmen, betreffend lokale Rundfunksender, durch das Europäische Parlament angenommen.

Der Europarat verabschiedete im Januar 1990 einen vom Schweizer Christdemokraten Dr. Dumeni Colomberg eingebrachten Resolutionsentwurf über die Situation der Lokalradios in Europa.

Dort heißt es unter anderem:

"3. Die Versammlung betrachtet Lokalradios als ein ideales potentielles Mittel zur Förderung der freien Meinungsäußerung und der Informationsfreiheit, der Entwicklung von Kultur, der freien Bildung von und der Auseinandersetzung mit Meinungen und der aktiven Teilnahme am lokalen Geschehen.

4. Die Mitgliedstaaten, die dies bisher noch nicht taten, sollten es Lokalradios ermöglichen zu arbeiten.

8. Lokalradios sollten, was ihre Inhalte betrifft, sowohl von der Politik als auch von den Printmedien, von Verlagen und von Finanzgruppen unabhängig sein. Darüber hinaus sollte strengstens darauf geachtet werden, daß Lokalradioketten kein Sendemonopol irgendeiner Art einnehmen können."[4]

Auf dem 3. Kongreß der FERL 1991 stellte Dr. Columberg als Vertreter der parlamentarischen Versammlung des Europarates in Aussicht, daß die vom Europarat aufgestellten Empfehlungen für freie Lokalradios ihren Niederschlag in einer verbindlichen europäischen Konvention finden könnten.

Ein Bericht, den der deutsche Sozialdemokrat Soell im Europarat einbrachte und der als Grundlage für die Resolution diente, beschäftigt sich ausdrücklich mit der Situation der nicht-kommerziellen Lokalradios:

Die Hälfte aller Radiohörer meinen in einer Studie zur lokalen Kommunikation[5], daß das Lokalradio das geeignete Mittel sei, lokale politische Probleme zu diskutieren und möglicherweise auch Veränderungen zu bewirken. Das Interesse würde gerade in jenen Bevölkerungsgruppen gefördert, die kaum oder gar nicht von der Presse erreicht werden.

---

4   Europarat Resolution 957 (1991) - Dok. 6343
5   Rundfunk und Fernsehen, 1989/1

"Die Tatsache, daß Lokalradios[6] Sendungen in den Sprachen der Region oder von Minderheiten übertragen und somit das regionale und lokale Selbstbewußtsein stärken [...], sollte den Mitgliedsstaaten des Europarates ein Grund sein, Richtlinien zu formulieren oder Genehmigungen zu erteilen, die die Errichtung und den Betrieb lokaler Rundfunkstationen ermöglichen."[7]

Die verbindlichen Regelungen eines *europäischen Gesetzeswerkes* morgen sind die eine, die praktische Politik in den Ländern heute eine andere Seite. Denn trotz aller Empfehlungen und Mahnungen europäischer Instanzen werden die Regelungen und Praktiken im Medienbereich eine Sache des jeweiligen (Bundes-)Landes bleiben.

Die von Herrn Soell vorgeschlagenen Maßnahmen decken sich jedoch weitgehend mit den Forderungen der Freien Radios in Deutschland und anderen Ländern. Dabei sind positive Erfahrungen aus einzelnen Ländern berücksichtigt worden:

- die Finanzierung aus Einnahmen kommerzieller und öffentlich- rechtlicher Radios
- die Förderung durch Kommunen und Länder
- der Schutz durch eine besondere Gesetzgebung
- die Bereitstellung von gesonderten Frequenzen und von Satelliten zum schnellen Programmaustausch

Die Freien Radios fordern darüber hinaus die Festlegung eines dritten Status für nicht-kommerzielle Radios. Das beinhaltet auch die Fragen der Organisationsform, des Eigentums usw.

Ich habe versucht, die Leser mit den Vorstellungen des nicht-kommerziellen Lokalradios bekannt zu machen und einen kleinen Überblick über die Situation der Freien Radios in Ostdeutschland gegeben.[8]

Allerdings ist noch zu untersuchen, wie sich die Medien in den anderen Staaten Osteuropas entwickeln werden, nachdem dort die Monopolsysteme beseitigt sind. Initiativen für Freie Radios sind bekannt in Ungarn, der CSFR, Transkarpartien in der Ukraine, Rumänien und Rußland. In Serbien, Bosnien/Herzegowina und Kroatien sind die bekannten Freien Radios Repressionen der nationalistischen Machthaber ausgesetzt.

In den meisten Staaten Osteuropas ist aber die Chance, neue demokratische Medien jenseits vom Kommerz zu installieren, größer als in den neuen Bundesländern.

---

6 Der Autor meint nicht-kommerzielle! J.V.
7 Europarat 23.11.90 - Dok. 6344
8 Wenn Sie an den Erfahrungen mit nicht-kommerziellen Radiostationen in aller Welt interessiert sind, empfehle ich das von Hans J. Kleinsteuber herausgegebene Buch "Radio - das unterschätzte Medium" (VISTAS Verlag 1991)

Eine Schlußbemerkung:

"Eine demokratische Gesellschaft muß nicht-kommerziellen Medien einen gebührenden
Platz einräumen. Sie allein können heutzutage das Recht auf unabhängige Meinungsäußerung auch für Andersdenkende garantieren. Diese antidiktatorischen Stimmen fügen sich
weder der kommerziellen Logik noch der Staatsraison und sind gerade deshalb für die
demokratische Diskussion unerläßlich."[9]

Zusammenfassung

Mit der Liberalisierung der Mediengesetzgebung sind in vielen Ländern Europas freie,
nicht-kommerzielle Radios möglich geworden. Selbst in der Bundesrepublik konnten
trotz der konservativen Gesetze zwei dieser Radios überleben.
Nach der demokratischen Wende in der DDR befaßte sich die Bürgerbewegung intensiv
mit der Frage der Medien. Neue Zeitungen schossen wie Pilze aus dem Boden. Früher li-
nientreue Publikationen gaben sich neue Redaktionsstatuten und entfalteten teilweise eine
erstaunliche Dynamik. Auch der öffentliche Rundfunk wurde (wahrscheinlich zum ersten
Mal in seiner Geschichte) von sehr vielen DDR-Bürgern als repräsentatives Medium
anerkannt. All diese Änderungen wurden von Menschen aus der DDR selbst initiiert und
getragen.
Anfang 1990 wurde der Einfluß der kommerziellen Medienindustrie immer spürbarer. In
diesem Umfeld wuchs das Interesse an Bürgerradio. Einem Radio, das nicht auf Gewinn
ausgerichtet und von öffentlichen Stellen und finanziellen Interessengruppen unabhängig
ist. Einem Radio, das in einem überschaubaren Bereich wirkt; das von Hörern gemacht
und von ihnen kontrolliert wird; das die scheinbare Objektivität der etablierten Medien
durch eine unmittelbare, parteiische Berichterstattung, durch Betroffenheit und Subjektivität ersetzt, und damit eine kritische Öffentlichkeit für die Probleme der Menschen
schafft.
Kontakte zu bestehenden Freien Radios in Westeuropa (Radio Dreyeckland, LoRa Zü-
rich, Radio Zinzine Frankreich u.a.) überzeugten bestehende DDR-Initiativen wie Radio
P aus Berlin, Radio F.R.E.I. aus Erfurt oder Radio T aus Chemnitz von der Machbarkeit
solcher Projekte. Die ersten Gruppen wurden im Frühjahr 1990 aktiv, andere begannen
mit ihrem Sendebetrieb nach der Wiedervereinigung.
Die Situation die zur *DDR-Wendezeit* für die Entwicklung mündiger, selbstbestimmter
Medien äußerst hoffnungsvoll erschien, hat sich seither drastisch verändert. Die wenigen
Freien Radios sind entschlossen, ihre Senderechte zu erkämpfen. Was ein Radio bewegen
kann, mit dem sich die Hörer identifizieren, konnte man an den zahlreichen phantasie-

---

9   Schlußbericht III. Kongreß der FERL, 1991

vollen Aktionen für Jugendradio DT64 erkennen. Aus dieser Protestbewegung entstand ein neues Potential für Freie Radios.

Im Herbst 1991 haben sich neun Radioinitiativen zur Gemeinschaft der Freien Radios Ostdeutschlands zusammengeschlossen, um ihre Interessen öffentlich wirksamer vertreten zu können.

Welche Chancen haben die Freien Radios in den neuen Bundesländern?

In einigen Bundesländern wurden Vorschläge zu einer progressiven Mediengesetzgebung gemacht, die bisher keinen Eingang in die Gesetzesrealität gefunden haben. Der Blick auf ein vereintes Europa könnte die Chance bieten, die deutsche Gesetzgebung dem europäischen Standard anzupassen. Der Europarat hat mehrere Berichte und Resolutionen zum Lokalradio verabschiedet, die konstatieren: Eine demokratische Gesellschaft muß nichtkommerziellen Medien einen gebührenden Platz einräumen.

Quellen

- "Frequenzbesetzer". Network Medien-Cooperative (Hrsg.), Rowohlt Taschenbuch Verlag 1983
- Selbstdarstellungen von Radioprojekten

7

DT64 - Rückblick und Ausblick

Heiko Hilker

"Ein Sondersender DT64 des Staatlichen Rundfunkkomitees nimmt während des Deutschlandtreffens in Berlin seine Arbeit auf. Vom Freitagmorgen bis zum Dienstag strahlt DT64 ohne Sendepause auf der Mittelwelle 611 KHz und der Ultrakurzwelle 95,8 MHz sein Programm aus. Der Sender, dem neben einem großen Reporterteam sechs Übertragungswagen, eine schwimmende UKW-Station auf der Spree, 20 Sprechstellen der Originalkonferenzsendungen in Berlin, sieben Sprechstellen in anderen Bezirken der DDR und das Sonderstudio im Pavillon am Alex zur Verfügung stehen, wird die jungen Gäste stets aktuell mit Reportagen, Gesprächen und Informationen unterrichten. Darüber hinaus können Gastgeber und Teilnehmer des *Deutschlandtreffens* Tag und Nacht den DT64-Kundendienst in Anspruch nehmen, der unter 55 51 41 zu erreichen ist und Informationen und Auskünfte erteilt."[1]
So hieß es am 14. Mai 1964 unter der Überschrift "DT64 sendet für euch zum Deutschlandtreffen" in der "Jungen Welt".

Ich möchte hier also über Geschichte und Zukunft des Jugendsenders DT64 berichten, einem Sender, der wohl einmalig in seiner Art in Europa ist.
Einmalig ist auf jeden Fall die gegenwärtige Hörerbindung. 400.000 Unterschriften (Stand: 25. März 1992) für den Erhalt des Programms wurden von den Hörerinnen und Hörern gesammelt. Einmalig ist sicher die Existenz von mittlerweile über 80 Freundeskreisen, von denen es auf dem Gebiet der früheren BRD 30 gibt. Einmalig sind die Demonstrationen mit bis zu 10.000 Teilnehmern, die Mahnwachen, Hungerstreiks, Straßenblockaden, Gespräche mit Politikern, öffentlichen Hearings mit bis zu 500 Teilnehmern. Einmalig ist wohl auch, daß Hörer für den Erhalt ihres Programms nach Bonn fahren, um dort Politiker für ihr Anliegen zu gewinnen.

Zu fragen ist, woher diese Hörerbindung kommt, wie sie entstand? Zu fragen ist dann auch nach der Vergangenheit, Gegenwart und Zukunft des Programms von DT64. Zu fragen ist nach Gründen für und gegen die Fortführung des Programms.

---

1   Tageszeitung Junge Welt, Organ des Zentralrats der FDJ, 14.5.1964

Im folgenden möchte ich entlang der Argumente, die von den Gegnern von DT64 immer wieder - oft sogar in dieser verkürzten Ausführung - vorgebracht wurden, zeigen, welche Aufgabe DT64 meiner Meinung nach hatte, welche es erfüllte, erfüllt und erfüllen kann.

Was wurde nicht alles gegen DT64 vorgebracht:

1. Der Name muß weg, denn der ist durch die Vergangenheit belastet.
2. Der Sender hat eine unrühmliche Vergangenheit.
3. Der Sender soll nicht von den Steuergeldern finanziert werden.
4. Der Sender berichtet tendenziös.
5. Der Sender ist linkslastig.
6. Der Sender erreicht nur eine Minderheit von Hörern.
7. DT64 hätte sich rechtzeitig privatisieren und um eine private Frequenz bewerben müssen.
8. Das Rundfunksystem der BRD ist förderalistisch, deshalb kann DT64 nicht im bisherigen Sendegebiet weiter senden.
9. Es gibt keine freien terrestrischen Frequenzen mehr.

I. DT64 - Vergangenheit

Die Geschichte von DT64 ist die eines Jugendprogramms in einer Republik, eng verbunden also mit der Geschichte der DDR. Ohne die DDR gäbe es DT64 nicht so, wie es war und jetzt ist, sondern höchstwahrscheinlich überhaupt nicht.

Begonnen hatte es, wie am Anfang schon zitiert, zum *Deutschlandtreffen 1964*, also anläßlich eines Treffens von 560.000 Jungen und Mädchen, Jugendlichen, davon 24.000 junge Leute aus Westdeutschland.

Für 99 Stunden sendete der Berliner Rundfunk ein Programm mit flotten Berichten, Suchanzeigen und vor allem Beat. Der Erfolg des für fünf Tage gedachten Programms war grandios. Groß war die Zahl der Hörer, die eine Fortführung des Programms forderten. DDR-Rundfunkchef Gerhart Eisler (ein Bruder des Komponisten Hanns Eisler), dem ein Herz für die Jugend nachgesagt wurde, machte sich für DT64 als Dauereinrichtung stark.

So war dann am 29. Juni zur Weiterausstrahlung von DT64 in der "Jungen Welt" zu lesen:

"Natürlich gibt es da heiße Rhythmen und viel Spaß, überhaupt alles, was der Jugend Laune macht. Aber genauso wie DT64 zu Pfingsten, wird 'Jugendstudio DT64' schlagkräftige Argumente vermitteln, es soll überhaupt 'mit Pfiff' Rundfunk gemacht werden. Dazu gehört auch, daß es immer interessante neue Informationen über technisch Wissenswertes aus aller Welt geben soll, daß man im 'Jugendstudio DT64' über alle Probleme

der Jugend diskutieren kann, vom Bildungssystem bis zur Berufswahl, von besonderen Fragen der Mädchen bis zu den Gedanken des Jungen in der Uniform der Nationalen Volksarmee. Der Student und der junge Arbeiter, die junge Genossenschaftsbäuerin und der Motorsportfreund, sie alle werden auf du und du stehen mit 'Jugendstudio DT64'. Im 'Jugendstudio DT64' wünscht man sich weiter viele Briefe. Die jungen Reporter und Redakteure entsprechen dem Wunsch ihrer großen Hörerschar und sie bitten nun: Schreibt uns eure neuen Wünsche, erzählt uns von euren Problemen, laßt uns gemeinsam ein Stück Jugendkommuniqué und Jugendgesetz durchsetzen."[2]
An diesem Tag - dem 29. Juni 1964 - war DT64 das erste Mal von 16.35 bis 18.30 Uhr auf den Frequenzen des Berliner Rundfunks zu empfangen.

Das *Jugendprogramm* machte vielfältige Wandlungen durch, sowohl was seine Struktur betrifft als auch die Programminhalte.
Das Konzept "Jugendradio" wurde ausgebaut. Ab 1. September 1981 sendete DT64 in und um Berlin in Zusammenarbeit mit "Hallo - das Jugendjournal" von Stimme der DDR zusätzlich montags bis freitags ein dreieinhalbstündiges Abendprogramm. Ab dem 7. März[3] existierte DT64 als eigenständiger Sender, der von 13 bis 24 Uhr landesweit zu empfangen war. Vom 1. Dezember 1987 sendete DT64 von 4 bis 24 Uhr; seit dem 1. April 1990 erfolgte die Ausstrahlung eines 24-Stunden-Vollprogramms, das im gesamten Gebiet der DDR zu empfangen war.
Ja, so hart es für uns Hörer jetzt auch sein mag, in seiner Vergangenheit bis 1989 hatte das "Jugendstudio DT64" einen durch die SED fest zugewiesenen, wenn auch ambivalenten Platz in den Massenmedien der DDR. Jahrelang war das Ost-West-Rockgemisch als Kleister für ideologische Plakate gedacht. Der Auftrag lautete, die Jugend auf Ideologien und Staatsideen einzuschwören, sie in Schule, Betrieb und Freizeit journalistisch zu begleiten, immer entsprechend der propagandistischen Linie der FDJ und damit der SED. DT64 mauserte sich jedoch mit einer neuen Generation von Rundfunkjournalisten, die nicht von den FDJ-Gründerjahren geprägt waren, sondern vom Fernweh nach Woodstock.
Da die Jugend sich irren durfte, wenn am Ende der Abweichung die Besserung stand, konnte bei DT64 schon immer kontroverser und offener diskutiert werden als woanders. Eine vertiefende Wirkung erzielte der Sender vor allem durch die Musik. Da das als ideologische Gehhilfe gedachte Programm hauptsächlich auf verbale Propaganda fixiert war, geriet die Konzeption in dem Widerstreit von Wort und Musik immer mehr aus dem Konzept. Als Folge dessen hat sich das Programm von DT64 in den vergangenen Jahren - so auch nachweislich in den Jahren vor 1989 - zu einem streitbaren Ort der Selbstver-

---

2   Tageszeitung Junge Welt, Organ des Zentralrats der FDJ, 29.6.1964
3   40. FDJ-Geburtstag

ständigung junger Leute über ihren Platz in Arbeit und Freizeit, Geschichte und Gegenwart, Deutschland und der Welt entwickelt.

Was den Sender auch kennzeichnete, ist die häufig geäußerte Kritik durch die Führung der DDR. So äußerte Erich Honecker im Bericht der 11.Tagung des ZK der SED im Dezember 1965, also anderthalb Jahre nach Gründung des Senders:

"Über lange Zeit hat DT64 in seinem Musikprogramm eindeutig die Beat-Musik propagiert. In den Sendungen des Jugendprogramms wurden in nicht vertretbarer Weise die Fragen der allseitigen Bildung und des Wissens junger Menschen außer acht gelassen."[4]

Der Sender stand mit seinem Programm oft im Kreuzfeuer der Kritik, doch "DT64 im nachhinein als subversiven Heldenfunk zu feiern ist nicht angemessen. Der Sender lockte aber gegen die schildbürgerliche DDR-Medien-Doktrin, die da hieß: Was unsere Menschen bewegt, bestimmen wir. DT64 offenbarte ein Desinteresse an Ernteberichten, Bauarbeiter-Manifestationen und ähnlichem historischen Optimismus." Dafür wurden Tabuthemen angesprochen: Homosexualität, Ausländerfeindlichkeit wie auch die Heimatlosigkeit und die Lausitzer, deren Dörfer der Braunkohle zum Opfer fielen. "Es gibt viele Geschichten, wie sich die DT-Macher mit List Freiraum ertrotzten, Zensoren narrten, ihnen unterlagen, halb sich weigernd, halb sich fügend: der mittlere Mut." [5]

DT64 war einmalig in vielerlei Hinsicht. War es doch der erste DDR-Sender, wo Live-Diskussionen zu politischen Themen mit Hörern stattfanden ("Antwort sofort"). War es doch der Sender, der als erster verpönte oder verdrängte Themen aufgriff. War es doch der Sender, der die weitesten Möglichkeiten hatte; ob diese weit genug ausgeschritten wurden, bleibt zu hinterfragen. War es doch der Sender, der, was nicht zu sagen war, mit Musik kommentierte, in der DDR Kunst und rare Botschaft aus einer versagten Welt. War es doch der Sender, der in liebevollen Portraits und zahllosen Mitschnittsendungen das , was nicht in ostdeutschen Plattenläden stand, lieferte. War es doch auch der einzige Sender, in dem DDR-Punk- und Garagenbands auf einem Sendeplatz Legalität fanden: samstags kurz vor Mitternacht.

DT64 hatte nie die Einschaltquoten vergleichbarer westlicher Sender. DT64 war ein Sender, der hauptsächlich die Leute erreichte, die den Sozialismus der DDR wollten. Entweder so, wie er war, oder verbessert. DT64 machte also Radio für Leute, die das System nicht abschaffen, sondern verbessern wollten.

---

4   Erich Honecker. Bericht des Politbüros an die 11. Tagung des Zentralkomitees der SED. Berlin: Dietz
      Verlag Berlin, 1966, S. 61
5   Christoph Dieckmann. Der mittlere Mut. Die Zeit (41/1991)

II. DT64 - Wende

Schwer ist es für einen Außenstehenden nachzuvollziehen, was im Herbst 1989 begann, was in und mit den Menschen geschah. Im Juni 1989 weigerten sich Moderatoren von DT64, die offiziellen Meldungen über das Massaker von Peking zu verlesen. Konsequenzen blieben damals schon aus. Im Frühherbst 1989 wurde sich immer mehr gegen die Meinungsdiktatur zur Wehr gesetzt. Beiträge gingen über den Sender, die nicht abgenommen waren. Am 3. Oktober 1989 schloß die DDR die Grenze zur CSSR, am 4. Oktober sagte der Liedermacher Herman van Veen auf DT: "Ich werde die Mauer wegsingen."
DT64 berichtete am 16. Oktober 1989, zu einem Zeitpunkt, da Erich Honecker noch an der Macht war, als erster DDR-Sender von der Leipziger Montagsdemonstration.
Am 8. November 1989 fand bei DT64 eine Belegschaftsversammlung statt. Themen der Auseinandersetzung waren die bisherige Abzeichnungspraxis, die Leitungstätigkeit und die zukünftige inhaltliche Orientierung des Senders. Mehrheitlich sprach sich das Sendeteam für ein politisch unabhängiges und alternatives Jugendprogramm aus; am selben Tag wurde bei DT64 als erstem Sender die Intendanz abgewählt.[6]
Mit der Wende und diesem letzten Befreiungsschlag brach die Freiheit bei DT64 aus. Live-sendungen, Direktschaltungen wurden zur Normalität. Die Reporter und Moderatoren waren überall dort, wo etwas passierte. Diskussionen wurden angeregt, wie zum Reisegesetzentwurf (6.11.1989) oder zum Umgang mit Mitarbeitern des MfS oder Funktionären der SED.
Wie die Hörer einen Entwicklungs- und *Wandlungsprozeß* durchmachten, so machten es auch die Moderatoren und Redakteure. Es war oftmals noch dieselbe Stimme, doch die Sprache änderte sich. Nicht von einem Tag zum anderen, sondern langsam, allmählich. Es war nicht plötzlich heute richtig, was gestern falsch war, wie auch nicht umgekehrt. Alles wurde hinterfragt und war gefragt.
In vielen Sendungen - zumeist psychologischer Art ("Mensch du", "Mensch, Mensch", später "Stand up") - wurde jetzt noch mehr als vor dem Herbst 1989 gefragt, was die Beweggründe für bestimmte Handlungen sind, wie Menschen manipuliert werden, manipuliert werden können.
Der Anspruch war, so schien es jedenfalls für mich als Hörer, die Ketten irrationaler Abhängigkeit, die uns gefangenhielten, zu zerreißen. Letztlich - keiner irrationalen Macht mehr untertan zu sein.
Die Veränderungen im Programm, der Wandel der Moderatoren und Redakteure war nachvollziehbar, da nach- und miterlebbar.
Der Teil der Jugend, der schon immer mehr wollte als nur Musik, der Anregungen und Denkansätze suchte, fand in dieser Zeit in DT64 seine Stimme wie auch sein Gewissen.

---

6 Radio im Umbruch. Hrsg. Lektorat Rundfunkgeschichte, Funkhaus Berlin 1990, S. 122

In Features und Diskussionsrunden wurde dargestellt, nachvollziehbar, ohne Pathos auf-
gemacht, welche Schicksale es in der DDR gab. Die der Priviligierten wie die der Ent-
rechteten. Und immer wieder stand so die Frage, wie sich jeder seiner Geschichte stellen
kann. Also die Frage nach der Annahme der eigenen Geschichte. Sich also trotz seiner
Fehler anzunehmen, zu sagen, der, der ich bin, bin ich nur durch das, was ich war. Mein
Weg gehört zu mir.
So fanden viele in DT64 ihre Stimme und somit sich wieder.[7]

Was der Sender für viele bedeutete, welche *Akzeptanz* mittlerweile sein Programm ge-
wonnen hatte, bekam am 7. September 1990 der geschäftsführende Intendant des Rundfunks der DDR, Christoph Singelstein, zu spüren. Hatte er doch 12 der 18 Frequenzen
von DT64, die sich außerhalb des Großraums Berlin befanden, dem RIAS zugeschanzt,
der an diesem Tag ab 20.00 Uhr auf diesen Frequenzen das Programm von RIAS I aus-
strahlte. Groß waren die Proteste ob dieses unvermittelten und durch nichts und niemanden legitimierten Frequenzcoups. Spontan kam es zu Blockaden, Demonstrationen, Hungerstreiks. Wohl auch aufgrund dieses Widerstands war am 8. September 1990 DT64
wieder auf allen Frequenzen zu hören.

Dieser 7. September 1990 war das erste Signal für die Hörer, daß ihr Programm in einem
geeinten Deutschland nicht erwünscht ist. Das Ende von DT64 sollte dann der Eini-
gungsvertrag besorgen, so wurde es jedenfalls öffentlich dargestellt. Doch enthielt dessen
Artikel 36 nicht auch die Klausel, daß Einrichtungen des ehemaligen Rundfunks der
DDR in Anstalten des öffentlichen Rechts per Staatsvertrag überführt werden können?
Die Auflösung von DT64 war also nicht vorgeschrieben. Sie wurde vielmehr durch die
Unterlassung von Verhandlungen zwischen den Ländern (also den Ministerpräsidenten)
befördert. Ja, Artikel 35 des Einigungsvertrages enthält sogar einen Passus, der besagt,
daß die kulturelle Substanz der ostdeutschen Länder keinen Schaden nehmen darf. Selbst
das Bundesverfassungsgericht hat festgestellt, daß im klassischen Auftrag des Rundfunks
der Kulturauftrag enthalten ist. Und daß DT64 ein Sender mit einer besonderen Kommu-
nikations- und Musikkultur ist - Gespräche, Toleranz, Spezialmusiksendungen von
Heavy Metal bis Hip-Hop, von lateinamerikanischer Musik bis Country - weiß, wer das
Programm hört.
Als Zeichen der Verbundenheit mit dem Sender sowie aufgrund der durch den Einigungsvertrag legitimierten und somit - durch das Desinteresse der Ministerpräsidenten -
befürchteten Abschaltung des Programms von DT64 zum 31.12.1991 gründete sich im
Mai in Chemnitz der erste Freundeskreis. Mittlerweile gibt es derer 80, in denen zur Zeit
ungefähr 1000 Jugendliche mitarbeiten.

---

7 Vielleicht können Sie das nachvollziehen.

Die schon nach wenigen Monaten ein Netzwerk bildenden Initiativen wandten sich im November 1991 mit folgendem Aufruf an die Öffentlichkeit des Landes: "Keine Funkstille für die Jugend - Rettet DT64!

DT64 wurde in den letzten Jahren immer mehr zu einem Teil der Identität der Jugend im Osten Deutschlands.

Mit seinem jugendgemäßen und kritischen Programm war DT64 beteiligt an den demokratischen Veränderungen im Herbst 1989.

Heute ist dieses einzige überregionale Jugendprogramm Deutschlands für eine Million vorwiegend junger Hörerinnen und Hörer Wegbegleiter und Orientierungshilfe in neuen gesellschaftlichen Verhältnissen, es unterstützt Vergangenheitsaufarbeitung und Selbstfindung, befördert Integration und Verständnis zwischen Ost und West.

Angesichts zunehmender Orientierungslosigkeit, latenter Gewaltbereitschaft und Fremdenfeindlichkeit ist es absurd und politisch fahrlässig, ein Programm zur Disposition zu stellen, das sich wie kein zweites in Deutschland diesen Problemen widmet.

Wir wenden uns daher gegen die geplante Abschaltung und fordern von den verantwortlichen Politikern, daß DT64 auch nach dem 31.12.1991 sein bewährtes journalistisches und jugendkulturelles Programm in den neuen Ländern fortführen kann.

"Wo ein Wille ist, ist auch eine Frequenz." Dieser Aufruf wurde von mehreren hunderttausend Hörern unterschrieben, von gesellschaftlichen Gruppen wie auch der medialen Öffentlichkeit unterstützt. Bundes- und Landespolitiker aller Parteien bescheinigten dem Programm von DT64 Notwendigkeit, Pluralismus und Sympathie.

Welches logische Argument sprach also zum Jahresende für eine Abschaltung von DT64: Daß der Sender eine unrühmliche Vergangenheit hat? Ist es nicht sinnvoller, nach den Aufgaben zu fragen, die er jetzt erfüllt, welche Bedeutung er jetzt hat, anstatt immer wieder auf die Vergangenheit zu verweisen?

Der Sender berichtet tendenziös? Dieser Vorwurf wurde fast nie konkret untersetzt. Die tendenziösen Berichte waren von denjenigen, die diese Vorwürfe vorbrachten, nie gehört worden.

Der Sender ist linkslastig? Auch dieser Vorwurf wurde nie untersetzt. Außerdem garantiert das Grundgesetz die Freiheit des Rundfunks. Die Frage ist also, ob er entsprechend den Grundprinzipien des Grundgesetzes sendet oder nicht. Nur bei Gleichsetzung von links mit verfassungsfeindlich wäre das ein Argument für die Abschaltung des Programms.

Der Sender erreicht nur eine Minderheit? Hier reicht schon, auf die Kultursender der öffentlich-rechtlichen Anstalten mit meist weit geringeren Einschaltquoten zu verweisen.

Es gibt für das Programm keine freien Frequenzen? Bis zum heutigen Tage würden die Frequenzen von DT64 rauschen, wie sie es jetzt auch in Mecklenburg - Vorpommern tun. DT64 ist ein reiner "Ostsender" und dient zur Konservierung einer DDR-Nostalgie? Die Einschaltquoten von DT64 sind im Westen noch stärker gewachsen als im Osten. So stiegen diese von 0.9% in Westberlin und 5% in Ostberlin (1990) auf immerhin 7.9% in Gesamtberlin im Oktober 1991.[8]

Herauszustellen ist also auch der übergreifende und damit integrative Charakter von DT64.

III. DT64 - Grundversorgung

Wieso müssen eigentlich Frequenzen in den neuen Bundesländern an private Anbieter schon jetzt vergegeben werden? Ist es nicht Aufgabe des öffentlich-rechtlichen Rundfunks, die *Grundversorgung* der Bevölkerung zu sichern? Und ist Grundversorgung heute nicht weiter zu fassen als noch vor zwei Jahren? Besteht nicht eine Aufgabe des öffentlich-rechtlichen Rundfunks in einer kritischen und kompetenten Begleitung des deutsch-deutschen Einigungsprozesses? Ist Grundversorgung nicht auch ein gesellschaftlicher Auftrag?

Es gibt mit DT64 ein Programm, das von nicht wenigen angenommen wird, das bestimmte Bedürfnisse wie auch Höransprüche, also die Grundversorgung für seine Hörer erfüllt.

Der Staat hat sich nicht nur - negativ und passiv - einer Beeinflussung des Rundfunks zu enthalten, er hat auch die Aufgabe, sich - positiv und aktiv - für eine positive Ordnung des Rundfunks einzusetzen, die sicherstellt, daß die Vielfalt der bestehenden Meinungen im Rundfunk möglichst vollständig zum Ausdruck kommt. Ist es also nicht Aufgabe des Staates, dieses Programm zu erhalten?

Laut 5. Urteil des Bundesverfassungsgerichtes zum Rundfunk ist es dessen Aufgabe, Minderheitenmeinungen darzustellen bzw. sogar ihre Darstellung zu befördern, um so eine lebendige Auseinandersetzung in der Demokratie zu befördern. Und - Marktchancen haben nichts mit Meinungsfreiheit und -vielfalt zu tun.[9,10,11]

Die *Grundversorgung* ist meiner Meinung nach auch vom Hörer aus zu bestimmen, also ob seine Höransprüche erfüllt werden. Sie kann nicht in einer bestimmten Anzahl von Programmen sowie in einer bestimmten Gesamtstruktur vorhanden sein. Die gesellschaftlichen Entwicklungen der letzten Jahre - sowohl lokal als auch global - führen zu neuen Ansprüchen und Anforderungen an den Rundfunk, sowohl was Strukturen als auch Inhalte betrifft.

---

8   infratest, November 1991
9   Hubert Weiss.: Meine Grundrechte. München: Verlag C.H.Beck, 1990
10 Rundfunkrecht. Sonderausgabe. München, 1990
11 BVerfGE 74, 297 ff.

Ist Grundversorgung nicht auch ein gesellschaftlicher Auftrag? DT64 ist für viele Jugendliche der letzte Halt, in diesem Land zu bleiben, letztes Mittel der sozialen Kommunikation für jene, die für niemanden, schon gar nicht Politiker, mehr ansprechbar sind, ersetzt letztendlich die Arbeit tausender Sozialarbeiter.

IV. DT64 - gegenwärtige Situation

Mitte Dezember erklärte der Intendant des MDR, ein Programm fortzuführen, das er noch wenige Monate vorher für ziemlich einseitig und unausgegoren hielt. Die ostdeutschen Ministerpräsidenten stimmten der Fortführung bis zum 30.6.1992 zu, verwiesen aber darauf, das danach eine Weiterführung ausgeschlossen ist.
Der Gründe für die zeitweilige Fortführung mag es viele geben.

1. Ein Zugeständnis an Aktionen der Freundeskreise.
2. Gegen das Programms sprachen weder technische, organisatorische noch rechtliche Gründe.
3. Aufpolierung eines gewissen Negativ-Images der CDU, das ihr durch die Aktionen der Freundeskreise anhaftete.
4. Sicherung einer vierten UKW-Frequenzkette für den MDR sowie einer Hörerschaft, die er mit seinen drei bisherigen Programmen nie erreichen würde.

DT64 sendete werbefrei im Gebiet des MDR (Thüringen, Sachsen-Anhalt, Sachsen) auf durch die jeweiligen Landesmedienanstalten an private Anbieter zu verteilende Frequenzen unter rundfunkrechtlicher und journalistischer Verantwortung des MDR. Diese Frequenzketten sollen noch im Laufe des Jahres 1992 vergeben werden.
In Mecklenburg-Vorpommern ist auf den bisherigen Frequenzen, die nun privaten Anbietern zustehen, nur Rauschen zu hören.
Im Raum Berlin/Brandenburg werden vom ORB auf den DT64-Frequenzen DT64-Fenster (0-5, 9-12, 18-19 Uhr) gesendet. In der restlichen Zeit strahlt der ORB sein Jugendprogramm *Rockradio B* ab. Dieses soll bis spätestens 1. Juni 1992 in ein gemeinsames Programm mit dem SFB (*Radio 4U*) eingehen.

V. Jugendradio-Sendeanstalt

Der Anspruch der *Freundeskreise* war immer ein länderübergreifendes, überregionales Jugendprogramm, das als ein 24-Stunden-Vollprogramm ausgestrahlt wird.
Kann dies ein Programm unter privater Trägerschaft sein? Aufgrund der unterschiedlichen Bewerbungsbedingungen, Ausschreibungszeiträume, Vergabekriterien und -

zeiten der einzelnen Länder hielten wir es von Anfang an für illusionär, DT64 länder-übergreifend und privat zu erhalten.

Sollte dieses Programm ein Kooperationsprogramm verschiedener öffentlich-rechtlicher Anstalten sein? Wie schwer eine Kooperation ist, die gleichberechtigt erfolgen soll, zeigt sich zur Zeit bei ORB und SFB. Die durch den Einfluß der Parteien vorhandene Labilität der Rundfunkanstalten kann leicht eine solche Kooperation wieder zu Fall bringen. Eine Kooperation halten wir nur für einen festgelegten Zeitraum für sinnvoll.

Wir, die Hörerinitiativen zum Erhalt von DT64, plädieren für die Gründung einer eigenständigen, redaktionell unabhängigen, länderübergreifenden Jugendradio-Sendeanstalt mit 24-Stunden-Vollprogramm.

Wir fordern auf der Basis des Programms von DT64 eine eigenständige Jugendradio-Sendeanstalt mit folgenden Ansprüchen:
- Problemradio :   Aufgreifen aktueller Themen ohne Sensations-journalismus
- Inforadio :   also fachliche Kompetenz der Moderatoren bezüglich
                        a) Hintergrundinformationen zu tagespolitischen Ereignissen,
                        b) feste Sendeplätze für Spezialinfos (Umwelt, Verbraucher),
                        c) überregionale Infos - länderbezogene Berichterstattung,
- Streitradio :   "Kontrovers"-Sendungen zu einem Thema zur Meinungsbildung
                        und nicht zum Schlagabtausch,
- Hörerradio :   Beweglichkeit von Moderatoren (Hörereinblendungen, Berichte
                        von Hörern für Hörer)
- Zielgruppenradio :   Vielseitigkeit in der Programm- und Musikgestaltung und ohne
                        Links-Rechts-Schema - Zielgruppe sind Jugendliche !

Zur Gründung einer solchen Jugendradio-Sendeanstalt bedarf es:
1.   der Ausarbeitung eines Staatsvertrages zwischen den beteiligten Ländern, der die
      Möglichkeit eines späteren Beitritts für weitere Länder enthalten muß,
2.   die Unterzeichnung desselben durch die Ministerpräsidenten sowie
3.   seine Annahme durch die Landesparlamente.

Was spricht gegen diesen Vorschlag? Fehlende Frequenzen? Bei etwas gutem Willen lassen sich diese finden, so z.B. durch die Aufhebung der Doppelversorgung sowie die Nutzung einzelner noch freier Frequenzen.

Fehlende Finanzen? Das Programm von DT64 kostet nur ca. 10 Mio DM. Allein der Rundfunkfinanzausgleich zwischen den ARD-Anstalten macht im Jahr mindestens 155 Mio DM aus. Wenn jeder Gebührenzahler mit 4 Pfennig im Monat belastet werden würde, kämen ca. 13 Mio DM jährlich zusammen.

Wir wissen natürlich, daß unser Vorschlag nicht sofort zu realisieren ist. Deshalb sehen
wir folgende Zwischenlösung auf dem Weg zu einer Jugendradio-Sendeanstalt:

1. Weitere Ausstrahlung des Programms von DT64 im Rahmen des MDR,
2. Unverzügliche Integration des Programms von "Rockradio B" sowie des angestrebten gemeinsamen Jugendprogramms von ORB und SFB in eine gemeinsame
   Jugendwelle auf der Basis von DT64,
3. Zur Gewährleistung der Grundversorgung in Mecklenburg-Vorpommern die sofortige Ausstrahlung des Programms.

VI. DT64 - Rundfunkräte und "gesellschaftlich relevante Gruppen"

Fachliche Inkompetenz eines großen Teils der Politiker und der Mitglieder von Entscheidungsgremien (Rundfunkräte der öffentlich-rechtlichen Sender und Gremien zur
Vergabe der Frequenzen an private Veranstalter) - sie begegnete uns auf Schritt und Tritt.
Die meisten hatten in Rundfunksachen keine Ahnung und konnten so nur dem Fraktions-
zwang folgen; aus Unkenntnis waren und sind sie durch ihre Parteikollegen bzw. - so sie
eine *gesellschaftlich relevante Gruppe* in einem der Aufsichtsgremien vertreten - durch
einflußreiche Kräfte manipulierbar.
Meiner Meinung nach sollte der Begriff der gesellschaftlich relevanten Gruppe neu gefaßt werden. Gesellschaftlich relevant bin ich doch nur, wenn ich auf einem bestimmten
Gebiet etwas einzubringen habe. Dies setzt Wissen oder zumindest die Vermittlung desselben voraus. Dieses ist nicht Voraussetzung für die Aufnahme in einen Rundfunkrat.
Die Mitglieder der Rundfunkräte sind im großen und ganzen nicht mehr und nicht weniger als die Transmissionsriemen bestimmter Gruppen.
Es muß nach neuen Wegen gesucht werden, damit diese Gremien weitestgehend unabhängige und auf Kompetenz beruhende Entscheidungen treffen können.

VII. Zusammenfassung

Am Beispiel DT64 wurde klar:
1. Nicht der Einigungsvertrag oder das Grundgesetz führen zwangsläufig zur Liqui-
dierung der Programme des Rundfunks der DDR in ihrer bisherigen Struktur, sondern ein
entsprechender politischer Wille.
2. Der Begriff der Grundversorgung ist aufgrund der neuen Realität zu hinterfragen und
neu zu bestimmen.
3. Das duale Rundfunksystem in seiner gegenwärtig praktizierten Form erfüllt die Aufgaben entsprechend dem klassischen Auftrag des Rundfunks nicht.

4. Der Begriff "gesellschaftlich relevante Gruppe" ist neu zu fassen, wobei von dem Tätigkeitsfeld der Gruppe und einer entsprechenden Kompetenz auf einem bestimmten Tätigkeitsfeld ausgegangen werden muß.

5. Die Aufsichts- und Kontrollgremien der öffentlich-rechtlichen Rundfunkanstalten wie auch der Landesmedienanstalten sind nach neu zu suchenden Prinzipien zusammenzusetzen.

6. Es besteht die Möglichkeit zur Gründung einer eigenständigen, redaktionell unabhängigen Jugendradio-Sendeanstalt sowie die Schaffung dazugehöriger kompetenter Kontrollgremien, so der politische Wille dazu vorhanden ist.

7. Anhand dieser Anstalt könnte ein völlig neues demokratisches Rundfunkmodell gestaltet und ausprobiert werden.

"Ja, wann gab es das schon einmal, daß sich Hörer so weit - bis zur Aufopferung ihrer selbst - für ein Programm einsetzen.

Ja, wann gab es das schon einmal, daß Hörer die Geschichte ihres Programms erforschen, erfragen und hinterfragen.

Ja, wann gab es schon mal eine "Jugendbewegung mit Radio".

Sollte das nicht Grund genug sein, angesichts der zunehmenden Lethargie und Uninteressiertheit großer Teile der Jugend - dieses Programm zu erhalten?"[12]

---

12 Vielleicht kann der eine oder die andere der Leser bei diesem Anliegen unterstützen. Für Hinweise, Ideen, Kritiken zu unserem Konzept wäre der Autor dankbar.

8

DS Kultur - ein Sender und sein Selbstverständnis

Heide Schwochow/Wolfram Scharenberg

"Eine Zeit, in der Dichtern das Dichten und mitunter auch das Hören und Sehen vergeht, ist eine Hochzeit für Medien. Da ich dies schreibe, branden Wogen um Verdecktes, Verlogenes, Verpaßtes - um Vergangenes hoch. Was war? Was hätte sein sollen? Was hätte sein können? Sein muß das Abtragen von Schichten, von Krusten. Wie nahe sind die Nachgeborenen ihren Ahnen? Rasant sind die Zeitläufte. Sie verführen dazu, beharrliche Nachfragen aufzuschieben; Briefe nicht zu schreiben; Bücher nicht zu lesen; Bekannte nicht zu treffen. Jeder ahnt das Defizit oder kennt es bereits. In diesem Umfeld setzen wir weiter auf ein Programm, das mit der Zeit geht, sich aber nicht von ihr treiben läßt."[1]

Dr. Monika Künzel, Chefredakteurin von *DS Kultur*, hat diese Worte in Verbindung mit der Veränderung des Programmschemas formuliert, das am 15. März 1992 sendewirksam geworden ist. Ich setze sie an den Anfang meiner Ausführungen, weil sie konzeptionelle Grundsätze deutlich machen, die für DS Kultur symptomatisch sind. Mein Ziel ist es, Ihnen diesen Sender vorzustellen: Nicht als juristische Institution, sondern als einen Sender, der sein Selbstverständnis aus seinem spezifischen Programm und den, besonders in den letzten 2 1/2 Jahren gewachsenen, Hörerbindungen herleitet. Mich interessieren vor allem die Fragen: Welchen Kulturbegriff hat DS Kultur? Inwieweit werden Traditionen übernommen, die vom Rundfunk der DDR herkommen? Wie sehen diese Traditionen aus? Welche Versuche machen die Redakteurinnen und Redakteure, mit der Geschichte umzugehen, sie aufzuarbeiten, sich an ihr zu reiben? In welcher Arbeitssituation befinden sie sich? Wie gehen sie mit Gegenwart um? Also: Was ist das für ein Sender, über den die Medien oft berichten, den aber nur wenige Hörer im Westen Deutschlands kennen?

1　Vorwort von Monika Künzel in "Continuum", Programmzeitschrift von "DS Kultur", 2. Märzheft 1992

1. Einleitung

In den letzten zwei Jahren ist immer wieder von der "Umstrukturierung der Medien" die Rede. Manchmal taucht auch das Wort "Neuordnung" auf. Mit wenigen Ausnahmen - zu nennen sind Deutschlandfunk und RIAS - betreffen diese Vorgänge ausschließlich den Osten der neuen Bundesrepublik. Der unschöne Begriff "Abwicklung" wurde am häufigsten verwendet, zu Recht, er beschreibt den Prozeß der Veränderung der Medienlandschaft im Osten Deutschlands sehr zutreffend. *Umstrukturierung, Neuordnung und Abwicklung* meinen letztenendes das gleiche: einen juristischen und technischen Vorgang. Auf der Strecke geblieben ist eine ernsthafte Auseinandersetzung mit den Inhalten des ehemaligen Rundfunks der DDR. Auf der Strecke geblieben sind auch die Menschen, die in dem Prozeß der Abwicklung entlassen worden sind, auch wenn keine politischen Gründe dafür vorlagen. Die Begriffe Verantwortung, Schuld und alte Seilschaft wurden zur Dampfwalze, die undifferenziert eingeebnet hat. Alles mußte sehr schnell gehen, denn Zeit kostet Geld. Dabei hätte die inhaltliche Auseinandersetzung Ausgangspunkt sein müssen für eine überfällige strukturelle und programmbezogene Neuordnung des öffentlich-rechtlichen Rundfunks in der gesamten Bundesrepublik Deutschland.

Unter den abgewickelten, aufgelösten - wie man das auch immer nennen mag - Sendern der Ex-DDR fällt einer aus der Reihe: der "Deutschlandsender Kultur". Er ist der einzige, der noch heute unter dem gleichen Namen sendet wie zu DDR-Zeiten.

"Deutschlandsender Kultur" ist ein spätgeborenes Kind der DDR-Medienlandschaft. Er hat die Abwicklung bis heute überlebt. Ehe dieser Sender in dem Zankapfel "Nationaler Hörfunk" verschwindet, bietet er jetzt noch die Chance, sein Programm unter inhaltlichen Aspekten zu betrachten. Was stammt aus Zeiten des DDR-Rundfunks, wo wurde aus den Erfahrungen des Hörfunks der alten Bundesrepublik gelernt? Warum kämpfen die Hörer von DS Kultur, die vor allem aus dem Osten kommen, um diesen Sender? Die Beantwortung dieser Fragen könnte eine Voraussetzung dafür sein, daß der "Nationale Hörfunk" nicht ebenso wie die Abwicklung zu einem rein juristisch-technischen Akt verkommt. Denn solche Verwaltungsakte sind von Belang für Politiker und Medienfachleute, nicht aber für diejenigen, für die der Hörfunk gemacht wird - für die gebührenzahlenden Hörer. Für sie zählt ihre Bindung an ein Programm, die sich aus Inhalt und Qualität der Sendungen ergibt.

2. "Deutschlandsender Kultur" - Bestandsaufnahme
2.1 Der Ursprung

Im Rundfunk der DDR existierten neben den Sendern Radio DDR I und II, Stimme der DDR, Berliner Rundfunk und DT 64 die Hauptabteilungen Funkdramatik und Musik. Diese haben zentral für alle Sender gearbeitet. Die Hauptabteilungsleiter waren gleichberechtigt mit den Intendanten der Sender. Als Mitglieder des Staatlichen Komitees des Rundfunks waren sie dem Vorsitzenden direkt unterstellt. Die Hauptabteilung Funkdramatik hatte fünf Abteilungen: Hörspiel, Kinderhörspiel, Unterhaltende Sendereihen, Internationale Funkdramatik und Feature mit insgesamt 130 Mitarbeiterinnen und Mitarbeitern. Das war die größte Abteilung dieser Art in der Welt. Außergewöhnlich sind auch der Runfunkchor Berlin und das Rundfunk-Sinfonieorchester Berlin. Beide sind international anerkannt. Der Rundfunkchor Berlin ist das einzige professionelle Ensemble in Deutschland, das über eine Stärke von achtzig Sängerinnen und Sängern verfügt und damit in der Lage ist, die chorsymphonische Literatur des neunzehnten Jahrhunderts- von Beethoven über Brahms bis hin zu Penderecki- ohne Aushilfen zu bewältigen.[2] Ich erwähne das deshalb, weil dieser Chor auf die Hälfte reduziert werden soll. Rundfunk-Ensembles vergleichbarer Größenordnung gibt es nur bei Radio France, am Prager Rundfunk und bei Radio Hilversum. Dieser Chor ist im Ausland nach wie vor sehr gefragt, und wenn ich über DS Kultur spreche, dann gehört er dazu.

Der Deutschlandsender Kultur ging aus den Sendern Radio DDR II und Deutschlandsender hervor. Ein kurzer Blick auf ausgewählte Aspekte der Geschichte dieser Sender erleichtert das Verständnis dieses Zusammenschlusses.

Der *Deutschlandsender* ist seit 1948 auf Sendung. Er hatte nichts gemeinsam mit dem Sender, der bereits seit 1927 existierte und 1945 seine Sendungen einstellte. Nur den Namen. Der Deutschlandsender in der sowjetischen Besatzungszone war als Langwellensender konzipiert, der sich vor allem an westdeutsche Hörer wenden sollte. Im Neuen Deutschland vom 15. Oktober 1949 hieß es: "In seiner Aufklärungsarbeit bekämpft er die Lügenhetze und widerlegt sie durch Tatsachen aus dem Leben der Werktätigen im östlichen Deutschland."[3] Diesen Auftrag versuchte er mit Übereifer zu erfüllen, als buntgemischtes Hörfunkprogramm mit politisch ideologischer Orientierung. Zu Beginn der Honecker-Ära wurde der Sender umbenannt in "Stimme der DDR": Damit er sich auch vom Namen her vom "Deutschlandfunk" in Köln unterscheiden sollte. Außerdem taten sich die Herren aus dem Politbüro mit dem Deutschlandbegriff immer schwerer. Im Februar 1990, also kurz nach der Wende, wurde der Sender auf Initiative seiner Mitarbeiter umbenannt, wieder in *Deutschlandsender*. Das brachte ihm den Ruf ein, ein "schnell gewendeter"[4] Sender zu sein.

Seit Ende der siebziger Jahre wurde bei *Radio DDR II* ein Kulturprogramm etabliert, das sich vor allem kulturpolitischen und kulturellen Themen im weitesten Sinne widmete. Zu diesem Sender gehörte eine umfangreiche Wissenschaftsredaktion, die Kultur auch unter

---

2 Vgl. Wolfgang Sandner, Frankfurter Allgemeine Zeitung, 7.4.1992
3 Neues Deutschland, 15. Oktober 1949
4 Vgl. Bernhard Wördehoff, "Die Zeit", 23.02.1990

dem Aspekt der Entwicklung von Wissenschaft und Technik untersuchte. Die Verbindung von Kultur und Wissenschaft ist in der marxistischen Theorie vorgedacht. Das hatte einen erweiterten Kulturbegriff zur Folge, der allerdings die Alltagskultur und die politische Kultur weitestgehend ausschaltete.

Das anspruchsvolle Programm von *Radio DDR II* hatte einen ganz speziellen Hörerkreis. Das war ein Interessentenpublikum, das gezielt das Radio einschaltete, um bestimmte Sendungen zu hören. Die Kulturredakteure versuchten, Kritik an den bestehenden Verhältnissen hineinzuschreiben. Über Umwege, zum Beispiel bei einer Theaterkritik oder bei der Berichterstattung über ein Kunstereignis. Radio DDR II war ein Nischenprogramm. Leise und verschlüsselt, versteht sich. Aber immerhin so, daß dieser Sender dem ZK der SED, und damit auch dem höchsten Leitungsgremium des Rundfunks der DDR, dem Staatlichen Komitee, ein Dorn im Auge war. Aber so einfach ließ sich diese intelligente Hörfunk-Stimme nicht abschaffen, der Sender war beliebt bei profilierten Leuten des öffentlichen Lebens. Ende 1987 wurde die Sendezeit um drei Stunden eingeschränkt. Zugunsten von Regionalprogrammen des Senders, so lautete die Begründung.

Dr. Stefan Amzoll, seit 1977 Musikredakteur bei *Radio DDR II*, wurde im Dezember 1989 Chefredakteur von Radio DDR II. Als der Sender 1990 durch die schnelle Gründung der neuen Landessender (Radio Mecklenburg-Vorpommern, Antenne Brandenburg, Sachsen-Radio, Radio Sachsen-Anhalt und Thüringen-Radio) ganz unterzugehen drohte, haben er und seine Kollegen sich mit den Leuten vom Deutschlandsender zusammengerauft. Die hatten eine Frequenz, aber keinen Programmauftrag mehr. Sie haben sich schließlich auf eine gemeinsame Konzeption geeinigt. Bei der Vereinigung von beiden Sendern hat die Konzeption von Radio DDR II als Kultursender die dominierende Rolle gespielt. Einen großen Anteil am Profil des neuentstandenen Kultursenders hatte "DDR-II" Chefredakteur Amzoll. Er war zuletzt stellvertretender Chefredakteur von "DS Kultur" und wurde vom ZDF nicht eingestellt. Die Gründe dafür entziehen sich meiner Kenntnis. Er war ein Mensch, der um seine Positionen streiten konnte. Er war unbequem.

2.2 Zur aktuellen Personalsituation

DS Kultur hat seit Januar 1992 noch 186 Mitarbeiter und Mitarbeiterinnen. Der Anteil von Frauen beträgt 50 %. Dieser Prozentsatz ist sehr hoch im Vergleich zu den öffentlich-rechtlichen Anstalten im Westen der Bundesrepublik. Zwei Frauen haben Leitungpositionen: Dr. Monika Künzel, die Chefredakteurin, und Sigrid Schleede, Leiterin der Redaktion "Künstlerisches Wort". 194 Mitarbeiter und Mitarbeiterinnen arbeiten in Chor und Orchester.

Von der oben erwähnten Hauptabteilung Funkdramatik sind sieben Mitarbeiterinnen und zwei Mitarbeiter übriggeblieben (zur Erinnerung: ursprünglich waren es 130).

Seit 1. Januar 1992 liegt die Personalkompetenz beim ZDF in Mainz. Alle Mitarbeiter und Mitarbeiterinnen von "DS Kultur" mußten sich Ende 1991 dort neu bewerben. Schon vorher hatten sie sich einem Prüfverfahren unterzogen, der sogenannten "Personalbogenaktion", die im Auftrag des Rundfunkbeauftragten Mühlfenzel durchgeführt worden ist. Es wurde untersucht, ob sie für die Staatssicherheit gearbeitet haben, beziehungsweise ob sie leitende Positionen in Partei und Staat innehatten. Inoffizielle Mitarbeiter der Staatssicherheit und Parteifunktionäre sind entlassen worden.

In einem Schnellverfahren wurde Ende des Jahres entschieden, wer vom ZDF übernommen wird und wer nicht. Die Kriterien sind nie offen diskutiert worden. Die Entscheidung fiel innerhalb von 48 Stunden im stillen Kämmerchen des ZDF. Die Gründe für diese Entscheidung wurden nicht offengelegt. Die Bewerber saßen 3 Tage vor Weihnachten 1991 bis zu 24 Stunden vor der Tür, hinter der sie das Urteil über ihre Zukunft entgegennehmen durften. Die Menschen, die diese Entscheidung über sie getroffen haben, sind für die Betroffenen nicht greifbar. Sie sind ihnen unbekannt. Und umgekehrt. Die Menschen, die diese Entscheidung getroffen haben, kennen nur Akten.

Im März 1992 fand ein Personaltausch statt. Dr. Heiner Noske (Kunst und Publizistik) ist nach Mainz gegangen, zu "Aspekte". Er arbeitet dort als Redakteur. Volker Panzer ist von "Aspekte" zu "DS Kultur" gewechselt. Er war dort Redakteur und ist jetzt Leiter der Redaktion Kunst und Publizistik. Carsten Burtke (Zeitgeschehen) ist als Redakteur zum SFB gegangen. Vom SFB kam Hartwig Heber. Er war dort Redakteur und ist jetzt Leiter der Redaktion Zeitgeschehen. Dr. Heiner Noske und Karsten Burtke waren in den Leitungspositionen, die jetzt die westlichen Kollegen übernommen haben. Also: die Redakteure von SFB und ZDF sind in Leitungspositionen aufgestiegen, die Ost-Redakteure dagegen sind "abgestiegen". Deutsch-deutsche Gleichberechtigung.

2.3 Die Redaktionen

Neben der Chefredaktion existieren bei DS Kultur:
1. Die Redaktion Kunst und Publizistik mit den Ressorts Geisteswissenschaften, Kultur und Natur, Umwelt und Technik
2. Die Redaktion Zeitgeschehen mit den Ressorts Neue Musik, Klassische Musik und Konzerte
3. Die Redaktion Künstlerisches Wort mit den Ressorts Hörspiel, Kinderhörspiel, Feature und dem dazugehörigen Produktionsbüro.
4. Die Technik und Verwaltung. Dazu gehören auch das Wort-, das Musik-, und das Geräuscharchiv.

2.4 Programmauftrag

Durch die Fusionierung von Radio DDR II und Deutschlandsender entstand ein Programm, das sich an Programmteilen beider Sender orientiert. Deutschlandsender Kultur will "Kunst, Kultur, Bildung, Wissenschaft, Politik, Wirtschaft und Soziales in ihren vielfältigen Erscheinungsformen aufgreifen, geistig verarbeiten und zur Sprache bringen."[5] So steht es in der Konzeption. DS Kultur begreift sich nicht als ein Sender, der sich in erster Linie mit Hochkultur, also mit der ernsten Kunst im engeren Sinne befaßt, sondern er faßt den Kulturbegriff weiter.

Dazu gehören die Lebensbedingungen von Menschen in beiden Teilen Deutschlands, Entwicklungen in Wissenschaft, Bildung und Politik wie in der Kunst, Architektur und Umweltgestaltung. Das ist die eine Besonderheit des Senders. Es gibt noch eine andere. Weil DS Kultur aus zwei ostdeutschen Sendern hervorgegangen ist, weil hier vor allem Redakteurinnen und Redakteure aus der ehemaligen DDR arbeiten, widmet er sich den Problemen von Gegenwart und Vergangenheit aus ostdeutscher Sicht.

2.5 Programmspezifik und Programmstil

In dem umfangreich ausgearbeiteten Konzeptionspapier von DS Kultur heißt es unter anderem: "Der Sender ist sich seiner spezifischen Rolle im System der kulturellen Öffentlichkeit bewußt. Er zählt sich zu den Medien alternativen Charakters und präsentiert sich generell als Multiplikator ungewöhnlicher Denkprozesse und origineller Kultur- und Kunstformen, die geeignet sind, neuartige Motivationen für geistige Arbeit und konstruktives Handeln zu bewirken."[6] Inwieweit diese Behauptung stimmt, wird anhand des Programmes nachzuweisen sein.

DS Kultur sendet täglich 21 Stunden, von 5 Uhr morgens bis 2 Uhr nachts. Er bringt keine Werbung. Er vermeidet Vordergründigkeiten, die lediglich einem Unterhaltungwert unterliegen. Er bekennt sich dazu, keinen oberflächlichen "Minutenjournalismus" zu betreiben. Das heißt, es gibt keine 2.30 Minutenbeiträge. "Problemaktuelle Sicht, vertiefende Ereignisschilderung, die Verarbeitung komplexer Zusammenhänge, streitbare Kommentierung, analytisches Herangehen und kritische Reflexion sind gefragt."[7] So steht es in der Konzeption. Alternativ zu anderen Hörfunkprogrammen ist die Verbindung von Wort und Musik in großflächigen Programmen. Das Wort nimmt einen außerordentlich wichtigen Platz ein. Alternativ ist auch die Verbindung von Kultur, Wissenschaft, Politik und Zeitgeschehen. Bei DS Kultur haben neben klassischer und zeitgenössischer Musik auch Jazz, Folklore, Chanson und elektronische Musik Platz. Al-

---

5   Zitiert nach epd, Mai 1990
6   Ebenda
7   Ebenda

ternativ ist auch die relativ große Auswahl an Features und Hörspielen mit einer Sendezeit von 55 Minuten.

Eine Anmerkung: Die Produktion des künstlerischen Wortes hat Tradition bei DS Kultur. Die Abteilung Kinderhörspiel zum Beispiel hat zu DDR Zeiten jährlich neunzig Kinderhörspiele produziert, die Hörspielabteilung ca. 50 Hörspiele für Erwachsene und Jugendliche. Diese Zahlen sind unvergleichbar mit anderen Hörfunkeinrichtungen in der Welt. Das Kinderhörspiel hat in den letzten sechs Jahren viele Preise in gesamtdeutschen Wettbewerben erhalten.

3. Das Programm
3.1 Programmbeobachtung

Im Vordergrund steht klassische Musik. Ihr Anteil macht etwa 70 % aus.

Nach dem ARD Nachtkonzert beginnt der Tag mit "Klassisch aufstehen". Dieses Frühprogramm wendet sich an Liebhaber "ernster Musik". Es ist gespickt mit Wortbeiträgen unterschiedlicher Machart. Dazu gehören Programmhinweise, die Kulturpresseschau, die Frühkritik, Gespräche mit Studiogästen zu unterschiedlichen Themen aus dem Bereich der Kultur in der Bundesrepublik Deutschland, vor allem aus dem Ostteil. Der Bericht mit Originalton kommt bei DS Kultur selten vor. Es gibt kaum gebrauchte Beiträge. Das Interview überwiegt. Im Halb- bzw. Stundenrhythmus werden die Nachrichten von Rias übertragen. Die Reihe "Politik und Gesellschaft" mit täglich zwei halbstündigen Terminen (um 8.05 und 17.33) besorgt einen großen Teil der politischen Berichterstattung. Es werden aktuell-politische Ereignisse kommentiert, reflektiert und analysiert. Das heißt, es findet eine Hintergrundberichterstattung statt, die aber oft sehr vorsichtig in ihren Schlußfolgerungen und Wertungen ist. In dieser Reihe stehen Interviews oder Korrespondentenberichte im Vordergrund.

Von 8.35 bis 10.00 werden die Freunde der "ernsten Musik" mit einem Konzertmitschnitt erfreut. Vormittags, um 11.00 Uhr, ertönt entweder Alte Musik, Blues, Swing, Jazz.

Nach den Kulturnachrichten um 12.00 Uhr wieder klassische Musik, dann der aktuelle Essay. Außerdem wird jeden Tag in Kurzform ein Buch aus unterschiedlichen Genres vorgestellt; von 15.35 bis 16.30 Uhr sind entweder ein Feature, ein Hörspiel oder eine literarische Leseprobe zu hören. Insgesamt sendet DS Kultur zwei Kinderhörspiele, vier Hörspiele für Erwachsene und zwei große Features, außerdem zwei Leseproben und eine Stunde über Literatur pro Woche. Das ist beachtlich. Das Programm von 16.30 bis 17.30 Uhr variiert täglich zwischen dem Musikjournal, Ansichten über Rockphänomene, Porträts von Komponisten oder anderes. Ab 18.00 Uhr gibt es Theatermusik, dann kommt die Stunde der Klassik und ab 19.35 Uhr können die Hörer im Länderreport Aktuelles aus den Bundesländern erfahren. Das Programm ab 20.00 Uhr ist jeden Tag anders. Nachts um 1.00 Uhr kann man noch ein Hörspiel, Feature oder das Öko-Journal hören. Das kulturelle Spektrum deckt in erster Linie die Interessen des Bildungsbürgers ab. Erst dann kommen die Alternativen. In diesem Punkt stimmen konzeptionelle Behauptung und Realität nicht überein. Alternativen für ein breiteres Publikum gibt es im aktuellpolitischen Bereich, in "Kontrovers", in der Reihe "Aus Politik und Gesellschaft", auch im Hörspiel, im Länderabend oder Länderreport, in alternativen Musiksendungen wie die am Mittwochabend, in der Folkmusik, Jazz oder auch Chansons vorgestellt werden, oder in Sendungen, die elektronische oder Rockmusik in den Vordergrund stellen. Nicht zu vergessen das Öko-Journal, das Computermagazin oder das Wissenschaftsmagazin.

Das *Programmschema* am Wochenende sieht anders aus als das in der Woche. Da gibt es den offenen Samstag mit "Nachdenken über Europa", verbunden mit Kunst und Musik. Das ist eine große Programmfläche, die viel Freiraum für Gestaltung läßt.
Vergangenheit und Gegenwart werden thematisiert in Featuresendungen oder Diskussionen, und Sonntag abend gibt es wieder ein Hörspiel. Das Öko-Journal am Sonntag von 11.00 bis 12.00 Uhr versteht sich als ein Umweltreport mit nationalen und internationalen Themen zu Ökologie, Ökotechnik und Ökopolitik.

Die Sendung "Kontrovers zum Thema" von 10.00 bis 11.00 Uhr hat eine breite Hörerresonanz. Den Mitarbeitern geht es vor allem "um den kulturvollen, ...öffentlichen Streit". DS Kultur hat mit dieser Sendung eine Diskussionsrunde etabliert, die zu aktuellen Themen Stellung bezieht (Asyldebatte; die Dikussion um den Paragraphen 218; der Streit, was mit den Denkmälern von Marx, Engels oder Lenin geschehen soll; Zerfall der Sowjetunion oder die Nationalitätenpolitik in Europa, die Zukunft der marxistisch-leninistischen Philosophie....). Dazu werden Studiogäste eingeladen, die das Problem kontrovers diskutieren. Im Unterschied zu den üblichen Talkshows im Fernsehen wird hier nicht auf den puren Unterhaltungswert gesetzt, sondern auf den fairen Streit, bei dem auch die Information nicht zu kurz kommen soll. Die Fragen der Moderatoren sind wenig provokant. Deshalb plätschern die Diskussionen mitunter brav vor sich hin. Auffällig ist eine für westliche Verhältnisse ungewöhnlich höfliche Umgangskultur. Gesprächspartner dürfen ausreden.

3.2   Der Umgang mit Gegenwart und Vergangenheit
- ausgewählte Beispiele -

Joachim Knauth läßt in seinem Kinderhörspiel "Gottes Stimme" Kaiphas sagen:
"Volk, was glaubst du nicht alles,
Wenn einer kommt, der verspricht,

der deine Hoffnungen streichelt,
dem Elend Kränze flicht."[8]

Und weiter unten:
"Wir müssen nicht tanzen
Ums goldene Kalb,
Doch wir sollten es schon im Stall haben.
Lauft nicht dem Apostel nach,
Gott ist nicht arm,
Und wäre jetzt nicht verloren.
Du bist betrogen, Volk, und du weißt,
Gott straft die Sünder so hart wie die Toren.
Chor:
Sind wir wieder betrogen?
Warn deine Wunder, Herr Jesus,
Nur Schein?
Wo ist jetzt deine Kraft? Wir zweifeln![9]

Zweifel sind produktiv. Die Redakteure von DS Kultur erlauben sich das Zweifeln, sie erlauben sich das Hinterfragen. Die Auseinandersetzung mit Fragen aus Gegenwart und Vergangenheit produziert oft unbequeme Antworten. DS Kultur ist unbequem.

Auch Volker Braun benutzt einen klassischen Stoff, um seine Befindlichkeit über die Gegenwart und Vergangenheit auszudrücken. Er nennt sein Hörspiel "Iphigenie in Freiheit". Orest und Pylades kommen auf die Krim, um Iphigenie zu befreien. Das ist die Freiheit, die sie meinen. Sie soll wieder zum Objekt degradiert werden. Sie ist eine Ware, wie alles in der neuen Gesellschaft. Eine Ware hat ihren Preis. Der Bruder braucht eine Schwester, der Täter braucht ein Opfer, das Opfer braucht eine Täterin. Diese Iphigenie hat nichts von der Goethischen Reinheit. Sie ist erschreckend normal, sie ist mit Dreck beschmiert durch ihre Vergangenheit. Alle sind mit Dreck beschmiert durch ihre Vergangenheit. Bevor Iphigenie sich in neue Zwänge begibt, genießt sie die Lust am Untergang. Eine böse Konsequenz.

Matthias Körners "Wintervorrat" ist eine moderne Kirschgartenversion mit Motiven aus "Warten auf Godot". Endzeitstimmung, eingebettet in die satte Sinnlichkeit des dörflichen Alltags. Sie lamentieren über das bleierne Leben.

---

8   Joachim Knauth, "Gottes Stimme", Hörspielmanuskript von DS Kultur
9   Ebenda

Er kann das Leben ohne Arbeit nicht ertragen und muß sich abreagieren. Er will den Birnbaum abhacken. Sie will, daß das bißchen, was noch blüht, stehen bleibt. Er fällt den Baum und zerhackt ihn im Schuppen. Der Wintervorrat kommt. Sie läßt die Fuhre Holz in den Schuppen kippen, die schüttet den Mann und den zerhackten Birnbaum zu. Das ist eine bitterböse Satire auf das Verhalten von Menschen, denen der Boden unter den Füßen weggerutscht ist. Schonungslos, selbstkritisch. Die Wartehaltung von vielen Menschen aus der ehemaligen DDR wird satirisch unter die Lupe genommen.

4. Programmeinschätzung

In journalistischen Beiträgen, in Featuresendungen, in Hörspielen:
Immer wieder wird der Versuch gemacht, die DDR Geschichte aufzuarbeiten. Je mehr Zeit ins Land geht, desto subtiler werden diese Versuche. DS Kultur hat dabei den Vorteil, daß breite Sendeflächen auch den Raum geben, das differenziert zu tun. Am Anfang stand die Offenlegung von Korruption und Amtsmißbrauch. Ein Journalismus, der sich gern *Enthüllungsjournalismus* nannte, der aber Elemente von "Reinwaschung" enthielt. Inzwischen ist die Tendenz nicht zu übersehen, immer mehr nach der subjektiven Schuld und Verantwortung des Einzelnen zu fragen, Geschichten zu erzählen über Menschen, die in der DDR gelebt haben. Und eins ist unübersehbar: Die Autoren machen nicht die gleichen Fehler nochmal. Sie haben das Fragen gelernt. Was mir beim Hören von DS Kultur immer wieder auffällt, ist das Engagement für sozial Schwache. Ein Feature über Obdachlose in Leipzig ist sehr schnell entstanden, über Drogenprobleme, über Arbeitslosigkeit. Themen, die im Westen keiner mehr hören will, sie stehen im Zentrum von DS Kultur. Die Redakteure und Redakteurinnen entdecken mit einer auffälligen Sensibilität die Stolpersteine der marktorientierten Gesellschaft, sehr aufmerksam, sehr schnell. Das spüren ihre Hörer aus dem Osten Deutschlands, die Stimme von DS Kultur ist ihre Stimme. Sie finden sich wieder, dieser Sender ist ihre Identität.
Sie gehen gemeinsam den Weg in eine andere Gesellschaft. Sie haben die gleichen Bauchschmerzen, sie erdulden die gleiche Erniedrigung, sie machen die gleichen Fehler, sie genießen gemeinsam eine andere Lebenskultur, sie verstehen sich durch gemeinsame Erfahrung.

Lothar Mikos hat eine Untersuchung zum Programm von DS Kultur gemacht.[10] Er leitet aus dem Muster der journalistischen Beiträge von DS Kultur (keine journalistische Aufbereitung, keine gebauten Beiträge, die Dominanz von Interviews) eine "Autoritätsgläubigkeit und -hörigkeit" ab, die sich "in höflichen Interviews, wenn nicht gar manchmal in netten Aufforderungen zu Verlautbarungen, ausdrückt." Dem möchte ich entgegenhalten: Durch Höflichkeit und fairen Umgang mit Interviewpartnern erhalte

---

10 Lothar Mikos in epd Kirche und Rundfunk Nr. 37, 15. Mai 1991

ich in der Regel gründlichere Informationen als in einem unterhaltsamen Schlagabtausch. Da ist der Unterhaltungswert zwar groß, das Thema aber rutscht oft weg, weil es nur noch um die Form geht.

In fast allen Sendungen zeigt sich gründliche Recherche. DS Kultur verweigert sich dem "flotten" Zuschnitt auf Themen. Die Sendungen sind zum Zuhören gemacht. Immer wieder kommt ein moralisierender Grundton durch. Ich höre die Motivation heraus, daß Macher und Macherinnen Botschaften vermitteln wollen. Und manchmal klingt das angestrengt, manchmal empfinde ich den pädagogischen Zeigefinger als unangenehme Belehrung. Bei all diesen Sendungen, ob sie journalistische oder Kunstprodukte sind, verspüre ich Redlichkeit und Sensibilität im Umgang mit Vergangenheit und Gegenwart. Redakteure hüten sich vor Vorverurteilung, das hört sich angenehm an in einem Prozeß, in dem Geschichte von fast allen Medien unhistorisch und undifferenziert behandelt wird.

Zum Musikangebot: Ich bin der Meinung, das die "ernste Musik" überrepräsentiert ist, und der Sender zu wenig Alternativen für andere Musik bietet. Hier grenzt er sich zu wenig von Programmen wie NDR III ab, die sich in erster Linie der Hochkultur widmen. Im neuen Sendeschema ist auch sonntag vormittags Jazz vorgesehen. Trotzdem, die Musikkonzeption des Senders ist relativ konservativ und beschränkt sich in erster Linie auf die unterschiedlichen Formen von Klassik. Zur Legitimation eines nationalen Hörfunks ist diese Musikkonzeption dürftig.

Was ist europäisch an DS Kultur? Nicht die großen Worte des *Europa-Programmkonzepts*, in dem es von allgemeinen Floskeln nur so wimmelt. Nein. Es ist das sympathisch sinnliche Entdecken von Welt, das Redakteure, Autoren und Hörer gemeinsam haben. Es ist das vorsichtige Tasten und die Freude über ein neues Lebensgefühl, das aus Sendungen atmet, die über andere Länder berichten. Es ist das Pfund an Erfahrungen, das ostdeutsche Kollegen mit osteuropäischer Kultur haben. Das ist ihre Spezifik. Hier sind sie Spezialisten, und der Hörer kann das spüren: in journalistischen Sendungen wie in künstlerischen, in Auslandsreports, in Features und in Hörspielen. Das ist europäisch an DS Kultur, nicht die Willenserklärungen in Konzeptionen, die letzlich mit der Hoffnung auf Frequenzen zu tun haben. Das ist eine rein pragmatische Sicht.

5. Zur Arbeitssituation der Mitarbeiter von "DS Kultur"

Sie haben ihre Erfahrungen gemacht mit den Zwängen des DDR Rundfunks, sie haben sich anpassen, funktionieren müssen, in einer von Staat und Partei dominierten Institution. Sie haben die Zeit der Wende miterlebt und die Zeit danach, die geprägt war durch das Engagement für einen Neubeginn. Seit zwei Jahren leben und arbeiten sie in einem Schwebezustand, immer mit der Angst um den Arbeitsplatz, immer mit der Hoffnung, daß es sie nicht trifft. Wenn es sie nicht trifft, dann trifft es andere. Das ist gut für sie. Ein schizophrener Zustand. Das ständige Hin und Her, die Hektik in einer Zeit, die eigentlich Ruhe für einen schöpferisch kreativen Prozeß für die Aufarbeitung von eigener Geschichte braucht, war und ist eine große psychische Belastung. Hinzu kommt eine bisher unbekannte Konkurrenzsituation untereinander, die die Notwendigkeit provoziert, besser zu sein als andere, um in einer Situation des Abbaus von Arbeitsplätzen gegen die anderen zu bestehen.

Meine Recherche kann keinen Anspruch auf streng wissenschaftliche Kriterien erheben. Ich habe vier Mitarbeiter und sechs Mitarbeiterinnen aus unterschiedlichen Redaktionen in persönlichen Gesprächen zu ihrer *Arbeitssituation* befragt. Das ist kein repräsentatives Ergebnis. Ich kann nur Eindrücke wiedergeben. Weil es aber noch keine Untersuchungen über das Selbstverständnis von Journalisten im Ostteil von Deutschland gibt, möchte ich über diese Eindrücke hier sprechen.

Acht von zehn Mitarbeitern haben mir gesagt, daß ihr Freiraum im Vergleich zum DDR Rundfunk kleiner geworden ist. Das betrifft nicht die Recherche, beim Recherchieren haben sich neue Wege geöffnet. Das betrifft andere Faktoren, die sie zur Zeit als dominant erleben. Der Faktor Geld spielt eine so große Rolle, daß Sparsamkeit vor Qualität geht. Das macht die Spielräume kleiner. Zum Beispiel: Es ist ein Unterschied, ob ich für die Produktion eines Hörspiels einen Komponisten beauftragen darf, der die Musik für das Hörspiel komponiert, oder ob ich Musik vom Band nehme. Es ist ein Unterschied, ob ich als Dramaturg oder Dramaturgin Hörspielmanuskripte gemeinsam mit Autoren entwickeln kann, oder ob ich die eingereichten Manuskripte nur noch sortiere, weil die Zeit für gründliche Arbeit nicht ausreicht. (Alle Befragten sind der überzeugung, daß der Sender personell unterbesetzt ist.)

Es ist schwer, profilierte Autoren für Featureprojekte zu gewinnen, wenn ihnen Spesen nicht erstattet werden, weil die Finanzlage permanent ungeklärt ist. Für die Redakteure und Redakteurinnen aus der Redaktion Künstlerisches Wort erscheint die Situation komplizierter als für Journalisten und Journalistinnen, weil auch ihr politischer Freiraum zu DDR Zeiten größer war. In der Hauptabteilung Funkdramatik haben keine Journalisten gearbeitet, sondern Dramaturgen, Regisseure, Regieassistenten. Sie saßen in einer Nischenposition, denn Kunst und Kultur standen immer im Windschatten der Politik.

Die komplizierte juristische Position produziert zusätzliche Belastungen, die die tägliche Arbeit verkomplizieren. Will sich ein Redakteur oder eine Redakteurin aus dem Wortarchiv in der Nalepastraße, also im eigenen Haus, ein Wortband mit einer früheren Produktion ausleihen, dann muß er in Mainz anrufen und sich das genehmigen lassen. Die Verbindung von ZDF und DS Kultur, die räumliche Trennung, schafft die schönsten Blüten der Bürokratie. Jeder kennt die Freuden telefonischer Kommunikation zwischen Ost und West.

"Früher hatten wir mehr Zeit für die eigentliche redaktionelle Arbeit. Jetzt sind wir dazu gezwungen, ständig Formulare auszufüllen und immer nachzufragen, ob wir auch alles richtigmachen. Das zermürbt. Im Westen geht Form über Inhalt.", sagt eine Redakteurin. Die organisatorische Neuordnung hat auch inhaltliche Konsequenzen. "Früher kannte man die Strukturen und konnte seinen eigenen Spielraum austesten", sagte mir die Redakteurin. "Jetzt ist es ein hilfloses Tapsen. Du weißt nie, wann einer zuschlägt und woher die Schläge kommen." In dieser Situation ist der Denunziation Tür und Tor geöffnet. Die Drohung "alte Seilschaft" lauert ständig als Vorwurf und kann jederzeit als Waffe eingesetzt werden. Ein Redakteur sagte mir: "Zu DDR Zeiten gab es die Holzhammermethode, wenn man nicht funktionierte. Die war direkt, sozusagen ein Frontalkampf von Gesicht zu Gesicht. Jetzt ist alles weich und wabblig, undurchschaubar, aber viel gefährlicher, weil existentiell." Existenzangst provoziert neue Vorsicht.

Die Situation der befragten Redakteure und Redakteurinnen könnte ich etwa so beschreiben. Sie bewegt sich zwischen Verbitterung und einer Trotz-alledem-Haltung, die da sagt: Jetzt erst recht! Die Motivation, als Stimme aus der Position des Ostens zu fungieren, verleiht ihnen trotz aller Resignation und Verbitterung die Kraft zum Widerstand. Die schlägt sich im Programm nieder. Alle Befragten gaben immer wieder die Hörer als Gradmesser an. Das hat mit der Situation zu tun, daß viele Bürger aus der ehemaligen DDR die Stimme aus dem Osten wollen und brauchen, und das auch so artikulieren. Sie ist ein Stück von ihnen, ein Stück Identität. Diese Rückmeldung, die sich in Anrufen und Briefen immer wieder niederschlägt, verleiht den Journalisten eine ganz besondere Kraft. Sie sind unzufrieden mit der Art und Weise, wie der Prozeß der deutschen Einheit vonstatten geht, Rezipienten wie Journalisten. Sie wollen gemeinsam Fragen stellen, Hintergründe erfahren, sich auseinandersetzen. Auf die Frage, wie sie ihre Zukunft sehen, haben sechs der Befragten düstere Prognosen entworfen. Sie sehen DS Kultur untergehen in anderen Sendern. "Da bleibt von uns nichts übrig", ist ihre Meinung. Die anderen vier hoffen auf ein Modell *Nationaler Hörfunk*, in dem die Tradition von DS Kultur weiterlebt. Sie rechnen sich eine Chance aus.

Alle zehn Befragten fühlen sich der Wahrheit verpflichtet; sie sehen sich in einer missionarischen Funktion; sie fühlen sich moralisch verpflichtet, politische Ereignisse zu befragen und auf ihre Ursachen hin zu untersuchen. Sie wollen Vergangenheit aufarbeiten und die Gegenwart kritisch unter die Lupe nehmen.

6. Thesen zu "Nationaler Hörfunk" - ein Ausblick

1. Es gibt eine Programmspezifik bei "DS Kultur" und eine andere Vorstellung von einem Hörfunkprogramm bei den Machern als im Westen der Bundesrepublik.

2. Wenn diese Spezifik aus der deutschen Medienlandschaft verschwindet, ist diese ärmer als heute.

3. Die Differenz zu den Kulturprogrammen der ARD-Stationen ist nicht so un-überbrückbar, daß ein Nationaler Hörfunk unbedingt notwendig ist.

4. Diese Spezifik wäre im Rahmen der ARD zu erhalten, wenn dort ernsthaft inhaltliche und strukturelle Veränderungen möglich wären. In Sicht sind sie nicht.

5. Der Nationale Hörfunk ist eine politische Entscheidung, zuallererst zur Sicherung der Arbeitsmöglichkeiten der Mitarbeiter des Deutschlandfunk in Köln und von RIAS Berlin. Journalisten, die jahrelang an vorderster Front der Systemauseinandersetzung gearbeitet haben, dürfen nicht bestraft werden.

6. Der Nationale Hörfunk verkommt zum juristischen Akt, wenn neben diesen Überlegungen nicht gleichwertig die programmlichen Fragen diskutiert werden. Die Ansätze dazu sind minimal und unzureichend.

7. Nationaler Hörfunk muß bundesweit terrestrisch zu empfangen sein. Die Frequenz-Situation im UKW-Bereich läßt dies gegenwärtig nicht zu. Das Unternehmen gerät zur Farce.

7. DS Kultur-Werdegang

Wer nun einen kommunikationswissenschaftlichen Diskurs zu diesem Thema erwartet, der wird an dieser Stelle enttäuscht sein. Denn die Frage, wie sich Journalistinnen und Journalisten in der ehemaligen DDR - und um die geht es hier vor allem - heute selbst sehen, wie sie ihre Arbeit verstehen, durch was sie sich leiten lassen, die ist wissenschaftlich noch nahezu gar nicht erforscht. Immerhin gibt es eine Umfrage des Deutschen Journalistenverbandes (DJV) von 1991. Danach ist die Presselandschaft im Osten im Gegensatz zu der in den alten Bundesländern - völlig verunsichert. 53 % aller befragten *Ostjournalisten* sehen für ihre Arbeit schlechte oder gar keine Perspektiven mehr.[11]

Was wir heute leisten wollen und können, sind einige Gedanken und Momentaufnahmen zur Situation gegenwärtiger journalistischer Arbeit. Wir haben dazu einen speziellen Hörfunksender unter die Lupe genommen, den Deutschlandsender Kultur. DS Kultur ist in mehrfacher Hinsicht ein Unikum in der deutschen Medienlandschaft, sowohl was seinen noch immer unsicheren Rechtsstatus betrifft, als auch was Programm und Anspruch der Redaktionen anbelangt. In einem ersten, vermutlich etwas trockeneren Teil werde ich erst einmal die formalen Entwicklungsschritte des Senders und - unweigerlich damit verbunden - der Diskussion um einen *nationalen Hörfunk* zeigen.

Wir halten das für notwendig, um daraus auch ein bißchen die persönliche Situation jedes einzelnen im Sender nachvollziehen zu können. Denn Einfluß auf Arbeitsweise und Be-

---

11 Vgl.: Der Journalist 1, 1992

wußtsein der Redakteurinnen und Redakteure hat mit Sicherheit der Umstand, daß sich ihre Aussicht, langfristig weiterarbeiten zu können, offenbar ständig ändert. DS Kultur ist, so scheint es, fast schon zum Spielball der Entscheidungsträger geworden, ohne daß die Programm-Mitarbeiter selbst Einfluß auf die formalen Entscheidungen von außen nehmen könnten.

8. Der politisch organisatorische Werdegang

Stimme der DDR, das ist Anfang 1990 der Name des Hörfunksenders, der sich am 8. Februar in Deutschlandsender umbenennt. So nämlich ist auch sein ursprünglicher Name vor der Honecker-Ära bis 1971 gewesen. Drei Tage zuvor, am 5. Februar, hat die Volkskammer der DDR den Beschluß über die Gewährleistung der Meinungs-, Informations- und Medienfreiheit verabschiedet. Er stellt den bis dahin staatlichen Rundfunk der DDR unter öffentliche Aufsicht und nennt das Ziel, ihn auf längere Sicht in öffentlich-rechtlichen Rundfunk zu verwandeln.

In den folgenden Wochen und Monaten zeichnet sich ab, daß in der DDR die alten Länder neugegründet werden sollen. Entsprechend föderal beginnt sich der Hörfunk zu ordnen. Die Sender Cottbus, Frankfurt/Oder und Potsdam schließen sich zur Antenne Brandenburg zusammen und auch an anderen Orten beginnt der Rundfunk, die Dezentralisierung einzuführen und sendet Regionalprogramme. Genutzt werden sollen dafür vor allem Frequenzen des landesweiten Kultursenders DDR II. Dem bleibt immer weniger Sendeplatz, denn die Regionalprogramme weiten ihre Angebote bald auf fast die gesamte Zeit des Tages aus.

Offenbar um die Kultur nicht gänzlich hinten anstehen zu lassen und da ein DDR-weites Informationsprogramm langfristig nicht mehr tragbar erscheint, entwickelt die Generalintendanz des DDR-Rundfunks das Konzept für einen neuen, landesweiten Kultursender. Am 7. Mai legt sie dem Hörfunkrat ihre Ideen vor, der auch zustimmt. Danach soll künfig *Radio DDR II* zusammen mit dem Deutschlandsender auf dessen Frequenz das neue Programm Deutschlandsender (DS) Kultur anbieten. Auch schon diese Verbindung - wie später die denkbare von RIAS I und DS Kultur - erscheint Kritikern unsinnig. In einer Schrift vom 17. April mit dem Titel "Radio DDR: Memorandum für eine alternative Rundfunkkonzeption" heißt es, das Zusammengehen von *Radio DDR II* und dem Deutschlandsender sei eine "Symbiose kaum verträglicher Programmangebote"[12]. Bereits zwei Wochen zuvor hatten sich 40 bekannte DDR-Bürger,

---

12 Zit. nach: Spielhagen, Edith, Rundfunk im Transit, in: Kutsch, Arnulf (Hrsg.), Publizistischer und Journalistischer Wandel in der DDR, Bochum 1990, S. 48

darunter Manfred Stolpe, Hans Modrow und Christa Wolf, in einem offenen Brief für die Erhaltung des Kultur- und Bildungssenders DDR II ausgesprochen. Dennoch geht am 16. Juni 1990 die Neuschöpfung DS Kultur auf den Frequenzen des Deutschlandsenders auf Sendung. Auch aus der Entstehung, aus dem Zusammenschluß der beiden Altsender, resultiert also das journalistische Format von DS Kultur. Redakteurinnen und Redakteure eines Mehrspartenkanals, des Deutschlandsenders, und eines reinen Kulturfunks, DDR II, müssen nun gemeinsam ein Kulturprogramm produzieren. Daß auch dadurch der *Kulturbegriff*, der der Arbeit zugrunde liegt, weiter wird, liegt nahe.

In allen Bereichen der DDR überschlagen sich die Ereignisse. Am 3. Oktober 1990 gibt es keine DDR mehr, sie wird mit der Bundesrepublik vereinigt. Der Artikel 36 des Einigungsvertrages sieht vor, daß der ehemals zentrale Rundfunk der DDR spätestens zum 31. Dezember 1991 aufgelöst werden soll; davon sind im Prinzip zunächst auch die Journalisten von DS Kultur betroffen. Als es allerdings in der öffentlichen Diskussion um die Neukonzipierung eines nationalen Hörfunks geht, melden auch sie Ansprüche an, dabei einbezogen zu werden.

In der Nalepastraße sieht man sich als "authentische Stimme des demokratischen, reformfreudigen, weltoffenen Ostens Deutschlands" und fordert von den Verantwortlichen das Recht ein, "bundesweit in einer noch zu bestimmenden öffentlich-rechtlichen Medienkonstrukion weiterzubestehen."[13] Auch aus dem Westen werden die ambitionierten Programmacher aus Ostberlin darin bekräftigt. Der Hamburger Pfarrer Jörg Bode etwa schreibt: "... daß der Deutschlandsender Kultur für mich von seinem Programm her der interessanteste deutschsprachige Sender ist, den ich kenne; nehmen Sie das als Ermutigung auf Ihrem weiteren Weg!"[14]

Weniger Mut macht da, was aus der Runde der verantwortlichen Politiker verlautet. Grund für das Nachdenken über einen bundesweiten, öffentlich-rechtlichen Hörfunk ist überhaupt nur die Tatsache, daß der Kölner Deutschlandfunk - bisher in der Verantwortung des Bundes - und auch der Berliner RIAS (Rundfunk im amerikanischen Sektor), der zum großen Teil aus Bundesmitteln finanziert wird, nach der deutschen Einigung einen Großteil ihres Programmauftrages eingebüßt haben. Der lag nämlich darin, den Menschen hinter dem eisernen Vorhang das Leben der Freien Welt nahezubringen. Nun gibt es kaum noch eine Rechtfertigung für die Bundesverantwortung, denn Rundfunk ist - laut Grundgesetz - Ländersache.

---

13 zit. nach: Süddeutsche Zeitung, 26.2.1991
14 zit. nach: Continuum DS Kultur, April 1992

Um DLF und RIAS nicht einstellen zu müssen, ist es daher notwendig, beide Sender in die Verantwortung der Länder zu überführen. Dafür einen Vorschlag zu erarbeiten, haben die deutschen Ministerpräsidenten im Herbst 1990 zwei Kollegen aufgetragen: Max Streibl und Björn Engholm.

Engholm und Streibl schlagen ihren Kollegen am 28. Februar 1991 vor, zwei nationale Hörfunkketten auf Sendung zu schicken. Der Deutschlandfunk solle, unter dem Dach der ARD, als bundesweiter Informationssender fungieren; aus Berlin soll, dem ZDF zugeordnet, ein Kulturfunk in der Regie des RIAS kommen. Von DS Kultur ist nur am Rande die Rede. Der Sender soll allenfalls in das künftige RIAS-Programm "einbezogen" werden, wie es in einem Papier des Bundesinnenministeriums heißt. Die Bundesregierung plädiert im übrigen dafür, das gesamte Gebilde "Bundesdeutscher Hörfunk" an das ZDF anzubinden.

Für Stefan Amzoll, den stellvertretenden Chefredakteur von DS Kultur ist das Grund genug, nach Bonn zu fahren, um dort Programm und Anspruch seiner Redaktion vorzustellen. Im Gegensatz zu DLF und RIAS müssen er und seine Kollegen offenbar davon ausgehen, daß viele derer, die da über sein Schicksal befinden, seine Arbeit nicht einmal kennen.

Vehemente Fürsprecher haben die Ostberliner unterdessen in einer Gruppe bekannter Persönlichkeiten aus Ost und West gefunden. Sie nennt sich *Kuratorium zur Förderung des Deutschlandsenders Kultur* und hat sich im Movember 1990 als Verein gegründet. Vorsitzender des Kuratoriums ist der Schweizer Künstler und Architekt Max Bill. Engagierte Mitglieder sind unter anderen Egon Bahr, Walter Jens, Christa Wolf und Robert Jungk. Sie geben Pressekonferenzen und schreiben offene Briefe an die Ministerpräsidenten mit dem Ziel, das Programm des DS Kultur zu erhalten und bundesweit terrestrisch auszustrahlen. Konrad Weiß vom Bündnis 90 nennt das Radioprogramm einen "wichtigen Auftrag im kulturellen Einigungsprozeß" von DDR und BRD, denn es versuche, die kulturellen Interessen und Befindlichkeiten von Ostdeutschen mit der neuen Situation und den neuen Anforderungen in einem Gesamtdeutschland zu verbinden.[15]

Auf der Konferenz der Ministerpräsidenten findet der Streibl/Engholm-Vorschlag für einen bundesweiten Hörfunk keine allegemeine Zustimmung. Drei Ministerpräsidenten, Walter Momper für Berlin, Carl Ludwig Wagner für Rheinland-Pfalz und Lothar Späth für Baden-Württemberg lehnen ab. Einer von ihnen, Späth, mit der Begründung, die neuen Bundesländer sollten stärker beteiligt werden. Schwer zu sagen, ob das Werben der DS Kultur-Lobby mit dazu beigtragen hat.

---

15 vgl.: Frankfurter Rundschau, 27.2.1991

Übrig bleibt Ende Februar nur der vage Grundsatzbeschluß, daß der Deutschlandfunk, der RIAS und, in welcher Form auch immer, DS Kultur in die Hoheit der Länder übergehen sollen.

Kurz bevor die Ministerpräsidenten der Bundesländer im Sommer 1991 wieder zusammentreffen, um über den nationalen Rundfunk zu beraten, erreicht sie ein Schreiben von Hans-Wolfgang Heßler, dem Beauftragten der EKD[16] für den bundesweiten Hörfunk. Es enthält den dringenden Appell mehrerer Publizisten aus den alten und den neuen Bundesländern, den Sender DS Kultur nicht weiter abzubauen. Der Appell ist das Ergebnis einer Tagung in Eisenach, die die Evangelische Medienakademie im Gemeinschaftswerk evangelischer Publizistik veranstaltet hat. Ein künftiges nationales Hörfunkprogramm, so die Teilnehmer des Treffens, solle zum Dialog zwischen Ost- und Westdeutschen beitragen. Werde DS Kultur dabei außerachtgelassen oder nur auf die Bereiche Literatur, Musik und Kunst reduziert, habe das zur Folge, daß die ostdeutschen Bürger im nationalen Hörfunk keine "authentische und politisch kompetente Stimme"[17] mehr hätten. Auch das Kuratorium zur Förderung des Deutschlandsenders Kultur wird wieder aktiv.

Einzelne Hörerzuschriften bestätigen diese Einschätzung. Gerhard Mathow aus Leipzig schreibt beispielsweise über seinen Stammsender: "Es gibt Hörer, die direkt von einer Lebenshilfe dieses Senders sprechen. Auch ich als sehgeschädigter Rentner gehöre dazu, denn dieser Sender spricht meine Befindlichkeiten als ehemaliger DDR-Bürger an und zeigt mir neue Gesichtspunkte für eine deutsche und europäische Kultur."[18]

Am 4. Juli 1991 einigen sich die Ministerpräsidenten der Länder nach langer Kontroverse auf ein Modell. Es sieht vor, eine gemeinsame, öffentlich-rechtliche Einrichtung von ARD und ZDF zu schaffen. Welche Organisationsform diese Einrichtung genau haben soll, sagt der Beschluß noch nicht. Näheres darüber soll später beraten werden. Aussagen macht der Beschluß der Ministerpräsidenten allerdings über die Programme, die die neue Institution anbieten soll.

Geplant sind jetzt insgesamt drei an der Zahl. Aus Köln, wo die Intendanz des neuen Senders eingerichtet wird, soll ein Informationsprogramm ausgestrahlt werden, aus Berlin, dem Zweitsitz der Anstalt, ein Informations- und ein Kulturprogramm. Somit wären alle drei Bewerber für den bundesweiten Hörfunk bedient: der Deutschlandfunk in Köln, RIAS, mit seinem ersten Programm, und DS Kultur in Berlin. Alle drei Programme sollen ohne Werbung auskommen. Zu ihrer Finanzierung beschließen die Regierungschefs eine *Rundfunkgebührenerhöhung* von 75 Pfennig im Monat.

---

16 Evangelische Kirche in Deutschland
17 zit. nach: epd/Kirche und Rundfunk, Nr. 50, 1991
18 zit. nach: Der Tagesspiegel, 30.7.1991

Eine Gewähr für die Weiterbeschäftigung der Mitarbeiter von DS Kultur gibt dieser Beschluß allerdings noch nicht. Der Ostberliner Sender soll nämlich, wie der Regierende Bürgermeister von Berlin, Eberhard Diepgen, einen Tag nach der Sitzung der Ministerpräsidenten erklärte, zunächst nur einen Konzeptvorschlag für bundesweiten Kulturfunk vorlegen. An eine Übernahme aller DS-Redakteure sei nicht gedacht.[19]

Das Problem beim Plan vom Juli 1991 ist die Versorgung der drei Programme mit UKW-Frequenzen. Schon im Juni hatte beispielsweise Ingo Dahrendorf, der Technische Direktor des WDR, auf dem Kölner Medienforum darauf hingewiesen, daß nur eine terrestrische Frequenzkette im UKW-Bereich für einen bundesweiten Hörfunk zur Verfügung stehe.[20] Ein zweites Programm könne möglicherweise via Satellit verbreitet werden. Vor allem in den Westländern seien die Frequenzen knapp. Daß eine Rundfunkanstalt, die bereits auf Sendung ist - sei es eine öffentlich-rechtliche oder eine private -, ein Programm abgibt und Frequenzen für den bundesweiten Sender zur Verfügung stellt, erscheint utopisch. Auch in den ostdeutschen Bundesländern können schwerlich drei Frequenzketten für ein Bundesradio freigehalten werden. Durchschnittlich stehen hier, so Dahrendorf, sechs Frequenzen zur Verfügung, wovon in der Regel drei von der jeweiligen Landesrundfunkanstalt genutzt werden.[21,22] Die restlichen drei UKW-Frequenzen wird sich der bundesweite Hörfunk mit privaten Anbietern teilen müssen.

So sieht der Beschluß der Ministerpräsidenten vor, den drei Sendern Deutschlandfunk, RIAS 1 und DS Kultur zunächst ihre angestammten Sendefrequenzen zu belassen. Das allerdings hat zur Folge, daß keines der drei Programme in ganz Deutschland zu hören sein wird. RIAS bleibt so auf die Umgebung von Berlin beschränkt, DS Kultur ist nur in der ehemaligen DDR zu hören und auch der Deutschlandfunk ist terrestrisch nur vereinzelt auf UKW zu empfangen. In internen Papieren schreiben Beamte beschönigend von den drei "Insellösungen".[23] Von einem Rundfunkangebot, das Hörer in ganz Deutschland in gleicher Weise wahrnehmen können, kann jedenfalls so noch keine Rede sein.

Nachdem die Minsterpräsidenten ihr Vorhaben kundgetan haben, setzen nun Überlegungen und Spekulationen ein, wie der Grundsatzbeschluß in die Tat umgesetzt werden kann. Festgelegt ist bisher lediglich, daß die neue *Bundesrundfunkeinrichtung* weder der ARD noch dem ZDF direkt angegliedert werden soll. Dieses Votum der

19 vgl.: Berliner Morgenpost, 6.7.1991
20 vgl.: epd, Kirche und Rundfunk 46, 1991
21 vgl.: epd, Kirche und Rundfunk 46, 1991
22 z. B. in Sachsen, Sachsen-Anhalt und Thüringen vom MDR laut Staatsvertrag vom 30.5.91
23 vgl.: dpa/lbn 091057 dec 91

Regierungschefs scheint die Verantwortlichen beider Anstalten überrascht zu haben, denn beide hatten insgeheim auf das neue Standbein bundesweiter Hörfunk gehofft. Drei Modelle stehen in der Folgezeit für die Gründung der Institution zur Debatte. Eines ist das *Federführungsmodell*. Es stellt die gesamte Einrichtung unter die Leitung der ARD, läßt aber dem ZDF freie Hand bei der Produktion eines eigenen Hörfunks in Berlin. Mehr Aussicht auf Erfolg haben das *Körperschafts-* und das *Anstaltsmodell*. Das Körperschaftsmodell, von den Ländern - vor allem den sozialdemokratisch regierten - bevorzugt, sieht vor, eine Gemeinschaftseinrichtung von ARD und ZDF zu gründen, von beiden gleichberechtigt geführt und kontrolliert. Die Befürworter des Anstaltsmodells dringen dagegen auf die Einrichtung einer dritten, unabhängigen, öffentlich-rechtlichen Rundfunkanstalt mit eigener Gebührenhoheit und eigenen, unabhängigen Kontrollorganen.

Verfechter dieser Lösung ist vor allem die Bundesregierung. Am 15. Oktober 1991 traf sich in Bonn eine Koalitionsrunde unter Vorsitz des Bundeskanzlers, um die Regierungslinie in Sachen *Bundesrundfunkanstalt* abzustimmen. Dabei ist auch, entgegen dem Beschluß der Ministerpräsidenten vom 4. Juli, nur noch von zwei angestrebten Programmen die Rede. Eins mit Informationen aus Köln und eins aus Berlin mit Schwerpunkt Kultur. Daran müßten dann RIAS 1 und DS Kultur gemeinsam arbeiten. Wieweit im übrigen die Kompetenz der Bundesregierung bei der Neuordnung eines bundeseinheitlichen Hörfunks reicht, ist nicht unumstritten. Zwar ist der *Deutschlandfunk*, ähnlich wie der Auslandssender *Deutsche Welle*, bisher nach Bundesrecht geregelt, ansonsten ist die Ordnung des Rundfunks laut Grundgesetz aber Ländersache.

Dies streicht auch ein Gutachten des Münchener Verfassungs- und Rundfunkrechtlers Peter Lerche heraus. Lerche spricht daher den Anstalten ARD und ZDF das Recht ab, gemeinsam eine länderübergreifende Hörfunkeinrichtung zu gründen. Das, so Lerche, bedürfe eines "staatlichen Kreationsaktes"[24] und sei allein Sache der Länderparlamente. ARD und ZDF dürften in einer neuen Anstalt keinen unmittelbaren Einfluß auf das Programm erhalten und der Rundfunkrat der neuen Einrichtung müsse unabhängig sein. Lerches Gutachten wird im Herbst 1992 vom Deutschlandfunk vorgestellt, dessen Intendant Edmund Gruber schon lange eine eigenes Modell für den nationalen Hörfunk in der Tasche hat. Das sieht eine Integration der übrigen in den Kölner Sender vor. Eine eigenständige Sendeanstalt, in der der Deutschlandfunk dominiert.

Unterdessen wurden im September 1991 sämtliche Mitarbeiter von DS Kultur fristgerecht zum Jahresende gekündigt, denn da werden, laut Einigungsvertrag, Hörfunk

---

24 zit. nach: dpa 271038 nov 91

und Fernsehen der ehemaligen DDR aufhören zu existieren. Was aus ihnen und ihrem Sender wird, ist nach wie vor unklar.

Da treffen ARD und ZDF im November 1991 eine Verwaltungsvereinbarung, nach der beide DS Kultur in gemeinsamer Verantwortung zunächst weiterführen wollen. Für ein Jahr, bis zum 31. Dezember 1992, ist der Sender gesichert. Allerdings übernehmen die neuen Träger nur 186 - zunächst war die Rede von 177 - der 340 Mitarbeiter. Die erhalten befristete Dienstverträge. Arbeitsrechtlich werden sie für längstens ein Jahr beim ZDF "geparkt", dem auch das Disziplinarrecht obliegt. 220 Beschäftigte des *Rundfunkorchesters* und des *Rundfunkchores* von DS Kultur werden ebenfalls vorerst übernommen. Verantwortlich für das Programm ist, stellvertretend für die ARD, der Intendant des Senders Freies Berlin, Günther von Lojewsky mit seinem Hörfunkbeauftragten Lothar Loewe. Lojewsky gleichberechtigt ist ZDF-Intendant Dieter Stolte. Der wiederum schickt als Beauftragten seinen ehemaligen Chefredakteur Reinhard Appell. Nachrichten werden ab Januar 1992 nicht mehr selbst produziert, sondern, um mit dem reduzierten Personal auszukommen, vom RIAS übernommen. Auch das Nachtprogramm kommt im neuen Jahr nicht mehr aus dem Funkhaus in der Nalepastraße, sondern wird dem gemeinsamen Nachtprogramm der ARD angeschlossen.

Bei ZDF-Chef Stolte flammen mittlerweile wieder die Hoffnungen auf, langfristig einen bundesweiten Hörfunk in seinem Haus installieren zu können. Vor dem ZDF-Fernsehrat nennt er die vorläufige Fortführung von DS Kultur einen ersten Schritt auf dem Weg zum ZDF-Radio.[25]

Ebenfalls im Dezember signalisiert die Bundesregierung ihre Bereitschaft zum Einlenken in der Frage nach der rechtlichen Form des *Bundeshörfunks*. Nach einem Treffen zwischen den Ministerpräsidenten und dem Bundeskanzler zeigt sich dieser zum ersten Mal grundsätzlich mit dem Körperschaftsmodell, der gemeinsamen Einrichtung von ARD und ZDF, einverstanden. Das soll von einer Mitgliederversammlung geleitet werden, der die Intendanten von ARD und ZDF angehören, und einen eigenen Rundfunkrat erhalten.

Silvester 1991 hört der Rundfunk der DDR auf zu bestehen. DS Kultur sendet vorerst weiter - nur in Sachsen nicht. Kurt Biedenkopf, sächsischer Ministerpräsident veranlaßt nämlich, zur Verwirrung und zum Unmut der Programmverantwortlichen, daß dem Ostberliner Sender die UKW-Frequenz im südöstlichen Bundesland entzogen wird. Auf der Frequenzkette von DS Kultur sendet in Dresden und Leipzig der Kölner *Deutschlandfunk*. Zahlreiche Beobachter und Betroffene halten das für rechtswidrig, so

---

25 vgl.: dpa 061622 dec 91

auch RIAS-Intendant Helmut Drück.[26] Aber niemand weiß so recht, was man juristisch dagegen unternehmen könnte.

Am 12. März 1992 beraten die deutschen Ministerpräsidenten erneut über den neuen Hörfunk. Sie einigen sich tatsächlich auf die Variante, einen Gemeinschaftssender von ARD und ZDF zu bilden, mit eigenem Intendanten, eigenem Hörfunk- und Verwaltungsrat, aber ohne Gebührenhoheit.

Aus den ursprünglich geplanten drei Programmen sind inzwischen für die Länderchefs nur noch zwei übriggeblieben. Mehr scheint technisch nicht machbar zu sein. Das bedeutet für die beiden Berliner Sender, gemeinsam ein Kulturprogramm gestalten zu müssen. Wie das aussehen könnte, das kann sich, bei allem guten Willen, noch niemand so recht vorstellen. RIAS-Chef Drück könnte zwar, "was Administration, Technik und Redaktion anlangt, schon" damit leben.[27] Entscheidend sei aber, so der Intendant, für ihn die Frage: "Wieviel Programm wird da gemacht?"[28] Auch DS-Chefredakteurin Monika Künzel kann noch mit keinem Konzept für ein Zusammengehen der Sender aus Berlin-Ost und Berlin-West aufwarten. Zu unterschiedlich sind Programmstrukturen und Inhalte von RIAS 1 und DS Kultur bis heute. Die Chefredakteurin wünscht sich bislang lediglich, "daß dies würdevoll passiert".[29]

Um den bundesweiten Hörfunk, und damit auch DS Kultur, in neuer Form starten zu können, bedarf es eines Staatsvertrages der Bundesländer. Der muß, wenn er es denn ausgearbeitet ist, sämtliche Länderparlamente durchlaufen. Solange bleiben bei den Programmachern von DS Kultur die Ängste bestehen, letztlich doch einer anderen, vorwiegend westlich geprägten Programmplanung zum Opfer zu fallen. Monika Künzel dazu in einem Interview Anfang April 1992: "Aber solange wir da sind und ein solch ambitioniertes Programm machen, werden wir kämpfen."[30]

Zusammenfassung

Der Deutschlandsender Kultur ist hervorgegangen aus den Sendern Radio DDR II und Deutschlandsender. Er strahlt sein Programm seit dem 16. Juni 1990 über UKW aus und arbeitet als einziger Sender der ehemaligen DDR auch nach dem 31. Dezember 1991 unter altem Namen weiter. Er bietet ein Programm an, das Kunst, Kultur, Bildung, Wissenschaft, Politik und Soziales verbindet. DS Kultur sendet keine Werbung. Große

---

26 vgl.: Publizistik & Kunst - Zeitschrift der IG Medien 3, 1992
27 s. ebd.
28 s. ebd.
29 s. Publizistik & Kunst, Zeitschrift der IG Medien 4, 1992
30 s. ebd.

Sendeflächen von Musik und Wort bieten ein Alternativkonzept zum Zuhören an. Der Sender verweigert sich konsequent dem Minutenjournalismus. Er berücksichtigt in besonderer Weise die kulturellen und sozialen Erfahrungen der Hörer aus der ehemaligen DDR. Daraus erwächst eine Identität zwischen Sender und Hörer, wie sie im alten Bundesgebiet kaum vorhanden ist.

DS Kultur schöpft aus den Traditionen des DDR-Hörfunks. Dazu gehören die Verbindung von Kunst und Wissenschaft, eine umfangreiche Hörspielproduktion, ein in seiner Leistungsfähigkeit in Europa einmaliger *Rundfunkchor*, ein Sinfonieorchester sowie Wortbeiträge, die ausreichend Raum für Hintergrundinformationen geben.

Der Sender versteht sich als journalistischer Begleiter auf dem schwierigen Weg des Systemübergangs.

Am 4. Juli 1991 einigten sich die Minsterpräsidenten der Länder darauf, eine gemeinsame, öffentlich-rechtliche Einrichtung von ARD und ZDF für einen nationalen Hörfunk zu schaffen. Er soll bundesweit ausgestrahlt werden, werbefrei sein und die Programmnachfolge von RIAS I, Deutschlandfunk sowie DS Kultur übernehmen. Es gibt nur vage Vorstellungen von Struktur und Programm. Im Gespräch sind ein Kultur- und ein Informationsprogramm. Finanziert werden soll er über die Erhöhung der Rundfunkgebühren. Die Rechtslage zur Schaffung eines *nationalen Hörfunks* ist bis heute umstritten.

9

Vertane Chancen?
Die Ordnung einer zunächst revolutionären Situation durch das parteipolitische Kalkül

Götz Frank

Im Sommer 1991, ein halbes Jahr vor dem durch Art. 36 des Einigungsvertrages gesetzten Endpunkt der Abwicklungsperiode des Rundfunksystems der ehemaligen DDR, haben auf dem 9. wissenschaftlichen Gespräch des Presse- und Informationsamtes der Bundesregierung zwei Autoren sehr unterschiedlicher Provenienz zur rundfunkpolitischen Entwicklung in den neuen Bundesländern von den verpaßten oder vertanen Chancen gesprochen. Peter Schiwy, der eine dieser beiden Referenten, sprach unter dem Titel "Verpaßte Chancen - neue Sender in alten Schuhen" unter anderem davon, daß viele Berater aus dem Westen wie "Kolonisatoren des Positiven" in den Osten strömten, mit vorgefaßten juristischen Meinungen, und daß die Chance zu einem Neubeginn nicht genutzt wurde.[1] Christoph Singelstein, der andere Referent, entwickelte unter dem Titel "Eine Chance für unsere Demokratie wurde vertan" sieben kritische Thesen zur Entwicklung des Rundfunkwesens nach der Wende.[2]

Ging es Schiwy vor allem darum, daß *Gestaltungsmöglichkeiten* der Rundfunkorganisation im öffentlichen und privaten Bereich in dem vom Bundesverfassungsgericht weitgesteckten Rahmen trotz der durchaus nicht nur positiven Erfahrungen mit den alten Organisationsformen der alten Bundesländer gescheut wurden, so setzte Singelstein seinen Akzent auf die Beendigung eines selbstbestimmten *Demokratisierungsprozesses* im Rundfunk mit Inkrafttreten des Einigungsvertrages. Mit der Aufnahme der Tätigkeit des Rundfunkbeauftragten habe der interne organisatorische und inhaltliche Reformprozeß an Schwung verloren, sei sogar zum Erliegen gekommen. Dies, obgleich den bei Funk und Fernsehen Tätigen der Eindruck vermittelt worden sei, als habe der Demokratisie-

---

1   Peter Schiwy, Verpaßte Chancen - Neue Sender in alten Schuhen in: Walter Mahle (Hrsg.), Medien im vereinten Deutschland (AKM-Studien, Bd. 37), München 1991, S. 35 ff.
2   Christoph Singelstein, Eine Chance für die Demokratie wurde vertan. 7 Thesen zur Entwicklung des Rundfunkwesens nach der Wende in: Walter Mahle, Medien im vereinten Deutschland, S. 53 ff.

rungsprozeß nicht schon zum Jahreswechsel 1989/90 begonnen, sondern erst mit dem In-krafttreten des Einigungsvertrages.

Trotz der unterschiedlichen Akzente, die diese beiden Referenten bei ihren Thesen von den verpaßten Chancen setzten, hatten sie doch eines gemeinsam: Beide hatten gerade einen Intendantenposten in Zeiten des politischen Umbruchs verloren oder waren doch zumindest dabei, diesen Intendantenposten zu verlieren. Kurz nach dem Regierungs-wechsel in Niedersachsen im Mai 1990, nach dem alle Regierungschefs der Länder des Norddeutschen Rundfunks der Partei angehörten, der Peter Schiwy nicht angehörte, mußte er seinen Platz einem Nachfolger räumen, dem diese Unstimmigkeit nicht vorzu-werfen war. Christoph Singelnstein verlor 1991 seinen Posten als geschäftsführender In-tendant des Ostberliner Funkhauses, da die Abwicklung in dem Jahr nach Art. 36 Eini-gungsvertrag abgeschlossen werden mußte. Die Intendantenpositionen in den neuen An-stalten wurden bekanntlich mit Westimporten besetzt. Bereits zum Zeitpunkt, als Chri-stoph Singelnstein sein Referat in Bonn halten ließ (wegen der sich überschlagenden Entwicklung konnte er persönlich gar nicht erscheinen), mußte für ihn auch klargewesen sein, daß an eine Fortsetzung der Intendantenkarriere nicht zu denken war.

Ist also die These von den verpaßten oder vertanen Chancen ein Vorwurf, der von den Enttäuschten erhoben wurde, von denen also, die die Zeiten des politischen Umbruchs nicht weiterbrachte, sondern - jedenfalls im öffentlich-rechtlichen Rundfunk - eher zu-rückwarf? Gab es überhaupt besondere Chancen für eine rundfunkpolitische Entwicklung in der ehemaligen DDR, die über den Standard der alten Bundesländer hinauswies, oder erscheint es nicht eher angebracht, zufrieden damit zu sein, daß das bewährte Rundfunk-recht der alten Bundesrepublik bereits nach einer so kurzen Übergangsphase siegreichen Einzug in die neuen Bundesländer fand?

Um diese Frage beantworten zu können, erscheint der Blick zurück in die Zeit vor der Wende, also die Zeit des DDR-Staatsrundfunks ebenso notwendig wie der Rückblick auf den Rundfunk des Runden Tischs, der Rückblick auf den Übergangsrundfunk in der Ära Mühlfenzl, den ich vorwegnehmend als den kolonisierten Rundfunk bezeichnen möchte und schließlich der Anblick des entstandenen Rundfunks, den ich ebenfalls in bewußter sprachlicher Pointierung als den Parteienrundfunk bezeichne.

I. Die Zeit des Staatsrundfunks

Die Phase des *Staatsrundfunks* der sowjetisch besetzten Zone Deutschlands ging fast nahtlos von der Ära des nationalsozialistischen *Staatsrundfunks* in die sozialistische Nutzungsphase über. Bereits am 21.12.1945 wurde der damalige Deutsche Demokratische Rundfunk der deutschen Zentralverwaltung für Volksbildung unterstellt. Nach Schaffung der Staatlichkeit der Deutschen Demokratischen Republik wurde am 14.08.1952 die bis dahin bestehende Generalintendanz des Rundfunks aufgelöst und ein staatliches Rundfunkkomitee beim Ministerrat der DDR gebildet. Am 04.09.1968 beschloß der Ministerrat der DDR die Bildung zweier selbständiger Einrichtungen für Rundfunk, also die Aufteilung in ein staatliches Komitee für Rundfunk beim Ministerrat der DDR und ein staatliches Komitee für Fernsehen beim Ministerrat der DDR. Der Staatsrundfunk der DDR war ein einparteienstaatlicher Rundfunk, der inhaltlich und personell dem Parteiapparat der SED unterworfen war. Medienpolitik wurde durch die Abteilung Agitation und Propaganda des Zentralkomitees der SED gesteuert. Diese Steuerung reichte bis in die konkrete Bestimmung von Themen hinein, ja sogar in die Formulierungen, wie sie etwa in der Nachrichtensendung "Aktuelle Kamera" zu erscheinen hatten[3].

II. Der Rundfunk des Runden Tischs

Man hatte seine Erfahrungen mit der staatlichen Einflußnahme auf die Medien weitaus eindrücklicher gewinnen können, als dies der gesamtdeutschen Erfahrung aus der Zeit des Goebbels-Rundfunks möglich war. Deswegen gehörten die Forderungen nach Meinungs-, Informations- und Medienfreiheit im Herbst 1989 schon früh zu den Themen der großen Demonstrationen; sie tauchten am 09. Okt. 1989 in Leipzig auf und waren Gegenstand der Kundgebung am 04. Nov. 1989 auf dem Alexanderplatz, auf dem es ganz wesentlich um Presse-, Meinungs- und Versammlungsfreiheit ging. Die DDR-Journalisten waren zwar nicht Wegbereiter dieser Entwicklung, sie nutzten aber mehr und mehr die neugewonnenen Freiräume, gründeten kleinere, meist lokalgebundene, oppositionelle Zeitungen[4], trugen vor allem aber zur rechtlichen Fixierung der medienrechtlichen Veränderungen bei. Bei der Kundgebung am 04. Nov. 1989 auf dem Alexanderplatz waren es neben Künstlern und Kulturschaffenden auch Journalisten und Publizisten, die die Ausarbeitung eines Mediengesetzes zur Forderung erhoben .

Dies führte im Dezember 1989 zu dem Auftrag an den Justizminister, ein neues Mediengesetz zu erarbeiten. Die dafür eingesetzte Mediengesetzgebungskommission bestand aus Vertretern der am Runden Tisch mitwirkenden Parteien und Vereinigungen, der Kirchen, Kultur- und Kunstinstitutionen, der Berufsverbände sowie der Regierung. Dies war der Beginn des Rundfunks am *Runden Tisch*.

---

3   Vgl. Karola Wille, Medienrecht in der DDR - Vergangenheit und Gegenwart, in: ZUM 1991, S. 15 ff. und Edith Spielhagen, Hörfunk nach der Wende aus der Sicht des Aufsichtsgremiums, in: Dieter Kopetz (Hrsg.), Perspektiven für die Medien in den neuen Bundesländern, Münster, Hamburg 1991, S. 17 ff.
4   Wolfgang Hoffmann-Riem, Die Entwicklung der Medien und des Medienrechts im Gebiet der ehemaligen DDR, in: AfP. 1991, S. 472 f.

Der Ministerratsbeschluß vom 21.12.1989 führte bereits am 09.01.1990 zur Bildung des DDR-Fernsehrates, der damals noch unter dem Namen "Runder Tisch beim Fernsehen der DDR" fungierte; am 12.01.1990 fand die Konstituierung des DDR-Hörfunkrates statt . Am 05. Februar 1990 kam es dann zum Beschluß der Volkskammer über die Gewähr-leistung der Meinungs-, Informations- und Medienfreiheit, nach dem die Volkskammer auf Vorschlag des Rundes Tisches einen Medienkontrollrat zu bilden hatte[5]. Aufgrund des Beschlusses der Volkskammer hatten sich die Medien Statuten zu geben, die die de-mokratische Mitbestimmung der journalistischen und künstlerischen Mitarbeiter regeln mußten, vor allem hatten sie aber gesellschaftliche Räte zu bilden, also für eine pluralisti-sche Binnenstruktur zu sorgen.[6] Der DFF gab sich am 23. Mai 1990 auf dieser Grundlage ein Statut, das mit kleineren Änderungen dann am 28. Mai 1990 im Medienkontrollrat angenommen wurde.[7]

Das *DFF-Fernsehstatut*, das sicherlich wichtigste Ergebnis dieses Prozesses, hat eine demokratische Binnenstruktur geschaffen, die sich nicht nur weitgehend mit den demo-kratischen Binnenstrukturen des öffentlich-rechtlichen Rundfunks der alten Bundesrepu-blik messen lassen konnte; es ging auch in mancherlei Hinsicht darüber hinaus. Hierzu ist vorweg zu bemerken, daß sich der bundesdeutsche Binnenpluralismus in den alten Bundesländern seit langem in einer festgefahrenen Situation befindet und sich nur mit Mühe der seit Jahren erhobenen Vorwürfe erwehren kann, er sei im Grunde zu seinem System des Parteienproporzes verkommen.[8] Möglichkeiten, aus diesem Dilemma heraus-zukommen, sind nur begrenzt vorhanden, da über neue Wege immer Angehörige der politischen Organisationen zu entscheiden haben, denen dadurch liebgewordene Einflußmöglichkeiten geschmälert werden könnten.

Die DDR befand sich hier in einer anderen Situation. Die Vertreter des Runden Tischs konnten im Grunde in der Aufbruchsituation im Herbst und Winter 1989/90 nicht einfach die Anlehnung an unsere Vielfaltsvorstellungen suchen. Sie mußten nach den zurücklie-genden Erfahrungen mit staatlich beherrschtem Rundfunk in der Zeit des demokratischen Neuanfangs auch den Versuch machen, aus den in der Bundesrepublik gemachten Feh-lern, die ja in unseren einschlägigen Fachzeitschriften nachzulesen waren, zu lernen und

---

5 Gerhild Schulzendorf, Medienentwicklung aus der Sicht des DFF-Fernsehrates, in: Kopetz, Perspek-tiven, a.a.O. (FN 3), S. 30 ff.
6 Beschluß der Volkskammer über die Gewährleistung der Meinungs-, Informations- und Medienfrei-heit vom 05. Febr. 1990 (Gesetzblatt der Deutschen Demokratischen Republik, Teil I, Nr. 7 vom 12. Febr. 1990, S. 39 f.), abgedruckt in: Peter Schiwy, Walter J. Schütz, Medienrecht, Lexikon für Wissenschaft und Praxis, 2. Aufl., Neuwied und Frankfurt 1990, S. 185 f., Ziffer 12
7 Schulzendorf, a.a.O. (FN 5), S. 31. Entgegen Schulzendorf kann man den von der Volkskammer ver-abschiedeten Beschluß vom 05. Febr. 1990 zumindest als eine Art Vorschaltgesetz ansehen, so daß er auch als Rechtsgrundlage ausreichend war (ähnlich Schiwy/Schütz, a.a.O., S. 185 und Kopetz, a.a.O., S. 15)
8 Vgl. dazu meinen Beitrag "Mediatisierte Politik und das Gebot der Staatsferne" in Frank E. Böckel-mann (Hrsg.), Medienmacht und Politik (AKM-Studien Bd. 30) Berlin 1989, S. 179 f.

es etwas besser zu machen. Man würde der Ernsthaftigkeit der Suche nach einem demokratischen Weg in einer revolutionären Phase gerade im Medienbereich nicht Rechnung tragen, würde man - umgekehrt - unterstellen, den Medienpolitikern des Runden Tischs sei es nur um ein Plagiat des bundesdeutschen Medienrechts gegangen.

Betrachtet man sich auf diesem Hintergrund das Statut des DFF, so knüpfte dies zunächst zwar einmal an den bundesdeutschen Binnenpluralismus an. Es wurde ein *Fernsehrat* geschaffen mit Vertretern aus insgesamt 49 Gruppen, zu dem etwa die Kirchen, die Gewerkschaften, die Unternehmerverbände, Journalistenverbände, Schriftstellerverbände usw. gehörten, also im Grunde eine ähnliche gesellschaftliche Repräsentanz, wie wir sie in unseren öffentlich-rechtlichen Rundfunkanstalten auch kennen.

Korrektive setzte aber das DFF-Statut gegenüber der Intendantenverfassung im Vergleich zum bundesdeutschen Recht: Dies geschah insbesondere durch die Einrichtung eines Programmausschusses mit ausgeprägten Mitgestaltungsrechten, die über das bundesdeutsche Recht deutlich hinausgingen. Auch der NDR kennt einen Programmausschuß, dessen Kompetenzen aber im wesentlichen auf die Kontrolle global umrissener Programmgrundsätze beschränkt ist. Dagegen sah das DFF-Statut eine ständige Beobachtung und Beratung der Intendanz in Programmfragen vor. Das Konzept war also auf die Mitwirkung an der Programmgestaltung ausgerichtet.

Auch waren die Mitbestimmungsrechte bei der Berufung der dem Intendanten unterstellten Anstaltsleitung besonders prägnant. Mit 2/3-Mehrheit konnte die Bestätigung versagt werden. Gleichwohl war die Stellung des *Generalintendanten* gegenüber dem Fernsehrat dadurch gestärkt, daß seine Abwahl nur aus wichtigem Grund und mit der Mehrheit von 2/3 der Mitglieder des Fernsehrats möglich war.

Man hat also deutlich nach Wegen gesucht, einerseits die Position des Intendanten zu stärken, um ihn aber andererseits betont in den binnenpluralistischen Diskurs einzubeziehen. Angesichts dessen, daß der parteipolitische Einfluß exogener Natur ist, war der Versuch, die binnenstrukturelle Stabilität zu stärken, sicherlich auch für unsere Rechtsentwicklung von Interesse.[9]

Vielfaltserzeugung durch die Schaffung von Multipolarität verfolgte der Statutengeber des DFF aber auch mit der Einrichtung einer inneren Rundfunkfreiheit. Nach Ziffer 33 des Statuts hatten die öffentlichkeitswirksamen Mitarbeiter des DFF das Recht, die Ausarbeitung des Materials zu verweigern, wenn Themenstellung und Auftrag ihren persön-

---

9   Vgl. näher hierzu meinen Beitrag "Vom Staatssender zur binnenpluralistischen Konzeption, Die aktuelle Entwicklung des DDR-Fernsehens" in: Walter Mahle (Hrsg.), Medien in Deutschland, Nationale und internationale Perspektiven (AKM-Studien), S. 101 ff.

lichen Überzeugungen widersprachen. Dabei durfte das Ausgewogenheitsgebot nicht mißachtet werden. Das Bundesverfassungsgericht hat in seiner 6. Rundfunkentscheidung vom Februar 1991 die Option des nordrhein-westfälischen Landesgesetzgebers für eine Beteiligung redaktioneller Beschäftigter in den privaten Rundfunkanstalten als "geeignetes Mittel zur Sicherung der Vielfaltsanforderungen"[10] eingestuft. In der Tat kann eine Stärkung der Position derjenigen, die den Auftrag des Rundfunks, Medium und Faktor der Meinungsbildung zu sein, primär erfüllen, ebenfalls ein brauchbares Mittel sein, um den von außen auf die Rundfunkanstalten einwirkenden *Parteieneinfluß* abzuschwächen. Es können ja durchaus unmittelbar oder zumindest vermittelt die Redakteure sein, die den Druck des Parteieneinflusses zu spüren bekommen. Eine Stärkung ihrer internen Position könnte den Konflikt zwischen journalistischer Verantwortlichkeit und parteipolitischem Anpassungsdruck zugunsten des ersten entschärfen .

Das *Statut des DFF* konnte mit der Schaffung der deutschen Einheit durch den Beitritt der ehemaligen DDR zum Grundgesetz auf Dauer keine tragfähige Grundlage für den Rundfunk in den neuen Bundesländern sein. Das bundesdeutsche Recht setzt als Grundlage für den öffentlich-rechtlichen Rundfunk rundfunkrechtliche Landesgesetze voraus, die, wenn sie Mehrländeranstalten betreffen, zugleich die Form von Staatsverträgen haben. An *Föderalisierungskonzeptionen* des DFF unter bundesdeutschen Rechtsbedingungen wurde im Juli 1990, also kurz nach Inkrafttreten des Statuts, intensiv gearbeitet.[11] Allerdings gingen diese Überlegungen inhaltlich zugleich in eine Richtung, in der kulturelle Identität der ehemaligen DDR-Bevölkerung in das vereinigte Deutschland eingebracht werden sollte, also um Schaffung einer Kulturunion, die Traditionen und Werte beider Seiten berücksichtigen sollte. Ob daraus eine wirtschaftlich tragfähige Konzeption entstehen konnte, mag hier dahingestellt bleiben. Entscheidend ist der in der Zeit des Rundfunks des Runden Tischs zum Ausdruck gekommene Wille, einen eigenständigen Weg zu suchen, der einerseits von dem Demokratisierungselan der revolutionären Situation der Wende 1989/1990 geprägt sein sollte und deswegen auch mit Selbstbewußtsein vertreten wurde. Eine kritiklose Übernahme des bundesdeutschen Rundfunkrechts, dessen Fehler, insbesondere im Hinblick auf den übermäßigen Parteieneinfluß, man schnell begriffen hatte, war nicht beabsichtigt. In dieser Vorstellung der Entwicklung eines eigenständigen Weges war andererseits die Absicht enthalten, kulturelle Identität in die Zeit der Einheit zu transferieren.

III. Der kolonisierte Rundfunk

Aus solchen liebevoll gehegten Träumen ist man, nachdem das geschichtliche Kapitel

---

10 BVerfGE 83, 238 (S. 320)
11 Vgl. hierzu Gerhild Schulzendorf, Der Deutsche Fernsehfunk zwischen Chaos und öffentlich-rechtlicher Anstalt in: Walter Mahle (Hrsg.), Medien in Deutschland, a.a.O. (FN 1), S. 85 ff.

DDR abgeschlossen worden war, mit dem Beginn des *kolonisierten Rundfunks* in den neuen Bundesländern jäh erwacht. Von nun an wurde aus der machtvollen Zentrale des Einigungskanzlers heraus direkt gesteuert. Symbolträchtig verlegte man am 15. Oktober 1990 bereits die nach Art. 36 Einigungsvertrag vorgesehene Wahl des Rundfunkbeauftragten in die Außenstelle Berlin des Bundeskanzleramtes. Natürlich wurde die unbestrittene aktive Mitwirkung des Kanzlers bei der Rekrutierung des Rundfunkbevollmächtigten und auch seine spätere Anteilnahme an dessen Arbeit nach außen hin aus seiner Rolle als Parteivorsitzender erklärt.[12] Angesichts der überwältigenden Siege seiner Partei in den wiedergebildeten Ländern in der ehemaligen DDR konnte man einer Mitwirkung seiner Partei nicht jegliche Plausibilität absprechen. Von einer bloßen Mitwirkung konnte aber nicht die Rede sein:

Die nach dem Einigungsvertrag vorgesehenen fünf gewählten Landessprecher der neuen Bundesländer waren zur Wahl des Rundfunkbeauftragten nicht erschienen; an ihrer Stelle erschienen Vertreter der Bezirksverwaltungsbehörden, die nach dem Einigungsvertrag gar nicht vorgesehen waren [13].

Einziger Mandatsträger nach dem Einigungsvertrag und wirklich Wahlberechtigter war der Ostberliner Oberbürgermeister Schwierzina. Geleitet wurde die Sitzung von dem Bundesminister ohne besonderen Aufgabenbereich, Günther Krause.[14] Auch er war, obgleich er doch als einer der Architekten des Einigungsvertrages gilt, in dieser Rolle nach Art. 36 Einigungsvertrag nicht vorgesehen.

Vom ersten Moment der Einigung an wurde der rundfunkpolitische Umbruch in den neuen Bundesländern unmittelbar aus dem Konrad-Adenauer-Haus in Bonn gesteuert. Ein behutsamer Umgang mit den entwickelten demokratischen Neuansätzen und der beabsichtigten Bewahrung von Teilen kultureller Identität war nun nicht mehr zu erwarten.

Dies trat auch unmißverständlich mit dem Ergebnis der Wahl vom 15. Oktober 1990 im Bundeskanzleramt, Außenstelle Berlin, zutage. Mit Rudolf Mühlfenzl wurde ein langjähriges CSU-Mitglied zum Rundfunkbeauftragten gemacht, das im bayerischen Rundfunk in leitenden Positionen, zuletzt als Chefredakteur wegen offen demonstrierter Parteiver-

---

12 Näher mit weiteren Hinweisen s. Hoffmann-Riem, Entwicklung der Medien, a.a.O. (FN 4), S. 479
13 Vgl. Art. 35, Abs. 3, Satz 2 Einigungsvertrag, nach dem solche Vertreter nicht vorgesehen sind. Ähnlich in der rechtlichen Einschätzung auch Hoffmann-Riem, a.a.O. (FN 4), S. 479, und Charlotte Streul, Rundfunk und Fernsehen in den neuen Bundesländern - eine Zwischenbilanz, in: Deutschland Archiv 1991, S. 7 ff.
14 Vgl. Art. 36, Abs. 3, Satz 2 Einigungsvertrag, nach dem solche Vertreter nicht vorgesehen sind. Ähnlich in der rechtlichen Einschätzung auch Hoffmann-Riem, a.a.O.(FN 4), S. 479 und Charlotte Streul, Rundfunk und Fernsehen in den neuen Bundesländern - eine Zwischenbilanz, in: Deutschland Archiv 1991, S. 7 ff.

bundenheit bereits mit dem Vorwurf konfrontiert worden war, die öffentlich-rechtlichen Unabhängigkeitsprinzipien zu mißachten.[15] Mit seinem rigorosen Vorgehen, das auch die Rechtswidrigkeit nicht scheute, hat Mühlfenzl von Anfang an für eine Atmosphäre in den Rundfunkanstalten der ehemaligen DDR gesorgt, in der die Träume von einem eigenständigen Weg aus dem Sommer 1990 schnell verfliegen mußten.

Mit dem Bundeskanzler und den vier Ministerpräsidenten aus den neuen Bundesländern der gleichen parteipolitischen Couleur wurde verabredet, daß das Programm des ZDF ab 2. Dezember 1990 über neue Frequenzen im Gebiet der ehemaligen DDR flächendeckend auszustrahlen sei und ab 15. Dezember das ARD-Programm über die Sender von DFF 1. Die Fachöffentlichkeit wurde von diesem parteipolitisch abgestimmten Vorgehen überrascht und reagierte erst, als alles zu spät war. Im Mai 1991, auf der 68. Tagung des Studienkreises für Presserecht und Pressefreiheit, einem doch eher konservativen Kreis von Fachleuten des Presse- und Runkfunkrechts, bestand Einigkeit darüber, daß diese Vorgehensweise rechtswidrig war. Art. 36 des Einigungsvertrages schuf für eine solche vorgezogene Neuordnung keine Legitimation, nicht für eine solche Entscheidung durch den Rundfunkbeauftragten, erst recht aber nicht für diese Entscheidung durch die Ministerpräsidenten. Diese Entscheidung mußte einer späteren Regelung durch Rundfunkstaatsvertrag überlassen bleiben.[16]

Als der Berliner Funkhausintendant Jörg Hildebrand diese Entscheidung von Mühlfenzl aber dann völlig korrekt als "verfassungswidrig" bezeichnete, konterte dieser, indem er Hildebrands Äußerung als eine Verletzung der "dienstvertraglichen Loyalität zu Treuepflichten" bezeichnete und ihn abmahnte. Eine zweite Kritik Hildebrands an Umschulungsmaßnahmen für die vor der Entlassung stehenden Mitarbeiter des ehemaligen DDR-Rundfunks zog dann die fristlose Kündigung nach sich. In der gerichtlichen Auseinandersetzung scheiterte dann freilich Mühlfenzl. Seine fristlose Kündigung wurde vom Berliner Arbeitsgericht für unwirksam erklärt.[17]
Gleichwohl hat diese Aktion wie auch die *Fragebogenaktion*, mit der der Rundfunkbeauftragte sämtliche Beschäftigte auf ihre Stasi-Kontakte hin überprüfen ließ[18], eine Atmosphäre ausgelöst, in der die Angst um die eigene Existenz die Suche nach dem eigenständigen Weg unmöglich machte. Die in der revolutionären Phase fruchtbar eingeleitete Suche nach dem eigenständigen demokratischen Neuanfang im Rundfunkrecht wurde abrupt beendet. Von nun an wurde aus Bonn gesteuert, wo das Verständnis für Runde-Tisch-Politiker kaum vorhanden war. Die Wahlen waren zugunsten des Kanzlers

---

15 Streul, Rundfunk und Fernsehen, a.a.O., (FN 13), S. 8
16 Vgl. die einhellige Einschätzung der Referenten auf dieser Tagung: Martin Bullinger, Die Entwicklung des Medienrechts in den neuen Bundesländern, in: AfP 1991, S. 465 ff., S. 468; Wolfgang Hoffmann-Riem, Entwicklung der Medien, a.a.O., (FN 4), S. 480 und Reinhart Ricker, Rechtsprobleme der Rundfunk-"Einrichtungen" in den neuen Bundesländern, in: AfP 1991, S. 482 ff.
17 S. die Nachweise in Streul, Stand der Neuordnung. Zum Stand der Neuordnung des Rundfunkwesens in den neuen Bundesländern in: Deutschland Archiv 1991, S. 1075 f.
18 S. Streul, a.a.O. (FN 17), S. 1077 f.

ausgegangen, der einen unproblematischen Übergang in die Einheit versprochen hatte. Das war das entscheidende Faktum. Der rundfunkpolitische Weg der neuen Bundesländer wurde in der knappen Phase des Übergangs nach Art. 36 Einigungsvertrag denn auch von einem kleinen, in der Parteihierarchie hoch angesiedelten Kreis um den Kanzler entschieden. Hier war das Interesse daran, sozialistische Hinterlassenschaften im ehemaligen DDR-Rundfunk auszumisten, stärker ausgeprägt als das Bewußtsein, daß sich die Bevölkerung der ehemaligen DDR ihre demokratische Wende doch eigentlich selbst erkämpft hatte. Demokratische Neuansätze aus der Zeit der Wende 89/90 wurden im Rundfunkrecht nicht mehr ernst- oder zumindest nicht mehr wahrgenommen.

Rundfunkpolitische Kontrollgremien haben gegen diese Entwicklung kein wirksames Korrektiv gebildet. Der nach Art. 36 Abs. 4 Einigungsvertrag als Aufsichtsorgan der gemeinschaftlichen, staatsunabhängigen Einrichtung gewählte Rundfunkbeirat war nicht in der Lage, eine hinreichende Gruppenrepräsentanz und damit das erforderliche Ausmaß an Binnenpluralität zu gewährleisten. Die 18 Mitglieder des Rundfunkbeirats wurden nach Art. 36 Abs. 4 Einigungsvertrag ausschließlich von den Landtagen gewählt, ohne daß irgendwelche gesellschaftlich relevanten Gruppen auch nur ein Vorschlagsrecht gehabt hätten. So konnte nicht verwundern, daß die im Einigungsvertrag als die "18 anerkannten Persönlichkeiten" bezeichneten Vertreter fast ausschließlich aus Fraktionsmitgliedern der in den Landtagen seit dem Frühjahr 1990 repräsentierten Parteien bestanden.

Unter dem Gesichtspunkt der notwendigen Staatsferne war dieser Zustand ohne ein weiteres *binnenstrukturelles Korrektiv* verfassungsrechtlich unhaltbar. In der medienrechtlichen Literatur besteht Einigkeit darüber, daß auch die Vertreter des Parlaments dem staatlichen Bereich zuzuordnen sind.[19] Das Bundesverfassungsgericht hat in seiner gesamten Rundfunkrechtsprechung, insbesondere aber in der 3. Rundfunkentscheidung betont, daß Rundfunkfreiheit insbesondere die Freiheit des Rundfunks von staatlicher Beherrschung und Einflußnahme bedeutet.[20] Bereits die Zusammensetzung der Rundfunkräte nach ständischen Prinzipien, in der ja ebenfalls nicht ausgeschlossen ist, daß die Mitglieder der gesellschaftlich relevanten Gruppen zugleich Parteiangehörige sind, stößt mehr und mehr auf verfassungsrechtliche Bedenken, da sich auch da Fraktionierungen nach parteipolitischen Kriterien bilden können.[21] Die Regelung des Art. 36 Einigungsvertrag enthält aber gar keinen ernst zu nehmenden Ansatz, mit dem binnenpluralistische Gruppenrepräsentanz an Stelle des *Parteienproporzes* gewährleistet werden soll. Das führte zu der Zusammensetzung aus Vertretern der Landtagsfraktionen, also im angesprochenen Sinne aus Staatsvertretern. Eine Zusammensetzung eines Rundfunkauf-

---

19 S. Ernst W. Fuhr, ZDF-Staatsvertrag, erläutert von Walter Konrad, 2. Aufl. Mainz 1985, § 14 II 2a
20 BVerfGE 57, 295 (S. 320)
21 Vgl. die Hinweise in meinem Beitrag "Rundfunkorganisationsrecht"; in: Peter Schiwy, Walter Schütz, Medienrecht, 2. Aufl., Neuwied, Frankfurt 1990, S. 260 ff., insbesondere S. 267 ff.

sichtsgremiums ausschließlich aus Staatsvertretern ist aber verfassungsrechtlich untragbar.

Haltbar wäre dieser Rechtszustand nach Art. 36 Abs. 4 Einigungsvertrag nur gewesen, wenn das binnenstrukturelle Korrektiv des noch bestehenden DFF-Fernsehrats und des Rundfunkrats der ehemaligen DDR akzeptiert worden wäre. In der Tat schloß dies Art. 36 nicht aus, sodaß von daher eine verfassungskonforme Auslegung möglich gewesen wäre. Art. 36 enthielt nur die Bestimmungen für den neuen Rahmen des ehemaligen Rundfunks der DDR und des Deutschen Fernsehfunks, nicht aber über die Binnenstrukturen dieser Einrichtung im Detail. Hier wirkten durchaus ehemalige Organe, wenngleich in geschwächter Form fort, so etwa die gewählten Intendanten. Da für die Binnenstruktur keine nähere Regelung in Art. 36 enthalten war, konnte man insoweit auf Art. 9 des Einigungsvertrages zurückgreifen, nach dem alte getroffene Regelungen auf der Grundlage des ehemaligen DDR-Rechts nun nach der Kompetenzordnung des Grundgesetzes als Landesrecht fortgelten konnten. Dies betrifft etwa auch das DFF-Fernsehstatut.

Es sprach also verfassungsrechtlich alles dafür, die Kontrollfunktion des DFF-Fernsehrates und Rundfunkrates fortwirken zu lassen. Vorstöße aus beiden Gremien gegenüber dem Rundfunkbeauftragten in diese Richtung blieben aber erfolglos. Ihr Hinweis auf ihre nach wie vor bestehende Legitimationsgrundlage gegenüber Herrn Mühlfenzl blieb ungehört.[22] Eine verfassungskonforme Auslegung des Art. 36 Abs. 4 durch Respektierung des binnenstrukturellen Korrektivs wurde in der Zeit des kolonisierten Rundfunks in den neuen Bundesländern nicht respektiert.

IV. Der Parteienrundfunk

Was nach diesem Übergangsjahr entstand, ja eigentlich nach der Logik des Entwicklungsprozesses entstehen mußte, ist der *Parteienrundfunk*. Insbesondere die Entstehung des Mitteldeutschen Rundfunks stand unter einem parteipolitischen Einfluß, wie man ihn in dieser Massivität in den alten Bundesländern kaum je erlebt hatte. In der rundfunkrechtlichen Literatur wurde der Vorwurf vom "ungenierten Parteienzugriff" denn auch treffend zum Titel einer staatsrechtlichen Bewertung gemacht.[23]

Was war geschehen? Im Grunde nicht mehr als eine Variation dessen, was man mit dem Rundfunkbeirat nach Art. 36 Einigungsvertrag bereits erfolgreich praktiziert hatte: Man schuf ein Übergangsgremium, das lupenrein parteipolitisch zusammengesetzt war, also

---

22 Vgl. insbesondere die beiden Beiträge von Edith Spielhagen und Gerhild Schulzendorf in: Kopetz, Perspektiven für die neuen Medien, a.a.O. (FN 3), die selbst Mitglieder in diesen Gremien waren.
23 So Hoffmann-Riem, Rundfunk in den neuen Ländern mit alten Schwächen: Der ungenierte Parteienzugriff, in: AfP 1991, S. 606 ff.

nicht den Störmanövern irgendwelcher gesellschaftlich relevanter Gruppen ausgesetzt war, und ließ dieses Übergangsgremium die entscheidenden Weichenstellungen vornehmen, insbesondere die Wahl des Gründungsintendanten. Der nach § 45 des Staatsvertrages über den Mitteldeutschen Rundfunk vom 30.05.1991 zu bildende Rundfunkbeirat war mit je drei von den Landtagen der beteiligten Länder zu wählenden Mitgliedern zu beschicken.[24] Die Anforderung, daß damit irgendeine, welche auch immer gewollte gesellschaftliche Gruppenrepräsentanz beabsichtigt sei, hat man im Gegensatz zu Art. 36 Einigungsvertrag in den § 45 erst gar nicht hineingeschrieben. Insofern war man im Grunde ehrlicher. Immerhin durften 2/3 der entsandten Mitglieder nicht dem Landtag angehören, mußten also unmittelbar aus den Parteizentralen rekrutiert werden.

Die Rechnung ging auf: 2/3 der Mitglieder des Gründungsbeirates gehörten den Regierungsparteien der beteiligten Länder an; der von dem Rundfunkbeauftragten vorgeschlagene Kandidat Udo Reiter, wie er Mitglied der CSU-Medienkommission und früherer Hörfunkdirektor des Bayerischen Rundfunks, wurde sogar einstimmig gewählt. Dafür wurde mit den Stimmen der Regierungsparteien eine Kandidatin aus der Oppositionspartei zur Hörfunkdirektorin gewählt.[25] Die Positionen wurden also entsprechend den parteipolitischen Machtverhältnissen klar ausgehandelt und konnten so von allen mitgetragen werden. Die Opposition, die man sich gegen einen solchen Vorgang erhofft hätte, um die verfassungsrechtliche Fragwürdigkeit auch gerichtlich, etwa durch ein Normenkontrollverfahren nach Art. 93 I 2 GG geltend zu machen, blieb dabei freilich auf der Strecke.

Die Besetzungspraxis beim MDR verstieß ebenso wie die Konzeption des § 45 gegen das *Gebot der Staatsferne*.[26] Zwar sieht § 45 Abs. 2 letzter Satz noch eine Bestätigung der Wahl des Intendanten durch den eigentlichen Rundfunkrat, der mit den gesellschaftlich relevanten Gruppen besetzt ist, vor. Der listige Gesetzgeber hat aber auch hier dafür Sorge getragen, daß nichts mehr schiefgehen kann. Während nämlich die Wahl des Intendanten im Normalfall einer 2/3-Mehrheit bedarf, sieht § 45 für diesen Bestätigungsakt nur eine einfache Mehrheit vor.[27] Die traut man sich bei den ja auch gegebenen Verbindungen der Parteien zu den Gruppenvertretern bei den bestehenden Mehrheitsverhältnissen offenbar zu. Die für den *Gründungsintendanten* vorgesehene Bestätigung ist für die Gründungsfunkhausdirektoren erst gar nicht vorgesehen. Die durch das parteipolitische Gremium Gründungsbeirat betroffenen personalpolitischen Entscheidungen wurden mit der staatsvertraglichen Regelung zum MDR auf Dauer abgesichert.

---

24 Vgl. den Abdruck dieses Staatsvertrages in: Kopetz, Neuordnungsprozesse im Mediensektor der Bundesrepublik Deutschland, Bochum 1991, S. 54 ff.
25 S. im einzelnen Streul, Zum Stand der Neuordnung, a.a.O. (FN 17), S. 1081 f.
26 Ausführlich ist dies bei Hoffmann-Riem in "Rundfunk in den neuen Ländern", a.a.O., (FN 23), begründet.
27 Vgl. so die Regelungen in Par. 21 Abs. 2 des Staatsvertrages, s. dazu auch die Kritik von Hoffmann-Riem, a.a.O. (FN 23), S. 609.

Kommt man nach diesem Überblick über die Phase der Neuordnungsprozesse im Rundfunk in der ehemaligen DDR zur Ausgangsfrage zurück, ob hier Chancen vertan wurden,
so muß man diese Frage klar mit Nein beantworten. Vertane Chancen setzen begrifflich
voraus, daß die Akteure etwas, was durchaus im Bereich des von ihnen Gewollten lag,
etwa aus Nachlässigkeit versäumt haben. Die Entwicklung demokratischer Neuansätze
wurde aber seit dem Oktober 1990, spätestens vom Tag der Wahl des Rundfunkbeauftragten im Bundeskanzleramt, Außenstelle Berlin, nicht mehr beabsichtigt. Im Gegenteil!
Man setzte nun ganz und gar auf das Erlangen parteipolitischer Vorrangstellungen bei der
Schaffung neuer Strukturen. Die Hemmungslosigkeit der parteipolitischen Dominanz im
Rundfunk, die doch mit dem *DFF-Statut* in der Zeit der Wende in ihre Schranken gewie-
sen werden sollte, bekam in der Zeit nach dem Einigungsvertrag Entfaltungs-
möglichkeiten, wie man sie in den alten Bundesländern bislang noch nicht gekannt hat.
Beim Anblick des Entstandenen kann man nicht von vertanen Chancen sprechen, sondern
muß umgekehrt von genutzten Chancen reden. Die Übergangzeit wurde genutzt, um
massiv parteipolitische Pflöcke in die rundfunkpolitische Landschaft einzuschlagen.

Genutzt konnten die Chancen auch deswegen werden, weil keine Opposition da war, die
gegen diese verfassungsrechtlich unhaltbare Praxis auf dem Klagewege vorzugehen bereit war. Der Parteienproporz kennt seine eigenen Gerechtigkeitsvorstellungen und wird
von den Beteiligten, wenn diese eingehalten werden, auch respektiert. Geht es den Parteien nämlich nur noch um die proportionale Verteilung der Positionen im Rundfunk,
entsprechend dem Grad der rechnerischen Repräsentanz in den Parlamenten, so wird
auch das Oppositionsprinzip außer Kraft gesetzt; es kommt zum parteiübergreifenden
Kartell. Dies muß nicht nur die Personalentscheidungen innerhalb einer Rundfunkanstalt,
sondern kann durchaus auch die Außenstrukturen der rundfunk-politischen Landschaft
betreffen. Brandenburg, das neue Bundesland, das nach dem Ausgang der Landtagswah-
len aus dem Rahmen fiel, mußte nach dieser Rationalität auch seine eigene Anstalt erhalten, auch wenn man an der medienökonomischen Vernunft dieser Entscheidung zweifeln mag .

Zusammenfassung

Die Frage nach vertanen Chancen in der Phase der Neuordnungsprozesse im Rundfunk
der ehemaligen DDR ist klar zu verneinen.
Parteipolitische Vorrangstellungen spielten bei der Schaffung neuer Strukturen die domi-
nante Rolle.
Als zeitliche Phasen der Rundfunkgeschichte sind zu unterscheiden:
- die Zeit des Staatsrunkfunks
- die Zeit des Rundfunks des Runden Tisches

- die Zeit des "kolonisierten" Rundfunks
- die Zeit des Parteienrundfunks

10

Duale Rundfunkordnung und europäisches Medienrecht: Die strategische Gefährdung öffentlich-rechtlicher Rundfunkanstalten im deregulierten Europa

Thomas Wolter

1. Duale Rundfunkordnung und öffentlich-rechtlicher Rundfunk

Betrachtet man die Situation öffentlich-rechtlicher Rundfunkveranstalter in Europa, ergibt sich ein einheitliches Bild: Die öffentlich-rechtlichen Veranstalter stehen unter enormem Wettbewerbsdruck privater Konkurrenten, was sich in fallenden Marktanteilen und Werbeeinnahmen dokumentiert. Alle Veranstalter agieren zwar auf einem Markt, doch handelt es sich nicht um einen Wettbewerb gleichartiger Marktteilnehmer. Vielmehr ist jede Gruppe unterschiedlichen Rahmenbedingungen ausgesetzt, Folge eines dualen Rundfunkmodells, das sich in Deutschland als duale Rundfunkordnung etabliert hat. Am Beispiel des deutschen Fernsehens[1] stellt der vorliegende Beitrag die *duale Rundfunkordnung* in Zusammenhang mit der Wettbewerbssituation öffentlich-rechtlicher Veranstalter. Mit Blick auf die europäische Dimension rückt die Frage in den Mittelpunkt, wie die Entwicklung des *EG-Binnenmarktes* das Gefüge von Wettbewerb und dualer Rundfunkordnung für die öffentlich-rechtlichen Veranstalter beeinflußt. Die Untersuchung wird von folgenden Thesen geleitet:

1. Der Dualismus bestimmt die gesamte Rundfunklandschaft.
2. Die duale Rundfunkordnung führt zu Wettbewerbsnachteilen der öffentlich-rechtlichen Veranstalter.
3. Die Markt- und Wettbewerbsorientierung der entstehenden europäischen Medienordnung verändert die Rahmenbedingungen und verschärft dabei das Wettbewerbsproblem für die öffentlich-rechtlichen Veranstalter.

---

1   In der publizistischen wie rechtlichen Terminologie wird der Rundfunkbegriff auf Hörfunk und Fernsehen bezogen. Davon abweichend wird Rundfunk hier mit Fernsehen gleichgestellt, um den exemplarischen Charakter des Fernsehens für den gesamten Rundfunk zu unterstreichen.

4. Selbst die deutsche Rundfunkordnung weist trotz erheblicher Widerstände gegen die
europäische Entwicklung Anzeichen für eine Nivellierung der dualen Rundfunkordung
auf.

5. Im Ergebnis führt das Nebeneinander von europäischem Medienrecht und nationaler,
dualer Rundfunkordnung zu einer strategischen Gefährdung der öffentlich-rechtlichen
Veranstalter.

2. Dualismus als Merkmal der Rundfunklandschaft

Die *Wettbewerbssituation* des öffentlich-rechtlichen Rundfunks ergibt sich aus den Be-
dingungen, unter denen Rundfunk veranstaltet wird. Sie bestimmen die Möglichkeit eines
Veranstalters, über seinen Erfolg oder Mißerfolg im Wettbewerb entscheiden zu können.
Der duale Rundfunk als Grundbedingung hat organisatorische, wirtschaftliche und publi-
zistische Implikationen:
- Organisatorisch stehen sich öffentlich-rechtliche und private Veranstalter als Pro-
grammträger gegenüber; de facto können ihnen Binnen- bzw. Außenpluralismus als
Organisationsmuster zugeschrieben werden.
- Der wirtschaftliche Dualismus erfaßt die Finanzierungsformen, denn hier stehen sich
Gebühren- und Werbefinanzierung gegenüber, allerdings mit dem Recht der öffentlich-
rechtlichen Veranstalter zur Mischfinanzierung.
- In publizistischer Hinsicht werden unterschiedliche Anforderungen an die Ausgewo-
genheit der Programme gestellt. Sie entsprechen den Anforderungen an die Pluralität der
Programmträger.

Zunächst verwirklicht sich dieser *Dualismus* als Schutz der öffentlich-rechtlichen Veranstalter, indem er nur ihnen eine Gebührenhoheit eröffnet. Für die privaten Veranstalter
dagegen führt der *Dualismus* zu Abhängigkeiten von staatlichen Organen, z.B. bei der
Zulassung, bei der Verteilung terrestrischer Frequenzen oder in Bayern sogar in der
Grundrechtsfähigkeit, weil dort nach Art. 111 a der Landesverfassung die Landesmedienanstalt Trägerin des Rundfunks ist.[2] In wirtschaftlicher Hinsicht verwirklicht sich der
Dualismus als Beschränkung der öffentlich-rechtlichen Veranstalter, weil sie in ihrer
Betätigungsfreiheit beeinträchtigt werden; nur in einem engen Rahmen können sie sich an
anderen Unternehmen oder Rundfunkveranstaltern beteiligen. Die Privaten genießen
demgegenüber die Unternehmensfreiheit wie jedes andere Wirtschaftsunternehmen und
unterliegen nur dem allgemeinen Wirtschaftsrecht. In der wirtschaftlichen Entwicklung
der Veranstalter zeigt sich ein enormes Defizit der öffentlich-rechtlichen, während die
privaten teilweise den "break-even" erreicht haben.[3] Schließlich sind die öffentlich-recht-

---

2   vgl. BayVerfGH 23.11.1990, JZ 1991, SS. 663 ff.
3   Medienspiegel Nr. 4 v. 21.1.1991, S. 3; Nr. 8 v. 18.2.1991, S. 3; Nr. 21 v. 20.5.1991, S. 4; Nr. 30 v.
    22.7.1991, S. 4; epd Kirche und Rundfunk Nr. 87 v. 4.11.1989, S. 9; Nr. 100/101 v. 19.10.1990, S. 14

lichen Rundfunkveranstalter durch ihren Status verpflichtet, in publizistischer Hinsicht die sog. Grundversorgung sicherzustellen, während die privaten Veranstalter nur durch die allgemeinen Gesetze und einige Werberegelungen in ihrer Programmgestaltung beschränkt sind. Im Ergebnis kennzeichnet der Dualismus also alle Facetten der Rundfunklandschaft: Zwischen öffentlich-rechtlichem und privatem Veranstalter besteht ein kategorialer Unterschied.

3. Duale Rundfunkordnung als Wettbewerbsproblem

Als Leistungsträger auf einem nationalen Rundfunkmarkt sind alle Veranstalter zugleich Wettbewerber. Sie konkurrieren um lukrative Werbeeinnahmen, um attraktive Programmteile oder Übertragungsrechte und vornehmlich um die lebensnotwendige Gunst der Zuschauer. In dieser *Konkurrenzsituation* gewinnen die unterschiedlichen Rahmenbedingungen besondere Bedeutung, denn sie bestimmen die Freiheiten eines Veranstalters, auf eine veränderte Marktsituation zu reagieren, sei es durch seine rechtlichen Möglichkeiten oder seine wirtschaftlichen Fähigkeiten. Relevante Veränderungen sind allenthalben festzustellen: Mit der Zahl der Anbieter erhöhen sich die Auswahlmöglichkeiten der Zuschauer, zugleich verringert sich die relative Reichweite eines Veranstalters. Die Existenz eines Veranstalter hängt jedoch von der Reichweite ab, weil sie sowohl über seine Gebührenanteile als auch über seine Werbeeinnahmen entscheidet. Daher muß der Veranstalter den Zuschauer verstärkt an das eigene Programm binden. Dies erfordert attraktive Programmangebote, die sehr kostenintensiv sind, also eine ausreichende finanzielle Ausstattung erfordern. Entsprechende Einnahmen sind wiederum nur durch eine Reichweitenverbesserung zu erzielen, also an die Zuschauerakzeptanz gebunden. Parallel kommt es im Wettbewerb der Veranstalter jedoch zu einem Verfall der Preise und der Werbeanteile.

Die öffentlich-rechtlichen Veranstalter können aufgrund ihrer Beschränkungen nicht umfassend auf diese Veränderungen reagieren. Ihr Programmangebot entspricht nicht mehr den Anforderungen des Rundfunkmarktes und die Kundenzufriedenheit geht zurück. Diesen Nachteil können sie selbst dann nicht ausgleichen, wenn man ihnen gegenwärtig einen *Wettbewerbsvorteil* gegenüber den privaten Veranstaltern zuschreibt, der sich aus der Erfahrung und Ausstattung jahrelanger Rundfunktätigkeit ergeben mag. Im Ergebnis handelt es sich um ein typisches Wettbewerbsproblem: Die Konkurrenzsituation führt zu neuen Marktbedingungen; während neuere Marktteilnehmer bei ihrem Markteintritt von diesen Bedingungen ausgehen, müssen sich etablierte Marktteilnehmer erst umstellen. Diese Umstellung wird erschwert, wenn etablierte Marktteilnehmer an die ursprünglichen Bedingungen gebunden bleiben. Sie haben einen *Wettbewerbsnachteil*. In dieser Situation zeichnen sich für die öffentlich-rechtlichen Rundfunkveranstalter zwei gegenläufige

Entwicklungen ab: Während die europäische Medienordnung durch ihre liberalistische Prägung die Dynamik des Wettbewerbs verstärkt, versucht die deutsche Rundfunkordnung, diese Dynamik aus kulturpolitischen Erwägungen zu regulieren und den Dualismus zu erhalten. Die zentrale Frage ist daher, welche Entwicklung sich letztlich durchsetzen wird.

4. Drastische Veränderung der Rahmenbedingungen in Europa

Wenn von Veränderungen in Europa die Rede ist, dann werden sie in Mittel- und Südeuropa, insbesondere durch die Europäische Gemeinschaft (EG) bestimmt, die traditionell eine Wirtschaftsgemeinschaft ist.[4] Stand anfangs die Kooperation in ausgewählten Wirtschaftszweigen im Vordergrund (z.B. die Montanunion EGKS), so ist die Verwirklichung eines allgemeinen Binnenmarktes zum 1.1.1993 das Ziel der neunziger Jahre (Art. 2 EWG-Vertrag: Sicherung eines harmonischen Wirtschaftslebens). Dieses Ziel wird konkretisiert durch die Vorgabe des Art. 8 a S. 2 EWG-Vertrag, Anbieter und Nachfrager in möglichst kurzer Zeit zu möglichst günstigen Preisen zueinander finden zu lassen, also ein unverfälschtes Marktgeschehen im Sinne des Art. 3 lit. f) EWG-Vertrag zu ermöglichen. Monopole in Handel und Dienstleistung behindern allerdings die Vollendung des Binnenmarktes. Die EG forciert daher vielfältige *Deregulierungsmaßnahmen*, die auch den Rundfunkbereich betreffen.[5]

4.1. Muster einer Deregulierung

Eine Deregulierung hebt restriktive Rahmenbedingungen eines Marktes auf und schafft durch gleiche Wettbewerbsmöglichkeiten zusätzliche unternehmerische Freiräume. Sie folgt dabei einem Muster, indem sie auf eine bestimmte Problemsituation mit einem zielgerichteten Maßnahmenpaket reagiert: Auf dem regulierten Markt sind verschiedene Defizite festzustellen, insbesondere der Bedarf wird nicht gesättigt, neue Produkte oder Produktformen kommen nur schleppend auf den Markt bzw. entsprechen nur begrenzt den Bedürfnissen der Nachfrager. Ursache ist der geringe Innovationsdruck auf die etablierten Anbieter. Darüberhinaus ist die Versorgung ineffizient, weil ungünstige Kostenstrukturen einerseits zu einem hohen Preisniveau führen und andererseits zu Wettbewerbsnachteilen gegenüber Anbietern aus Drittländern. Angebotskartelle entstehen, die selbst im Falle geringer Produktionskosten das hohe Preisniveau erhalten.
Das Ziel eines Dereguliers ist es demgegenüber, die Kundenbedürfnisse zu befriedigen, die Versorgungsstruktur insgesamt zu verbessern und einen Preisdruck auf die Kartelle auszuüben. Klassische *Deregulierungsmaßnahmen* sollen diese Ziele verwirklichen:

---

4 Wolter, Was bringt uns Europa 1992? Perspektiven einer europäischen Fernsehordnung, in: Kopetz (Hrsg.), Perspektiven für die Medien in den neuen Bundesländern, Münster 1991: SS. 112 f.
5 Wolter 1991: S. 125

Zunächst erhöht die Liberalisierung staatlicher Regelungen die Betätigungsfreiheit der Marktteilnehmer; insbesondere staatliche Betriebe werden zu diesem Zweck privatisiert. Zudem werden unterschiedliche Märkte durch eine Rechtsangleichung harmonisiert. Sie soll gleiche Wettbewerbsvoraussetzungen für alle Marktteilnehmer schaffen und die sog. Transaktionskosten verringern, die bei der Übertragung von Gütern zwischen Wirtschaftssubjekten entstehen. Zu diesem Zweck werden beispielsweise technische Standards vereinheitlicht und vormals festgelegte Quoten oder Tarife freigegeben. Die Harmonisierung durch Rechtsangleichung zählt auch zu dem Deregulierungsrepertoire der EG (vgl. Art. 3 lit. h) EWG-Vertrag). Ein Beispiel bietet der Telekommunikationsbereich: Programmatische Grundlage ist das Grünbuch zur Telekommunikation vom 30.6.1987[6], die sog. Endgeräte-Richtlinie[7] beinhaltet ein Maßnahmenpaket. Sie wurde mittlerweile durch den EuGH überprüft und bestätigt[8], nachdem mehrere Mitgliedsstaaten die Rechtssetzungskompetenz der Kommission aus Art. 90 III EWG-Vertrag bestritten hatten. Entscheidend ist in allen Fällen, daß die EG jeden Protektionismus staatlicher oder faktischer Monopole verhindern will und zumindest ein stabiles Oligopol schaffen will, das durch Wettbewerb die Leistungskraft der einzelnen Marktsegmente verbessert. Dabei drängt die EG gerade die staatsnahen Marktteilnehmer in eine Wettbewerbssituation, indem sie die Bevorzugung dieser Teilnehmer durch eine Gleichstellung mit anderen Gruppen ersetzt.

4.2. Europäisches Medienrecht

Deregulierungsmaßnahmen finden sich schließlich auch im Rundfunkbereich. Sie werden einerseits durch die Wettbewerbssituation zwischen staatlichen/öffentlich-rechtlichen und privaten Rundfunkveranstaltern motiviert. Andererseits ergibt sich ein besonderer europäischer Regelungsbedarf aus den veränderten technischen Verbreitungsmöglichkeiten (Stichwort: Medium Power Satelliten): Der sog. *Overspill* beschränkt sich nicht mehr auf grenznahe Veranstalter, vielmehr erstreckt sich die Satellitenübertragung auf den gesamten EG-Wirtschaftsraum, wird die Kabeleinspeisung zwischen einzelnen Mitgliedsstaaten zu einem europäischen Thema. Die Effektivität einzelstaatlicher Regelungen verringert sich und im gleichen Zug erhöht sich die Notwendigkeit transnationaler Regelungen. Im Grünbuch Fernsehen ohne Grenzen vom 14.6.1984 schaffte die Kommission insoweit eine erste Diskussionsgrundlage.[9] Sie unterstrich die strategische Bedeutung des Rundfunks im Dienstleistungsbereich und seine integrative Wirkung für die Entwicklung der EG zu einer politischen Gemeinschaft.[10] Im technischen Bereich hat die EG daher

---

6   EG-KOM (87) 290 endg. (abgedr. in BT Ds. 11/930)
7   Richtlinie 88/301/EWG, ABlEG Nr. L 131 v. 27.5.1988, SS. 73 ff.
8   EuGH 19.3.1991, Rs C 202/88, EuZW 1991, 345=NJW 1991, 3062
9   EG-KOM (84) 300 endg. (abgedr. in UFITA 110 (1989), SS. 113-293)
10 vgl. Hesse, Rundfunkrecht, München 1990: S. 245

auch zahlreiche Maßnahmen getroffen, um durch die Entwicklung einer Binnentechnik das Marktgeschehen zu harmonisieren.[11]

Der EWG-Vertrag enthält keine ausdrücklichen Regelungen im Medienbereich, eine einheitliche Medien- oder Fernsehordnung gibt es im Europarecht ebenfalls nicht. Stattdessen entwickelt sich das *EG-Medienrecht* aus einzelnen Regelungen und Urteilen. Kennzeichnend sind zwei Tendenzen, die sich gegenseitig verstärken und die Wettbewerbssituation verschärfen: Die Rechtsprechung des EuGH will die Grundfreiheiten des EWG-Vertrags umfassend verwirklichen und verwirft daher alle Maßnahmen, die den freien Wettbewerb beeinträchtigen. Nationale Sonderinteressen werden im Zuge wachsender Harmonisierung immer unbedeutender. Die EG-Legislative fördert die Harmonisierung, indem sie Minimalregelungen für einzelne Marktsegmente schafft. An die Stelle positiver Strukturvorsorge tritt eine negative Schadensbegrenzung, die die weitere Entwicklung dem Markt überläßt.[12]

4.2.1. Sicherung der Dienstleistungsfreiheit durch den EuGH

Den Prüfungsmaßstab des EuGH bilden die Artt. 59 ff. EWG-Vertrag, die eine Dienstleistungsfreiheit gewährleisten, soweit nicht nach Artt. 66 i.V.m. 56 EWG-Vertrag in entsprechender Anwendung ausnahmsweise Beschränkungen zulässig sind. Danach können Diskriminierungen in nationalen Sonderregelungen durch Gründe der öffentlichen Sicherheit und Ordnung gerechtfertigt werden. Bereits 1974 entschied der EuGH über die Vereinbarkeit des italienischen Rundfunkmonopols mit dem EWG-Vertrag. Das Gericht verstand Fernsehsendungen erstmals als *Dienstleistungen* im Sinne des EWG-Vertrags[13], indem es den Art. 60 in einer umfassenden Interpretation zugrunde legte, begründet mit dem lückenlosen Schutz durch die Vertragsfreiheiten.[14] Dennoch hielt es der EuGH für zulässig, Fernsehsendungen aus Gründen des öffentlichen Interesses dem Wettbewerb zu entziehen. In einem weiteren Verfahren ging es 1980 um die Zulässigkeit einer belgischen Regelung, die kommerzielle Fernsehwerbung bei der Kabeleinspeisung und Weiterverbreitung auch für ausländische Programme untersagte. Abermals verstand der EuGH die Fernsehsendung wegen ihrer Werbung als Dienstleistung und zwar unabhängig von der technischen Übertragungsbasis.[15] Eine Freiheitsbeschränkung komme jedoch nur im Falle einer Ausländerdiskriminierung in Betracht, woran es bei einer landesweiten

---

11 Wolter 1991: SS. 114 ff.; vgl. ABlEG L 311/86 v. 3.11.1986 (D2-Mac), C 37/89 u. L 142/89 v. 27.4.1989 (HDTV); EG-KOM (90) 78 (Grundsatzpapier v. 21.12.1990), 490 (Grünbuch Satellitenkommunikation)
12 Hoffmann-Riem, Rundfunkrecht und Wirtschaftsrecht, in: ders. (Hrsg.), Rundfunk im Wettbewerbsrecht, Baden-Baden 1988: SS. 13 ff., 19 f.
13 EuGH 30.4.1974, Rs 195/73, Slg. 1974, 411, 428
14 vgl. Schwartz, Rundfunk und EWG-Vertrag, in: Schwarze/Berg (Hrsg.), Fernsehen ohne Grenzen, Baden-Baden 1985: SS. 45 ff., 58 ff.
15 EuGH 18.3.1980, Rs 52/70, Slg. 1980, 833, 856

Regelung fehle. Eine nicht diskriminierende Beeinträchtigung müsse jedoch zur grundsätzlichen Dienstleistungsfreiheit im Verhältnis stehen und könne durch Gründe des Allgemeininteresses gerechtfertigt werden; solche Gründe, die nicht aus Art. 56 EWG-Vertrag abgeleitet wurden, ließ das Gericht zu, weil die nationalen Regeln noch nicht ausreichend harmonisiert seien.[16]

Im dritten Urteil von 1988 entschied das Gericht über das niederländische Kabelgesetz. Dies verbot den Betreibern von Kabelfernsehanlagen, solche Programme einzuspeisen, die holländische Untertitel oder auf die Niederlande zielende Werbung enthielten. Im Ergebnis handelte es sich dabei um einen Konkurrenzschutz neuer inländischer Programme vor transnationalen Satellitenprogrammen. Der *Dienstleistungsbegriff* war nach Ansicht des EuGH in zweifacher Hinsicht erfüllt: zwischen Netzbetreiber und Programmveranstalter bzw. zwischen Programmveranstalter und Werbetreibenden.[17] Die niederländische Regelung hielt der EuGH dabei für diskriminierend, weil sie nur für Ausländer galt. Eine Rechtfertigung aus Gründen nach Art. 56 I EWG-Vertrag kam wegen der wirtschaftlichen Zielsetzung nicht in Betracht. In seiner jüngsten Entscheidung zum niederländischen Mediengesetz entschied der EuGH über eine Regelung, die erstens zwar landesweit gilt, aber Dienstleister anderer Mitgliedsstaaten in ihrer Freiheit beschränkt, obwohl sie schon den Rechtsvorschriften eines EG-Mitgliedsstaates entsprechen (was bei fehlender EG-Harmonisierung eine Diskrimierung darstellt), und die zweitens nicht durch das Allgemeininteresse gerechtfertigt wird.[18] Für die Voraussetzungen dieser Regelung zur Veranstalterstruktur schied eine Rechtfertigung aus Gründen der Kulturpolitik (pluralistisches Rundfunkwesen) allerdings aus, weil es keinen notwendigen Zusammenhang gebe zwischen nationalen Zielen und strukturellen Anforderungen an ausländische Anbieter. Für die Voraussetzungen der Regelung zur Werbung schied eine entsprechende Rechtfertigung aus, weil die wirtschaftliche Motivation kein Allgemeininteresse darstelle.

Die Rechtsprechung des EuGH läßt demnach den Mitgliedsstaaten einen Spielraum, ihre nationale Rundfunkordnung zu gestalten und aus besonderen Gründen sogar die Dienstleistungsfreiheit einzuschränken. Es werden aber Regelungen verworfen, die die Funktionsfähigkeit eines bestimmten nationalen Rundfunksystems sicherstellen sollen oder nur wirtschaftlich motiviert sind. Fraglich ist zudem, ob das Gericht seine Beschränkung auf die Freiheiten ausländischer Veranstalter aufrechterhält, wenn ein Binnenmarkt tatsächlich besteht. Schließlich berücksichtigt der EuGH im Falle einer Beschränkung offenbar den Stand der Harmonisierung. Außerdem garantiert der *EWG-Vertrag* einen Schutz vor

---

16 EuGH 18.3.1980, Rs 52/70, Slg. 1980, 833, 875 f.; vgl. Schwartz 1985: SS. 99 f.; Mestmäcker, Wege zur Rundfunkfreiheit in Europa, in: ders. (Hrsg.), Prinzipien für den Wettbewerb im grenzüberschreitenden Rundfunk, Gütersloh 1988: SS. 9 ff., 27 ff.
17 EuGH 26.4.1988, Rs 352/85, Slg. 1988, 2085, 2125
18 EuGH 25.7.1991, Rs C-288/89, EuZW 1991, 699, 700 f.

jeder Beeinträchtigung der wirtschaftlichen Entfaltungsfreiheit. Darüberhinaus findet die Ausländerdiskriminierung als Voraussetzung des Art. 59 EWG-Vertrag im Wortlaut der Regel keinen Anhaltspunkt. So kann man von einer abnehmenden Bereitschaft des Gerichts ausgehen, in einem harmonisierten Markt nationale Sonderregelungen zu tolerieren. Wie die erste Fernsehentscheidung belegt, ist das Gericht bereit, die Dienstleistungsfreiheit auch im Falle der Inländerdiskriminierung sicherzustellen. Die zukünftige europäische Medienordnung ist keine ausschließliche Regelung des grenzüberschreitenden Rundfunks, wie die ersten Fernsehentscheidungen nahelegen könnten. Demnach kann sich kein Rundfunkveranstalter darauf verlassen, daß nationale Regelungen, die ihn vor Wettbewerbern schützen, in einem Gerichtsverfahren vor dem EuGH Bestand haben.

Doch auch die aktuelle Rechtsprechung des EuGH wird für den deutschen Rundfunkmarkt relevant, sobald private Veranstalter über EG-Tochterunternehmen auf den Markt treten; in diesem Fall werden sie durch das EG-Recht sogar vor einer Ausländerdiskriminierung geschützt. Die Optimierung der Satellitenübertragungssysteme erleichtert solche organisatorischen Alternativen, denn Qualität und Reichweite der Medium-Power-Systeme lassen eine flächendeckende Einstrahlung aus dem Ausland zu. Voraussetzung ist jedoch eine ausreichende technische Reichweite; sie entschied in den achtziger Jahren über die Wirtschaftlichkeit der ersten privaten Veranstalter und nun auch über den Erfolg der Westschienen GmbH & Co KG, ein Konsortium mehrerer Film- und Fernsehunternehmen, die ein selbständiges Informationsprogramm in Deutschland starten will.[19] Mit der Reichweitenverbesserung erhöht sich die Wahrscheinlichkeit, daß Veranstalter wegen einer restriktiven deutschen Rundfunkordnung in das benachbarte Ausland ausweichen und damit in den Geltungsbereich einer liberalen europäischen Medienordnung gelangen. Bestehen im Inland beispielsweise restriktive Werberegelungen, hat derjenige Konkurrent einen Wettbewerbsvorteil, der solchen Auflagen im Ausland nicht unterworfen ist. So gilt in Frankreich die 20 Uhr-Grenze nichtmals für öffentlich-rechtliche Veranstalter. Solche Unterschiede können schließlich die werbetreibende Wirtschaft in das benachbarte Ausland führen und Finanzierungsmittel abziehen. Die Standortentscheidung ist daher für jeden Veranstalter in hohem Maße wettbewerbsrelevant. Das liberale Wettbewerbsmodell des EuGH begünstigt jedenfalls unternehmerische Überlegungen, als europäischer Anbieter in einzelnen Mitgliedstaaten auf den Markt zu treten. Auch hier sind die öffentlich-rechtlichen Veranstalter benachteiligt, da sie auf nationale Aktivitäten beschränkt sind, soweit sie keine ausländischen Partner finden.

---

19 vgl. FAZ Nr. 39 v. 15.2.1992, S. 16. Vor dem gleichen Problem standen RTL plus und SAT 1 bis 1987 als sie nur über Kabel verbreitet wurden und etwa 10 % der deutschen Haushalte angeschlossen waren (vgl. BLM Jahrbuch 1989/90, S. 252; Medienspiegel Nr. 30 v. 22.7.1991, S. 4)

4.2.2. Marktharmonisierung durch die EG-Legislative

Die EG-Legislative stützt die Linie des EuGH, indem sie die eingeforderte Harmonisierung des Rundfunkmarktes vorantreibt. Sie orientiert sich dabei erkennbar an der Rechtsprechung zur Dienstleistungsfreiheit. Ein Beispiel bietet die sog. *Fernsehrichtlinie* aus dem Jahre 1989, die auf der Grundlage von Artt. 59, 66, 57 II EWG-Vertrag europäische Standards für das Fernsehen aufstellte (*EG-Richtlinie* über die Koordinierung bestimmter Rechts- und Verwaltungsvorschriften der Mitgliedsstaaten über die Ausübung der Fernsehtätigkeit vom 3.10.1989[20]). Parallel verabschiedete der Europarat, eine völkerrechtliche Organisation, die die Zusammenarbeit der Staaten über die Grenzen der EG hinweg fördert, das "Übereinkommen über das grenzüberschreitende Fernsehen" (Konvention) vom 15.3.1989.[21] Ein wesentlicher Unterschied liegt darin, daß die Konvention nach ihrem Art. 3 nur für *grenzüberschreitendes Fernsehen* gilt, während die Richtlinie auch inländische Programme erfaßt. Sie unterstreicht den Regelungsanspruch der EG-Organe für alle Vorgänge in ihrem Wirkungsbereich. Aufgrund frühzeitiger Abstimmung sind die Vorschriften inhaltlich einander angepaßt worden, insbesondere in Fragen der Programmgestaltung. Die Konvention trifft zwar eine schärfere Regelung zur Abschöpfung von Werbeeinnahmen, indem der Art. 16 für die Einstrahlung nationale Vorgaben zuläßt. Doch enthält die Konvention in Art. 27 eine Subsidiaritätsklausel für Mitgliedsstaaten der EG, die der Richtlinie unterfallen.

Nach Art. 2 I der Richtlinie müssen grenzüberschreitende Sendungen lediglich den Regeln des Sendestaates entsprechen, während die Empfangsstaaten nach Abs. II nur aus besonderen Gründen die Kabeleinspeisung einschränken können (vgl. Artt. 3, 5, 24 der Konvention). Die Richtlinie nennt insoweit den Jugendschutz. Verstöße kann die Kommission nach Art. 169 EWG-Vertrag im Wege des Vertragsverletzungsverfahrens vor den EuGH bringen, da dieses Verfahren auch für die Prüfung von Sekundärrecht einschlägig ist. Schon im Grünbuch hat die Kommission deutlich gemacht, daß sie Beschränkungen der Dienstleistungsfreiheit aus Gründen des Allgemeininteresses nur in einem sehr engen Rahmen zulassen wolle, z.B. aus Gründen des Jugendschutzes, dagegen wirtschaftlich motivierte Beschränkungen verfolgen werde.[22] Die Richtlinie eröffnet zwar durch Art. 3 I den Mitgliedsstaaten einen Gestaltungsspielraum, indem sie die Inländerdiskriminierung zuläßt (vgl. Art. 28 der Konvention), und ermöglicht nach Art. 19 nationale Regelungen der Werbezeiten. Mit Blick auf die Linie des EuGH bleibt allerdings fraglich, inwieweit solche Maßnahmen mit dem Primärrecht vereinbar sind. Keineswegs deckt die Richtlinie Regelungen, die den Harmonisierungszielen des EWG-Vertrages zuwiderlaufen. Die Richtlinie muß vertragskonform ausgelegt werden, d.h. sie

20 EG-KOM (89) 552 (abgedr. in MP DOK II /89, SS. 107-114)
21 European Treaty Series Nr. 132, Straßburg 1989 (abgedr. in UFITA 113 (1990), SS. 59-130)
22 vgl. Vorschlag zur Richtlinie v. 30.4.1986, EG-KOM (86) 146 endg. (abgedr. in BR-Ds 259/86)

muß Beschränkungen zugunsten gleicher Wettbewerbsbedingungen abbauen, nicht aber Beschränkungen legitimieren. Dies gilt schließlich auch für die Einteilung in private und öffentlich-rechtliche Veranstalter. Die Richtlinie weist in Art. 19 auf die besondere kulturelle Funktion des Rundfunks hin und unterscheidet damit mittelbar öffentlich-rechtliche und private Veranstalter; dennoch verzichtet sie darauf, die Leistungsfähigkeit des öffentlich-rechtlichen Rundfunks oder den Schutz anderer Medien als relevante Voraussetzung des Binnenmarktes anzuerkennen, wie der Richtlinienentwurf vom 21.3.1988 noch forderte.[23] Auch die weiteren Vorschriften der Richtlinie in den Sachbereichen Förderung europäischer Programmproduktionen, Werbung, Jugendschutz und Gegendarstellungsrecht sind für alle Veranstalter gleich. Offensichtlich geht die Richtlinie von einem Markt mit gleichen Wettbewerbern aus, so daß eine Beschränkung einzelner Programmträger europarechtlich keinen Bestand hat.

Nachdem die EG-Rechtsetzung klare Kontrapunkte zum nationalen Rundfunkrecht setzt, wurde die rundfunkrechtliche Zuständigkeit der EG zum zentralen Streitpunkt mit den Mitgliedsstaaten.[24] Die EG beruft sich auf ihre Ermächtigung zur Regelung wirtschaftlicher Sachverhalte und die eindeutige Rechtsprechung des EuGH zur *Dienstleistungsfreiheit*. Dagegen verstehen ihre Gegner den Rundfunk, ungeachtet seiner wirtschaftlichen Bezüge, als kulturelles Phänomen und wollen ihn daher einer nationalen Regelungshoheit unterwerfen. Der EG bliebe dann bestenfalls eine Teilkompetenz für allgemeine wirtschaftiche Fragen, die den Rundfunk ebenso erfassen wie andere Wirtschaftsbereiche. In jedem Fall müsse jedoch die EG dem Gebot der Gemeinschaftstreue aus Art. 5 II EWG-Vertrag Rechnung tragen und auf kulturelle Interessen der Mitgliedsstaaten Rücksicht nehmen. In diesem Kompetenzstreit verwirklichen sich unterschiedliche politische Steuerungsmodelle: Während die EG auf Markt und Wettbewerb als Regulative vertraut, setzt beispielsweise das Bundesverfassungsgericht auf eine normative Rahmenordnung, die den Rundfunk gerade vor dem freien Spiel der Marktkräfte schützen soll.[25]

Ob die Gegner einer Marktorientierung allerdings auf europäischer Ebene Einfluß gewinnen können, erscheint bei der klaren Zielvorgabe der EG-Organe zweifelhaft. Selbst der Versuch, Regelungen der Richtlinie durch eine gemeinsame Protokollerklärung[26] zu einer politischen Verpflichtung zu degradieren, ist nach EG-Recht ohne Rechtswirkung geblieben. Zunächst ist die Protokollerklärung selbst nicht bestandskräftig, da ihre Veröffentlichung nach § 18 GO des Ministerrats unter Genehmigungsvorbehalt steht, der hier

---

23 EG-KOM (88) 154 endg. (abgedr. in MP DOK III/1988, SS. 195 ff.)
24 Übersicht zum Meinungsstand bei Hesse 1990: SS. 248 f.; vgl. Wolter 1991: SS. 120 ff.
25 BVerfGE 31, 314, 325; 57, 295, 322; 73, 118, 158
26 Ratsprotokoll v. 3.10.1989 (abgedr. in MP DOK II/89, SS. 115 f.); vgl. FUNK-Korrespondenz Nr. 14 v. 7.4.1989, S. 2

jedoch nicht erteilt wurde. Außerdem gibt Art. 189 III EWG-Vertrag die Verbindlichkeit der Richtlinie vor. Nur im Rahmen der Abs. I und V wäre eine unverbindliche Regelung möglich, im Übrigen scheitert eine verbindliche Richtlinie ohne Verbindlichkeit an dem numerus clausus des EWG-Vertrags, solange dieser nicht nach Art. 236 geändert wird.[27] Die Protokollerklärung kann daher die Richtlinie bestenfalls konkretisieren, wenn sie durch den EuGH nach Artt. 164 I, 177 I lit. a), b) EWG-Vertrag auzulegen wäre. Bedenklich wäre dann, daß die Erklärung weder allgemein zugänglich noch durch den Rat offiziell genehmigt wurde, d.h. als Auslegungshilfe nur bedingt in Betracht kommt.[28] Zudem hat der EuGH deutlich gemacht, daß er sich in seiner Auslegung am Wortlaut der Normen orientiert, nicht aber an der abweichenden Meinung der Mitgliedsstaaten.[29]

Letztlich eröffnet der *EWG-Vertrag* der Kommission und dem Rat weitere umfassende Kompetenzen, die auch im Rundfunkrecht relevant werden können.[30] In seiner ersten Fernsehentscheidung hat der EuGH bereits den Art 90 I EWG-Vertrag, der öffentliche Monopole betrifft, auf öffentlich-rechtliche Rundfunkveranstalter angewendet.[31] Einen Schutz der Monopole läßt der Abs. II nur zu, wenn damit die gesamtgesellschaftliche Funktion des Monopols aus allgemeinem wirtschaftlichen Interesse gesichert wird. Die EG-Organe überwachen diesen Prozeß und können ihn durch Maßnahmen regeln (Artt. 85 f., 90 III EWG-Vertrag), was im Telekommunikationsbereich ebenso geschehen ist[32] wie für den Erwerb von Spielfilmrechten im Rundfunkbereich.[33]

Im Ergebnis sind aus europäischer Sicht drastische Veränderungen im Rundfunk zu erwarten. Während die EG-Legislative den Rundfunkmarkt harmonisiert, erklärt der EuGH Wettbewerbsbeschränkungen auf diesem Markt für unzulässig. Der Dualismus nationaler Rundfunkordnungen wird auf diese Weise eingeebnet; der Wettbewerb, der heute zwischen den Veranstaltern faktisch besteht, wird europarechtlich legitimiert. Eine zunehmende Liberalisierung des Rundfunkmarktes führt zu einer strategischen Gefährdung der öffentlich-rechtlichen Veranstalter, die durch ein restriktives, nationales Rundfunkrecht kaum Handlungsspielraum erhalten. Mittelfristig werden sie dem Wettbewerb nicht mehr gewachsen sein. Ihre Existenz ist dann gefährdeter denn je.

---

27 Klute, Die Produktionsquote, ein Protokoll und die Sache mit der Rundfunkfreiheit, AfP 1991, SS. 595 ff., 596; Mestmäcker e.a., Der Einfluß des europäischen Gemeinschaftsrechts auf die deutsche Rundfunkordnung, Baden-Baden 1990: SS. 32 f.; vgl. EuGH v. 18.2.1970, Slg. 1970, 47, 57
28 Klute 1991: S. 597
29 EuGH v. 18.2.1970, Slg. 1970, 47, 57
30 vgl. Schwartz 1985: SS. 52 f.; Wolter 1991: SS. 123 f.; Mestmäcker 1988: SS. 30 ff.
31 EuGH v. 30.4.1974, Slg. 1974, 411, 415 f., 418 f.
32 vgl. entspr. Leitlinien der Kommission, ABlEG Nr. C 233 v. 6.9.1991, S.2
33 EG-Kommission vom 15.9.1989, ABlEG Nr. L 284/36 v. 3.10.1989

5. Ein besonderer Dualismus: Kulturgut vs. Wirtschaftliche Betätigung

Die rundfunkrechtliche Entwicklung in der EG traf in der Bundesrepublik auf erheblichen Widerstand.[34] Nicht zuletzt unter Hinweis auf die *Kulturhoheit* der Länder wurde auch die Richtlinie abgelehnt. Doch selbst in Deutschland sind Tendenzen zu erkennen, die für eine zunehmende Ökonomisierung des Rundfunks sprechen.

5.1. Rundfunk als kulturelle Angelegenheit

Das deutsche Rundfunkrecht ist von der Vorstellung geprägt, Rundfunk sei eine kulturelle Angelegenheit.[35] Dies ergibt sich aus dem systematischen Zusammenhang in Art. 5 GG ebenso wie aus der grundgesetzlichen Kompetenzverteilung zwischen Bund und Ländern; es wird zudem durch das BVerfG bestätigt. Im Niedersachsen-Urteil führte das Gericht mit Blick auf den europäischen Markt aus:

"Im Zeichen der Erweiterung des Rundfunkangebots um privat veranstaltete und europäische Programme kommt es darauf an zu gewährleisten, daß der klassische Auftrag des Rundfunks erfüllt wird, der neben seiner Rolle für die Meinungs- und politische Willensbildung, neben Unterhaltung und über laufende Berichterstattung hinausgehender Information seine kulturelle Verantwortung umfaßt. Das gilt namentlich unter Gesichtspunkten des sich entwickelnden und an Bedeutung gewinnenden europäischen Rundfunkmarktes."[36]

Das Gericht mißt also europäische Entwicklungen am deutschen Verfassungsrecht. Im Vordergrund steht im Falle der Richtlinie die *Kompetenzauseinandersetzung*. Um den Rundfunkbereich für die EG-Legislative zu sperren und entsprechende Maßnahmen in der Bundesrepublik wirkungslos zu machen, wenden sich die Gegner der Richtlinie gegen die Mitwirkung der Bundesregierung an diesen Maßnahmen, da hierin eine unzulässige Kompetenzübertragung liege. Das Land Bayern beantragte daher beim BVerfG den Erlaß einer einstweiligen Anordnung gegen die Bundesregierung, was das Gericht jedoch ablehnte.[37] In der Hauptsache wurde noch nicht entschieden; das Gericht wird allerdings bei seiner Prüfung, welche Hoheitsrechte die Bundesregierung im Rahmen des Art. 24 GG übertragen kann, berücksichtigen müssen, daß die Länder an dem Gesetz zur Europäischen Einheitsakte (die die Kompetenzen der EG-Organe begründet) ebenso mitge-

---

34 vgl. FUNK-Korrespondenz Nr. 15 v. 7.4.1989; Nr. 40 v. 6.10.1990, S. 6; Stellungnahme von ARD und ZDF v. 9.7.1991, v. 19.71991, v.4.6.1991, MP DOK II/1991, SS. 73 ff.
35 so schon BVerfGE 12, 205, 229
36 BVerfGE 73, 118, 158
37 BVerfG v. 11.4.1989, AfP 1990, 116 = EuGRZ 1989, 337; vgl. Bundesratsbeschluß v. 20.2.1987, BR-Ds. 259/86

wirkt haben wie bei der Abstimmung der Richtlinie auf Fachebene.[38] Darin könnte ein wirksamer Verzicht auf Kompetenzen liegen, die durch die Regierung dann übertragen worden sind. Das Gericht müßte die Klage abweisen.

Darüberhinaus wird das BVerfG in keinem Fall über die Gewährleistung der Grundrechte in der Richtlinie entscheiden, da eine Prüfungskompetenz nach seiner eigenen Solange-Rechtsprechung hier nicht eröffnet wird.[39] Etwas anderes würde nach Hesse gelten, wenn die Richtlinie die Grundstrukturen der deutschen Rundfunkordnung aufbreche, weil dann die immanenten Schranken des Art. 24 GG überschritten werden.[40] Es ist aber schon zweifelhaft, ob beispielsweise die Produktionsquote nach Artt. 4 f. der Richtlinie einen Eingriff in die Grundrechte der Rundfunkveranstalter aus Art. 5 I 2 GG darstellt. Der Schutzbereich der Norm ist durch den technischen Rundfunkbegriff betroffen und eine zulässige Einschränkung im Rahmen der allgemeinen Gesetze stellt die Quote gerade nicht dar. Es handelt sich jedoch um eine zulässige Ausgestaltung, wenn die Quote den Rundfunk in seiner besonderen publizistischen Funktion konkretisiert.[41] Die Richtlinie erfaßt die kulturelle Komponente der Programme, indem sie ihre Ausgewogenheit gegenüber außereuropäischen Sendungen gerade herstellt. In Betracht kommt daher allenfalls eine verfassungswidrige Beeinträchtigung der Rundfunkveranstalter, weil die Quote die Funktionsfähigkeit des Rundfunks unverhältnismäßig einschränkt.[42] Die Richtlinie selbst verlangt jedoch nur das praktisch Durchführbare, so daß die Quote nicht zu einer finanziellen Überlastung führt. Ein Verstoß gegen Art. 5 GG scheidet folglich aus. Im Übrigen hat der Rundfunkstaatsvertrag in der Fassung von 1991 bereits den Streit entschieden, indem die Quotenregelung der Richtlinie berücksichtigt wurde.[43] Uneinheitlich sind nur die Begriffe, die den quantitativen Umfang der Programmquote bezeichnen: Während Art. 4 I der Richtlinie von "Hauptteil" spricht, heißt es in Art. 5 II 1 des Rundfunkstaatsvertrags "wesentlich".[44]

Letztlich bietet ein Rückgriff auf Art. 24 GG keinen Schutz, wenn es um die Einstrahlung ausländischer Programme geht. Der Art. 24 GG verlangt keine uneingeschränkte Aufrechterhaltung des deutschen Standards, weil dies der Verfassungsentscheidung für eine internationale Zusammenarbeit zuwiderliefe. Ebenso strebt die Gemeinsame Verfassungskommission von Bundesrat und Bundestag für eine europäische Integration die generelle Öffnung des Grundgesetzes an.[45] Daneben gewährleistet zwar das sog. Territo-

---

38 vgl. Wolter 1991: SS. 121 f.; Mestmäcker 1990: SS. 58 ff.
39 BVerfGE 37, 271, 279 f.; 73, 339, 370/387; vgl. Wolter 1991: S. 121
40 Hesse 1990: SS. 254 f.; vgl. Mestmäcker 1990: S. 65
41 Klute 1991: S. 600
42 Klute 1991: S. 601
43 abgedr. in epd Kirche und Rundfunk Nr. 69/91, SS. 3 ff.; vgl. Kreile, Rundfunk im vereinten Deutschland, ZUM 1991, SS. 568 ff.
44 zur Auslegung Klute 1991: S. 598
45 FAZ Nr. 57 v. 7.3.1992, S. 4

rialitätsprinzip, daß jeder Staat die Sachverhalte auf seinen Territorium autonom regeln kann, doch ist ein entsprechender Inlandsbezug bei einer Einstrahlung von Programmen fragwürdig[46]: Die westeuropäischen Staaten berufen sich selbst auf den Grundsatz des *free flow of information* , der eine Einstrahlung grundsätzlich gestattet. Dementsprechend schützen sowohl Art. 10 EuMRK als auch Art 5 I 1 GG den individuellen Empfang im Inland. Ein rechtlicher Vorbehalt ergibt sich nur aus Art. 30 Rdnr. 2674 der Vollzugsordnung Funk zu den Regeln der Internationalen Fernmeldeunion, denn danach ist eine Zustimmung zur Einstrahlung aus fernmeldetechnischen Gründen erforderlich. Allerdings hat der Bundesminister für das Post- und Fernmeldewesen die Einstrahlung durch Allgemeinverfügung zugelassen, um eine Öffnung des Medienmarktes zu forcieren.[47] Dies deckt sich mit den Forderungen des *Grünbuch zur Satellitenkommunikation* vom 28.11.1990[48], das eine nichtdiskriminierende Lizensierung von Satellitenanlagen verlangt. Einen Inlandsbezug weist damit lediglich die Kabeleinspeisung auf, die durch nationales Recht zu regeln wäre; ob eine Verweigerung der Einspeisung zulässig wäre, wenn das gleiche Programm via Satellit direkt empfangbar ist, erscheint allerdings aus Gründen der Gleichbehandlung und der Dienstleistungsfreiheit als ausgeschlossen.

Folglich geht das deutsche Recht zwar von einem anderen Rundfunkverständnis aus als das EG-Recht, doch bietet es kein wirksames Instrumentarium, um der europäischen Entwicklung Einhalt zu gebieten.[49] Etwas anderes gilt auch nicht für Eingriffe in die Strukturen der deutschen Rundfunkordnung, z.B. wenn EG-Recht die Gebührenerhebung untersagt und damit die Grundversorgung nicht mehr gewährleistet werden kann. Eine letztverbindliche Entscheidung verbliebe dem EuGH; dieser hat jedoch in seinem jüngsten Rundfunkurteil festgestellt, daß Wettbewerbsbeschränkungen, hier die Gebührenhoheit einzelner Veranstalter, zur Erreichung kultureller Ziele einer Rundfunkordnung, hier die Grundversorgung, nicht objektiv erforderlich sind. Solange das BVerfG nicht von seiner Solange-Rechtsprechung abgeht, bleibt das *Deregulierungskonzept* der EG ein Selbstläufer, der den freien Wettbewerb auch auf dem deutschen Rundfunkmarkt weiter verstärken wird. Die strategische Gefährdung öffentlich-rechtlicher Veranstalter verringert das deutsche Recht nicht.

5.2. Ökonomisierung des Rundfunks

Schließlich gibt es im deutschen Rundfunkrecht Tendenzen, Rundfunk nicht nur als Kulturgut, sondern auch als ökonomisches Phänomen zu verstehen. So wird die Rund-

---

46 Hesse 1990: S. 235
47 Verfügung Nr. 569/85, ABl BPM 1985, 1171
48 EG-KOM (90) 490 endg.
49 Vgl. Ossenbühl, Rundfunk zwischen nationalem Verfassungsrecht und europäischem Gemeinschaftsrecht, Frankfurt 1986, der im Ergebnis nur eine Teilkompetenz der EG annimmt, einen Schutz vor Kompetenzüberschreitungen jedoch vom Bundesverfassungsgericht nicht erwartet.

funktätigkeit vom deutschen Kartell- und Wettbewerbsrecht erfaßt[50], so daß Maßnahmen schon nach deutschem Recht unzulässig sind, die den freien Wettbewerb beeinträchtigen. In diesem Sinne hat die Monopolkommission in ihrem 7. Tätigkeitsbericht den gemeinsamen Erwerb von Senderechten durch die *Eurovision* für wettbewerbswidrig gehalten, weil er den Marktzugang privater Veranstalter behindere.[51] Das Wirtschaftsrecht ist jedoch nach verbreiteter Ansicht nur auf die Randtätigkeit öffentlich-rechtlicher Veranstalter anzuwenden; im Übrigen nehmen sie nur einen gesetzlichen Auftrag wahr, der nicht wettbewerbswidrig sein könne und schon kompetenzrechtlich nicht in das Wirtschaftsrecht gehöre.[52] Dementsprechend gestattete das Bundesverfassungsgericht in seinem 6. Rundfunkurteil den öffentlich-rechtlichen Rundfunkveranstaltern eine wirtschaftliche Betätigung nur, soweit sie mit dem Grundversorgungsauftrag und der Entwicklungsgarantie des öffentlich-rechtlichen Rundfunks im Einklang steht.[53] Erfaßt werden Beteiligungen an anderen Veranstaltern, Kooperationen mit privaten Veranstaltern und die Erweiterung der Betätigungsfelder.

Schließlich wird zunehmend die Gebührenfinanzierung in Frage gestellt; stattdessen werden wettbewerbsneutrale Finanzierungsformen gefordert.[54] Allerdings rechtfertigt die h.M. die Gebühr mit dem Schutz der Grundversorgung.[55] Die Rechtsprechung läßt diesen Pflichtbeitrag selbst dann zu, wenn nur private, aber zugleich keine öffentlich-rechtlichen Veranstalter von dem Gebührenpflichtigen empfangen werden.[56]

Der Sonderstatus öffentlich-rechtlicher Rundfunkveranstalter, seine Privilegien werden zugunsten wettbewerbsneutraler Regelungen verworfen, seine Freiheiten nur in begrenztem Maße erweitert. Selbst wenn der duale Rundfunk die rechtliche Prämisse bleibt, so wird er durch eine partielle Gleichstellung der Veranstalter faktisch abgelöst.[57] Der Schutz öffentlich-rechtlicher Veranstalter verliert gleichzeitig seine Wirkung. Diese Entwicklung wird forciert durch einen strukturellen Wandel des Art. 5 GG: In dem Maße,

---

50 KG 26.6.1991, AfP 1991, 745; 8. Hauptgutachten der Monopolkommission, Medienspiegel Nr. 28 v. 9.7.1990, S. VII; vgl. Roth, Die Entwicklung der deutschen Fernsehwerbemärkte, AfP 1991, SS. 504 ff.; Stettner, Rechtsbindungen der Programmbeschaffungstätigkeit öffentlich-rechtlicher Rundfunkanstalten, ZUM 1991, SS. 441 ff.
51 BT-Ds 11/2677, Nr. 518; vgl. BGH 14.3.1990, NJW 1990, 2815
52 Hoffmann-Riem 1988: SS. 27 ff.; vgl. die übrigen Beiträge in diesem Band sowie ders., Rundfunkrecht neben Wirtschaftsrecht, Baden-Baden 1991
53 BVerfG 5.2.1991, NJW 1991, 899 = AfP 1991, 389 = ZUM 1991, 176 = JZ 1991, 346; jeweils mit Anm.
54 Wenzel, Fernsehgebühr - Äquivalenz- oder Alimentationsprinzip?, ZUM 1990, SS. 497 ff.; vgl. Klute, Indexierung der Rundfunkgebühr (Tagungsbericht), AfP 1991, SS 515 ff.
55 vgl. Gall, Die Rundfunkgebühr - Garant der dualen Rundfunkordnung, ZUM 1991, SS. 167 ff.; Oppermann/ Kilian, Rechtsgrundsätze der Finanzierung öffentlich-rechtlichen Rundfunks in der dualen Rundfunkverfassung der BRD, Frankfurt 1989
56 HessVGH 12.11.1990, AfP 1991, 771; OVG Berlin 31.5.1990, ZUM 1991, 212; VG Neustadt 3.7.1991, AfP 1991, 778
57 vgl. Kübler, Die neue Rundfunkordnung: Marktstruktur und Wettbewerbsbedingungen, NJW 1987, SS. 2961 ff.; Krüger, Zur Konvergenz öffentlich-rechtlicher und privater Fernsehprogramme, Rundfunk und Fernsehen 1991, SS. 83 ff.; ders., Positionierung öffentlich-rechtlicher und privater Fernsehprogramme im dualen System, MP 1991, SS. 303 ff.; Stock, Konvergenz im dualen Rundfunksystem, MP 1990, SS. 745 ff.

wie die *Sondersituation* als Urgrund der Rundfunkrechtsprechung durch technische Veränderungen an Bedeutung verlor, wurde die Kommunikationsfreiheit zur
Rundfunkunternehmerfreiheit; sie ebnete der privaten Konkurrenz auch den rechtlichen
Weg. Noch gewährleistet der Grundversorgungsauftrag den Schutz öffentlich-rechtlicher
Veranstalter; ob diese *Sondersituation II* aber unter veränderten Wettbewerbsbedingungen Bestand haben wird, bleibt zweifelhaft. Der Wettbewerb stellt neue Herausforderungen an Programmangebot und Finanzierung. Sie erfordern einen weitergehenden Wandel
in Art. 5 GG von der Freiheit privater Rundfunkveranstalter zu einer Gleichstellung öffentlich-rechtlicher Veranstalter. Der strategische Handlungsbedarf wird für die öffentlich-rechtlichen dann evident.

6. Schluß: Handlungsbedarf für die öffentlich-rechtlichen Veranstalter

Die öffentlich-rechtlichen Veranstalter sind gegenwärtig noch die dominanten Marktteilnehmer und können auf Herausforderungen des Marktes reagieren. So erfüllen sie die
Produktionsquote der Richtlinie problemlos: Etwa 80 % ihrer Sendezeit wird durch europäische Produktionen eingenommen, während die privaten Veranstalter nur auf einen
Anteil von durchschnittlich 37 % kommen (SAT 1: 46% vs. PRO 7: 24 %):[58] Die Ursache liegt jedoch allein in einem vergänglichen Zeitvorteil der öffentlich-rechtlichen
Anstalten, die auf einen gewachsenen Fundus zurückgreifen können. Zukünftig wird entscheidend sein, daß sich die öffentlich-rechtlichen Veranstalter auf die neuen Spielregeln
des Rundfunkmarktes konzentrieren. Erste Ansätze finden sich in den nationalen und
internationalen *Kooperationsverträgen* mit anderen öffentlich-rechtlichen Veranstaltern
und privaten Gesellschaften, ebenso in dem engagierten Wettbewerb um Übertragungsrechte und neue Programme.[59] Darüberhinaus müssen die öffentlich-rechtlichen Veranstalter auf die beschriebene Deregulierungdynamik durch strategische und organisatorische Maßnahmen reagieren.

Zunächst gilt es den Teufelskreislauf zwischen Gebührenfinanzierung und besonderen
Leistungen zur Grundversorgung zu durchbrechen[60]: Die duale Rundfunkordnung wird
mit der Notwendigkeit einer Grundversorgung begründet, die den öffentlich-rechtlichen

---

58 Klute 1991: S. 595; vgl. epd Kirche und Rundfunk Nr. 49 v. 23.6.1990, S. 16; Nr. 84 v. 24.10.1990,
    S. 11
59 Wolter 1991: SS. 126 ff.; vgl. Wagner, Fusion oder Kooperation öffentlich-rechtlicher Rundfunkan-
    stalten, ZRP 1990, SS. 154 ff.
60 Hesse 1990: S. 257; 8. Hauptgutachten der Monopolkommission, Medienspiegel Nr. 28 v. 9.7.1990,
    SS. VII, X; vgl. Ricker, Die Grundversorgung als Auftrag des öffentlich-rechtlichen Rundfunks,
    ZUM 1989, SS. 331 ff.; ders., Werbung im öffentlich-rechtlichen Rundfunk nach 20 Uhr, AfP 1990,
    SS. 173 ff.; Bethge, Stand und Entwicklung des öffentlich-rechtlichen Rundfunks, ZUM 1991, SS.
    337 ff.; Gummig, Die Rundfunkordnung für die neunziger Jahre (Diskussionsbericht), ZUM 1991, S.
    349; Schneider/Radeck, Verfassungsprobleme der Rundfunkfinanzierung aus Werbeeinnahmen,
    Frankfurt 1989; Libertus, Der Grundversorgungsauftrag als Grundfunktion des öffentlich-rechtlichen
    Rundfunks und seine demokratische Grundlegung, MP 1991, SS. 452 ff.

Veranstaltern obliegt. Hierfür stehen ihnen besondere Rechte zu, wirtschaftliche Freiräume bleiben zur gleichen Zeit aber verschlossen. Dies führt zur Abhängigkeit von der Gebührenfinanzierung und damit zur Übernahme der Grundversorgung usw. Stattdessen können die Veranstalter durch ein zuschauerorientiertes Programm ihre Reichweiten und damit auch ihre Werbeeinnahmen deutlich verbessern. In diesem Fall würde allen Veranstaltern die gleiche, wettbewerbsneutrale Finanzierungsform eröffnet. Daneben könnte demjenigen Veranstalter ein politischer Preis gezahlt werden, der ungeachtet seiner Organisationsform Leistungen erbringt, die von der Allgemeinheit für erforderlich gehalten werden. Nur die Finanzierung dieser öffentlichen Leistung wäre durch das Abgabenrecht zu regeln.

Weiterhin müssen die öffentlich-rechtlichen Veranstalter auf die veränderte Wettbewerbssituation reagieren, indem sie eine flexible, richtig dimensionierte Unternehmensstruktur aufbauen. Sie muß sich vorrangig an wirtschaftlichen Kalkülen orientieren und kann nicht durch die Dominanz von Leistungszielen gerechtfertigt werden.[61] Nur auf diesem Wege können die Veranstalter im qualitativen und quantitativen Wandel eines schnelllebigen Rundfunkmarktes bestehen, denn Effektivität und Innovationsfähigkeit verbessern die Marktposition. Besondere Bedeutung kommt dabei der Entwicklung von *Spartenprogrammen* zu, die das Nutzungsverhalten der Zuschauer berücksichtigen und zugleich attraktive Werbemöglichkeiten eröffnen. Im Zeitalter globaler Märkte können sich die öffentlich-rechtlichen Veranstalter nicht allein auf ihr Stammgeschäft beschränken. Einerseits müssen sie ihr ausgeprägtes publizistisches Know-how als Wettbewerbsvorteil nutzen, andererseits strategische Allianzen bilden, die insbesondere im Programmbereich die Produktionsengpässe überwinden und die Leistungsfähigkeit langfristig sicherstellen. Auf einem multimediären Markt kann die vertikale und diagonale Verflechtung keine Domäne der privaten Rundfunkveranstalter bleiben.

In einem deregulierten Europa eröffnet eine liberale Rundfunkordnung jedem Veranstalter neue Chancen; eine restriktive, nationale Rundfunkordnung erhöht nur die strategische Gefährdung der ehemaligen Monopolisten. Vor diesem Hintergrund müssen die öffentlich-rechtlichen Veranstalter lernen, ihre Gegner zu unterscheiden: Die privaten Veranstalter sind Wettbewerber um die Gunst der Zuschauer. Dieser entscheidet über den Ausgang des Wettbewerbs, während Politik und Recht über die Wettbewerbsvoraussetzungen entscheiden. Daher sind die Vertreter restriktiver, kulturbestimmter Rundfunkkonzepte die Bremser eines prosperierenden Rundfunkmarktes und der Betätigungsfreiheit öffentlich-rechtlicher Veranstalter. Das duale Rundfunkmodell fesselt durch inhaltliche und organisatorische Pflichten den öffentlich-rechtli-

---

61 anders Seidel, Die öffentlich-rechtliche Rundfunkanstalt als Rundfunkunternehmen, MP 1991, SS. 504, 508

chen Rundfunk und beeinträchtigt seine Wettbewerbschancen. Der noch-öffentlich-rechtliche Rundfunk sollte daher in seine Mündigkeit entlassen werden, d.h. in den freien Wettbewerb mit den privaten Veranstaltern. Die Vermutung, ein ökonomischer Wettbewerb sei kein Stimulator für den unerläßlichen publizistischen Wettbewerb[62], findet seinen Widerspruch in der deutschen Presse und den internationalen Medien. Über die publizistische Leistung entscheidet nicht die Medienorganisation, sondern allein die Kompetenz der Medienschaffenden und die Wünsche der Mediennutzer.

Zusammenfassung

Die Neuordnungsprozesse der Medien in Deutschland werden nicht allein durch deutsche Entwicklungen bestimmt. Insbesondere die europäische Entwicklung wird zu drastischen Veränderungen führen, wie das Beispiel des öffentlich-rechtlichen Fernsehens in Deutschland verdeutlicht. Das deutschen Rundfunkrecht hat sich in der Gestalt einer dualen Rundfunkordnung etabliert. Sie beschränkt die unternehmerische Betätigungsfreiheit der öffentlich-rechtlichen Veranstalter, sie können daher in einer Konkurrenzsituation nicht flexibel auf veränderte Marktbedingungen reagieren.

Demgegenüber forciert das europäische Medienrecht die Verwirklichung freier Märkte. Durch Deregulierung und Harmonisierung wollen die EG-Organe die Effektivität und Effizienz des Gesamtmarktes verbessern. Der EuGH läßt Wettbewerbsbeschränkungen nur mit Blick auf nationale, nicht-wirtschaftliche Sonderinteressen zu, die auf einem harmonisierten Markt allerdings ihre rechtfertigende Wirkung verlieren. Kommission und Ministerrat fördern die Harmonisierung, indem sie Minimalbedingungen schaffen und im Übrigen eine umfassende Marktsteuerung zulassen. Obwohl die europäische Entwicklung gerade in Deutschland heftig kritisiert wird, blieben alle Gegenmaßnahmen bislang erfolglos. Zudem weist das deutsche Rundfunkrecht einige Tendenzen auf, die für eine Ökonomisierung des Rundfunks sprechen. Dennoch führt der Widerstreit von dualer Rundfunkordnung und europäischem Medienrecht zu einer strategischen Gefährdung der öffentlich-rechtlichen Veranstalter.

Nachdem die technische *Sondersituation* überwunden ist, wird der Wandel einer kulturellen *Sondersituation II* erforderlich. Die öffentlich-rechtlichen Veranstalter müssen die europäische Deregulierungsdynamik durchbrechen und die Grenzen der dualen Rundfunkordnung überwinden. Erforderlich sind:
- die Werbefinanzierung für alle Veranstalter und die Gebührenfinanzierung als politischer Preis für denjenigen Veranstalter, der eine öffentliche Leistung wie die Grundversorgung übernehmen will,

---

62 Hoffmann-Riem 1988: S. 27; vgl. dagg. Grundmann, Die öffentlich-rechtlichen Rundfunkanstalten im Wettbewerb, Baden-Baden 1990; Niewarra, Einforderung der Rundfunkfreiheit, ZUM 1991, SS. 351 ff.

- der Aufbau einer Unternehmensstruktur, die wirtschaftlichen Kalkülen gerecht wird, d.h. intern Flexibilität und Innovationsfähigkeit, extern strategische Allianzen für alle relevanten Unternehmensbereiche,
- schließlich politisches Engagement gegen das öffentlich-rechtliche Korsett und für die privat-rechtliche Mündigkeit der Rundfunkveranstalter.

Literaturverzeichnis

Bethge: Stand und Entwicklung des öffentlich-rechtlichen Rundfunks, ZUM 1991, SS. 337 ff.

Gall: Die Rundfunkgebühr - Garant der dualen Rundfunkordnung, ZUM 1991, SS. 167 ff.

Grundmann: Die öffentlich-rechtlichen Rundfunkanstalten im Wettbewerb, Baden-Baden 1990

Gummig: Die Rundfunkordnung für die neunziger Jahre (Diskussionsbericht), ZUM 1991, S. 349

Hesse, Albrecht; Rundfunkrecht, München 1990

Hoffmann-Riem: Rundfunkrecht und Wirtschaftsrecht, in: ders. (Hrsg.), Rundfunk im Wettbewerbsrecht, Baden-Baden 1988: SS. 13 ff.

Ders.: Rundfunkrecht neben Wirtschaftsrecht, Baden-Baden 1991

Kreile: Rundfunk im vereinten Deutschland, ZUM 1991, SS. 568 ff.

Klute: Die Produktionsquote, ein Protokoll und die Sache mit der Rundfunkfreiheit, AfP 1991, SS. 595 ff.

Ders.: Indexierung der Rundfunkgebühr (Tagungsbericht), AfP 1991, SS. 515 ff.

Kübler: Die neue Rundfunkordnung: Marktstruktur und Wettbewerbsbedingungen, NJW 1987, SS. 2961 ff.

Krüger: Zur Konvergenz öffentlich-rechtlicher und privater Fernsehprogramme, Rundfunk und Fernsehen 1991, SS. 83 ff.

Ders.: Positionierung öffentlich-rechtlicher und privater Fernsehprogramme im dualen System, MP 1991, SS. 303 ff.

Libertus: Der Grundversorgungsauftrag als Grundfunktion des öffentlich-rechtlichen Rundfunks und seine demokratische Grundlegung, MP 1991, SS. 452 ff.

Mestmäcker: Wege zur Rundfunkfreiheit in Europa, in: ders. (Hrsg.), Prinzipien für den Wettbewerb im grenzüberschreitenden Rundfunk, Gütersloh 1988: SS. 9 ff.

Ders. e.a.: Der Einfluß des europäischen Gemeinschaftsrechts auf die deutsche Rundfunkordnung, Baden-Baden 1990

Niewarra: Einforderung der Rundfunkfreiheit, ZUM 1991, SS. 351 ff.

Oppermann/Kilian: Rechtsgrundsätze der Finanzierung öffentlich-rechtlichen Rundfunks in der dualen Rundfunkverfassung der BRD, Frankfurt 1989

Ossenbühl: Rundfunk zwischen nationalem Verfassungsrecht und europäischem Gemeinschaftsrecht, Frankfurt 1986

Ricker: Die Grundversorgung als Auftrag des öffentlich-rechtlichen Rundfunks, ZUM 1989, SS. 331 ff.

Ders.: Werbung im öffentlich-rechtlichen Rundfunk nach 20 Uhr, AfP 1990, SS. 173 ff.

Roth, Wulf-Henning: Die Entwicklung der deutschen Fernsehwerbemärkte, AfP 1991, SS. 504 ff.

Schneider/Radeck: Verfassungsprobleme der Rundfunkfinanzierung aus Werbeeinnahmen, Frankfurt 1989

Schwartz: Rundfunkrecht und EWG-Vertrag, in: Schwarze/Berg (Hrsg.), Fernsehen ohne Grenzen, Baden-Baden 1985: SS. 45 ff.

Seidel: Die öffentlich-rechtliche Rundfunkanstalt als Rundfunkunternehmen, MP 1991, SS. 504 ff.

Stettner: Rechtsbindungen der Programmbeschaffungstätigkeit öffentlich-rechtlicher Rundfunkanstalten, ZUM 1991, SS. 441 ff.

Stock: Konvergenz im dualen Rundfunksystem, MP 1990, SS. 745 ff.

Wagner: Fusion oder Kooperation öffentlich-rechtlicher Rundfunkanstalten, ZRP 1990, SS. 154 ff.

Wenzel: Fernsehgebühr - Äquivalenz- oder Alimentationsprinzip?, ZUM 1990, SS. 497 ff.

Wolter: Was bringt uns Europa 1992? Perspektiven einer europäischen Fernsehordnung, in: Kopetz (Hrsg.), Perspektiven für die Medien in den neuen Bundesländern, Münster 1991: SS. 112 ff.

11

Europäische Public-Service-Anstalten am Scheideweg

Martin Grocholl/Stefan Wehmeier

Die deutsche Vereinigung vom 3. Oktober 1990 liegt hinter uns. Die ordnungspolitischen Veränderungen im Medienbereich der ehemaligen DDR sind zum Großteil getroffen und die Medienstrukturen kristallisieren sich bereits heraus, auch wenn sie lange noch nicht als zementiert gelten können.

Vor uns liegt die europäische Vereinigung in Gestalt eines gemeinsamen Binnenmarktes. Sie wird medienrechtliche Angleichungen mit sich bringen[1], die den Weg zu einem weitgehend freien, deregulierten europäischen Medienmarkt bereiten, in dem ein *free flow of information* zumindest wirtschaftlich gewährleistet scheint.

Unabhängig von der Einführung eines europäischen Binnenmarktes hat sich die europäische Fernsehlandschaft im Lauf des letzten Jahrzehnts stark gewandelt. Beherrschten zu Beginn der 80er Jahre noch die öffentlich-rechtlichen Fernsehsender deutlich das Geschehen, ist ihre Position bis heute bereits stark erodiert. Eine alte neoliberale Forderung wirbelte die Fernsehlandschaft in Europa kräftig durcheinander: Mehr Markt!

Mit Ausnahme von Großbritannien, Italien und Luxemburg existierte in keinem europäischen Staat privatwirtschaftlich organisiertes Fernsehen. Der TV-Bereich war entweder staatlich oder öffentlich-rechtlich strukturiert. Die Anzahl der Programmveranstalter und der jährlich ausgestrahlte Programmstundenoutput waren - gemessen an amerikanischen Verhältnissen - gering. Seit rund zehn Jahren ändern sich die Verhältnisse entscheidend: die "Privaten" kommen, senden und siegen. Land für Land. Angesichts steigender Programmkosten und sinkender Werbeeinnahmen der öffentlichen Sendeanstalten geht diesen mehr und mehr die Puste aus.

Die privatwirtschaftliche Konkurrenz hat die ehemaligen Monopolisten in einen Schuldenberg getrieben, der akuten Handlungsbedarf offenbart. Über zwei Milliarden Mark Defizit beklagt die italienische RAI, mit einer Milliarde sieht es für die spanische RTVE kaum besser aus, in Frankreich haben A2 und FR3 rund 300 Millionen Verbindlichkeiten. Etwas freundlicher ist die Lage für das öffentliche Fernsehen noch in Großbritannien und

---

1   Vgl. Beitrag von Thomas Wolter

Deutschland, doch auch hier sind die Aussichten keineswegs rosig. Die Reaktion der öffentlichen Programmveranstalter ist angesichts dieser Zahlen mehr als dürftig: sie liefern nur Rückzugsgefechte. In Frankreich und Spanien halten sie dem Staat die Hand hin, auf daß er ihnen Geld zustecke, in Großbritannien und Deutschland entschließt man sich, die Gebührenzahler weiter zu beuteln. Wohin geht es, öffentliches Fernsehen?

Dieser Fragestellung wollen wir in unseren Ausführungen nachgehen, und keinesfalls wollen wir dabei Verfechter eines freien Marktes sein, der einzig darauf zielt, den Public-Service als Mitkonkurrenten auszuschalten. Doch sehen wir grundlegende Veränderungen des öffentlichen Fernsehens als notwendig an, da die EG das *Kulturgut Fernsehen* zu einem Objekt der Dienstleistung gemacht hat. Bevor aber mögliche Szenarien aufgezeigt werden, soll der Weg, der für die Public-Service-Sender an den Rand des Abgrunds führte, kurz skizziert werden.

1. Amerikanische Verhältnisse für Europa?
1.1 Inflation des Sendevolumens

Was viele Politiker in Europa lange Zeit verhindern wollten, ist nunmehr zur Wirklichkeit geworden. Im Bereich des Fernsehens gewinnen die Marktkräfte zusehends an Bedeutung. Diese Marktkräfte haben sich im vergangenen Jahrzehnt explosiv entwickelt. Der UNESCO-Studie über den "International Flow of Television Programms" zufolge, gab es 1983 in Westeuropa 37 Programmveranstalter mit einem Jahresoutput von 110.000 Stunden.[2] Nur sechs Jahre später hatte sich diese Zahl bereits mehr als vervierfacht, CIT Research London errechnete einen Output von 483.670 Stunden.[3] Prognosen von CIT und Prognos Basel gehen übereinstimmend für die Jahrtausendwende von einem Aufkommen von 620.000 bis 640.000 Stunden aus[4] - träfen sie ein, käme das einer Steigerung um rund 550 Prozent in 15 Jahren gleich. Die Zahl der Programme ist allein innerhalb der EG auf mittlerweile über 90 angestiegen.[5] Wenn auch einige neue öffentlich-rechtliche Kanäle (3sat, La Sept etc.) geschaffen wurden, ist diese Expansion eindeutig auf die Bildung eines *Fernsehmarktes* mit der Zulassung privatkommerzieller Sender zurückzuführen (Abbildung 1, vgl. Anhang 12.2).

So rasant diese Entwicklung auch gewesen sein mag, im Vergleich zu den USA ist Europa noch ein Fernsehentwicklungsland. Im Mutterland der "Commercials" sind gegenwärtig rund 1.850 TV-Sender aktiv, davon 1.500 kommerzielle und 350 öffentliche - und

---

2   Die UNESCO-Studie berücksichtigte nicht die Länder Portugal, Griechenland, Luxemburg und Schweiz; ferner waren die drei größten privaten italienischen Stationen nicht in der Studie erfaßt. Klaus Schrape (Prognos AG) hat diese Sender mit eingerechnet, daher stützen wir uns auf seine Daten aus: Ders.: Fernsehprogrammbedarf und Programmversorgung, in: Media Perspektiven Nr. 6/1987, S. 346.
3   Vgl. Wilde, Graham: Der Markt für Fernsehprogramme in Westeuropa 1989 bis 1999, in: Media Perspektiven Nr. 10/1990, S. 642.
4   Vgl. ebda und Kessler/Schrape: Fernsehmarkt Westeuropa, in: Media Perspektiven Nr. 1/1990, S. 29.
5   Lokale Fernsehstationen können hier keine Berücksichtigung finden.

das bei einer Gesamtzahl von Haushalten, die mit rund 92 Millionen um 40 Millionen geringer als die der Europäischen Gemeinschaft ist, die wiederum nur einen Ausschnitt Europas repräsentiert. Der durchschnittliche US-Haushalt kann mehr als 33 Programme empfangen und der Durchschnittsamerikaner sieht täglich über vier Stunden "in die Röhre".[6] Dimensionen, die in Europa (noch) Zukunftsmusik sind. Die Tendenz führt aber in Richtung einer Adaption amerikanischer Verhältnisse, denn der Marktentstehung folgt(e) die Diversifizierung auf dem Fuß.

1.2 Strukturwandel in der Programmlandschaft

Nicht nur die Anzahl der Programme und der Programmstunden hat sich geändert, auch die Struktur der Fernsehlandschaft hat einen Wandel erlebt, der noch lange nicht abgeschlossen ist. Neue Programm- und Finanzierungsformen, in den USA längst etabliert, haben in Europa Einzug gehalten - allen Traditionalisten zum Trotz, die eine Amerikanisierung des Fernsehwesens nicht nur inhaltlich, sondern auch schon von der Struktur her ablehnten.

Die Mehrzahl der Programme ist zwar weiterhin als Vollprogramm zu deklarieren, doch *Spartenprogramme* sind mittlerweile in nicht zu verachtender Anzahl marktpräsent. Innerhalb der EG sind von den rund 90 Programmen etwa 63 Voll- und 27 Spartenprogramme (siehe Abbildung 2, vgl. Anhang 12.2)[7]. Mit dem Anwachsen der Programmveranstalter hat sich also auch die Struktur der Programme gewandelt: Sportkanäle (ESN/Eurosport), Musikkanäle (MTV/MCM Euromusique), Nachrichtensender (CNN Europe/Euronews), Kinderkanäle (Canal J/Kindernet), Hausfrauenprogramme (Lifestyle) etc. Das Angebot ist vielschichtig und wächst weiter.[8]

Neben rein gebühren- und rein werbefinanzierten sowie Mischprogrammen feiert momentan das Pay-TV als Finanzierungsmöglichkeit in Europa einen Siegeszug. Grundgedanke des Pay-TV ist ein Programm, das die Werbeunterbrechungen stark zurückdrängt oder ganz auf Commercials verzichtet, um so für die Zuschauer an Attraktivität zu gewinnen. Nachdem mit Canal Plus im Jahr 1984 sehr früh bereits das erste "Bezahl-Fernsehen" in Frankreich eingeführt wurde und nach kurzer Zeit Gewinne einfuhr, finden sich inzwischen in Großbritannien, Belgien, Deutschland, Spanien, Italien und Dänemark Pay-TV-Sender, die Mehrzahl von ihnen unter Beteiligung von Canal Plus France. Die Finanzierung ist nicht einheitlich. Einige der Sender beziehen allein die monatliche

---

6 Vgl. Howe, Ulrike: 150 TV-Sender für New York, in: Horizont Nr. 47, 22. November 1991, S. 41. Die Autorin beruft sich auf eine Studie des Forschungsinstitutes JWT.
7 Die Grenzen zwischen Voll- und Spartenprogrammen sind teilweise fließend. Ein Beispiel dafür ist 3sat, das sich auf dem Weg zum Vollprogramm befindet. Vgl. N.N.: 3sat auf dem Weg zum Vollprogramm, in: epd Nr. 96, 7. Dezember 1991, S. 13.
8 Im nächsten Jahr wird es mit der "Westschiene" auch den ersten deutschen (kommerziellen) Informationskanal geben - VOX.

"Gebühr" (Premiere), andere strahlen zusätzlich noch Werbespots aus (Canal+ France, Sky-Movies/The Movie Channel), wenn auch wesentlich weniger als rein werbefinanzierte Programme.

Das in den USA seit langem bekannte Pay-per-view, also die Bezahlung nicht für den ganzen Service eines Senders (wie beim Pay-TV), sondern nur für die wirklich konsumierte Sendung, ist in Europa ebenfalls kein Fremdwort mehr. Gegenwärtig befindet es sich allerdings noch im Versuchsstadium.[9]

Ein weiteres Merkmal der neuen europäischen Fernsehlandschaft ist das Auftreten übernational oder gar paneuropäisch konzipierter Programme (Abbildung 3, vgl. Anhang 12.2). Zwar existiert der "Europäer" erst in den Wunschvorstellungen vieler Politiker, aber dennoch bieten bereits etliche Sender ein europaweit orientiertes Programm an. Schon wenige Jahre nach ihrem Markteintritt schreiben einige Anbieter schwarze Zahlen. Beispiele sind der VideoclipKanal MTV, der Unterhaltungssender Super Channel und der Nachrichtensender CNN Europe.[10]

Eine wesentliche Rolle auf dem Weg zum Break-even-point der paneuropäischen Sender spielt die Distributionsmöglichkeit der Programme.

2. Übertragungstechniken

Die Kapazitäten terrestrischer Verbreitung sind technisch begrenzt, nur wenige kommerzielle Programmveranstalter haben daher die Möglichkeit, per Terrestrik in die Fernsehhaushalte zu gelangen. Neue Anbieter auf dem Programmmarkt können kaum mit einer Zuteilung terrestrischer Frequenzen rechnen. Aber die Tage, da die Kommerzsender die schlechte Ausgangsposition aufgrund fehlender terrestrischer Verbreitungsmöglichkeit beklagten, sind vorbei.[11] Die Entwicklung der Übertragungsmöglichkeiten via Kabel und Satellit hat die Bedeutung der Terrestrik eingeschränkt, sie ist nicht mehr das Maß aller Dinge. Die Verkabelung macht in ganz Europa Fortschritte (Abbildung 4, vgl. Anhang 12.2). Belgien, Luxemburg, die Niederlande, Irland, Dänemark und inzwischen auch die alten Bundesländer können als hochverkabelt bezeichnet werden (Versorgungsgrad von 50 bis 98 Prozent), allein hier werden über das Kabel an die 20 Millionen Haushalte erreicht.[12]

---

9 So zur Zeit in Berlin. Vgl. N.N.: Pay per view - Filmkanal im Berliner Kabelnetz, in: FUNK-Korrespondenz Nr. 22, 29. Mai 1991, S. 7.
10 Vgl. Barker, Paul, Tim Westscott: Satellite Channels - more red than black, in: Cable & Satellite Europe No. 2, February 1991, S. 16 und Förster, Andreas: Ostwärts mit Vaters Segen, in: Medien Bulletin Nr. 12/13 1991, S. 36.
11 So äußerte sich beispielsweise Georg Kofler (PRO7) bezüglich einer Verbreitung in den neuen Bundesländern. Vgl. N.N.: Kofler: "PRO 7 hat Aufstieg in 1. Liga des Fernsehmarktes geschafft", in: epd Nr. 94, 30. November 1991, S. 10.
12 Vergleich AID-Report 1990. Für die Niederlande wurden Lokalstationen und Großgemeinschaftsantennenanlagen mit eingerechnet, für Deutschland und Frankreich wurden aktuelle Daten einbezogen (10 bzw. 0,7 Millionen Kabelkunden).

Der *Satellitendirektempfang* macht mittlerweile dem Kabelfernsehen ernsthafte Konkurrenz (Abbildung 5, vgl. Anhang 12.2). Überall dort, wo das Kabel erst einen geringen Verbreitungsgrad aufweisen kann, wird eher auf Satellitendirektempfang zurückgegriffen, denn diese Empfangsmöglichkeit ist bei annähernd gleichem Fernsehangebot kostengünstiger (zu beobachten in den neuen Bundesländern, in Großbritannien, Spanien und auch in Osteuropa). Die höchsten Verkaufszahlen finden sich in Großbritannien und der Bundesrepublik mit rund zwei beziehungsweise über 3,3 Millionen erreichbaren Haushalten.[13] Frankreich nimmt mit einer geringen Verkabelungsdichte und einer niedrigen Verkaufszahl von Direktempfangsantennen eine Sonderstellung ein. Maßgeblich entscheidend für diese gesonderte Entwicklung ist die Vielzahl der nationalen Programme, die per Terrestrik schon seit Jahren das französische Publikum erreichen.

Eine Vielzahl von Haushalten kann also über die Distributionswege Kabel und Satellit ein sehr großes Programmangebot empfangen, und die Grenzen dieser Verbreitungstechniken sind noch längst nicht erreicht. Folgt man der einige Jahre zurückliegenden Delphi-Studie, die im Rahmen des EG-Forschungsprogramms FAST durchgeführt wurde, nimmt die technische Ausstattung der privaten Haushalte bis zum Jahr 2005 weiterhin deutlich zu. Mittels Kabel und Direktstrahlsatellitenantenne sollen bis dahin 98 Prozent der EG-Haushalte erreicht werden können.[14]

Wir können also festhalten: Es gibt inzwischen eine Vielzahl von Programmen mit einem krass gestiegenen Jahresoutput und immer besser werdende Verbreitungsmöglichkeiten, um dieses Programmvolumen zu transportieren. Zudem existiert bezüglich Angebot und Finanzierungsart Vielschichtigkeit.

3. Konsequenzen: Verschiebung der Sehanteile
- privater Boom und öffentliche Depression -

Die tägliche TV-Sehdauer unterliegt zwei Restriktionen, einer theoretischen und einer praktischen. Die theoretische Restriktion liegt bei 24 Stunden (bzw. 16 Stunden, wenn man für Schlaf ein Maß von acht Stunden voraussetzt), sie wird aber kaum als Bewertungsgrundlage genommen werden können. Eine praxisbezogene Betrachtungsweise wird sich eher an der durchschnittlichen Sehdauer der Bevölkerung eines Landes orientieren, die sich natürlich verändern kann. So ist mit der Ausweitung des Fernsehangebotes auch der Konsum gestiegen, allerdings nicht in einem zur Angebotssteigerung adäquaten Maße. Hier greift die praktische Restriktion; Beruf, Familie, andere Freizeittätigkeiten

---

13 Vgl. SES-Informationsbroschüre 1991. Da die SES mit ihren ASTRA-Satelliten eindeutig Marktführer ist (rund 90 Prozent aller in Europa verkauften Anlagen), wurde auf diese Zahlen zurückgegriffen.
14 Vgl. Knoche, Manfred und Wolfgang Seufert: Prognosen zur Entwicklung der Kommunikationsinfrastruktur in den Ländern der Europäischen Gemeinschaft bis zum Jahr 2005, in: Media Perspektiven Nr. 2 1987, S. 114.

sind nur einige ihrer wesentlichen Determinanten, die das Medium Fernsehen an einer grenzenlosen Expansion hindern. Einige Beispiele mögen belegen, daß die Erhöhung der TV-Nutzung mit der starken Angebotsausweitung kaum Schritt halten kann: Im seit Anfang der 80er Jahre hochverkabelten Belgien blieb die durchschnittliche Sehdauer trotz des steigenden Angebotes "nahezu unverändert".[15] In Großbritannien ist die tägliche Sehdauer der TV-Haushalte in den Jahren 1985 bis 1989 sogar von 227 Minuten auf 215 Minuten gesunken.[16] Im Startjahr des Privatfernsehens in Deutschland, 1984, schauten die Bundesbürger im Schnitt 117 Minuten pro Tag fern. Sieben Jahre später hat sich diese Zahl auf 160 Minuten erhöht und damit um 36 Prozent gesteigert[17], das Programmangebot jedoch ist in dieser Zeit wesentlich stärker gestiegen.

Zwischen *Programmangebot* und Programmnutzung hat sich demnach eine Schere geöffnet - um die nicht beliebig steigerbare Konsumentengunst buhlen immer mehr Programmanbieter. Dies führte in ganz Europa zu Verlusten von Sehanteilen der öffentlichen Anstalten. Von der einstigen Monopolstellung können die öffentlichen Sendeanstalten gegenwärtig nur noch träumen. Die Sehverluste haben europaweit dazu geführt, daß - trotz eines stark gestiegenen Fernsehwerbekuchens - die Einnahmen aus der Werbung bei den öffentlichen Sendern in den letzten Jahren zurückgegangen sind oder zumindest stagnierten.

In Deutschland führen ARD und ZDF zwar aufgrund der Reichweitenvorteile den Gesamt-Sehanteilsmarkt noch an, haben aber nur noch 65 Prozent auf der Habenseite zu verbuchen. Betrachtet man gesondert die Fernsehnutzung in Kabelhaushalten, wird der Abwärtstrend von ARD und ZDF noch deutlicher. Erstmals seit der Erhebung von Daten aus Kabelhaushalten mußte die GfK feststellen, daß die öffentlich-rechtlichen unter 50 Prozent abgesackt sind. Betrachtet man die Werbeeinnahmen, sieht es für die beiden im europäischen Vergleich sogar noch gut aus: die ARD konnte einen erneuten, erdrutschartigen Verlust wie 1990 (Verlust von rund 20 Prozent) vermeiden und die Werbeinnahmen um vier Prozent steigern, und auch das ZDF konnte noch einmal leicht dazugewinnen[18], doch die Zukunft sieht - werbetechnisch - mit der Zementierung der 20.00 Uhr-Grenze kaum rosig aus.

---

15 Vgl. Schukies, Gerd: Die Medienlandschaft im Umbruch. Fernuniversität Hagen 1988, S. 60.
16 Vgl. Gellner, Winand: Ordnungspolitik im Fernsehwesen: Bundesrepublik Deutschland und Großbritannien (Studien zur Ordnungspolitik im Fernsehwesen Band 1, hrsg. von Erwin Faul), Frankfurt/Main 1990, S. 462 und 469.
17 Mit 173 Minuten liegt die Zahl für die Kabelhaushalte nur unwesentlich höher. Vgl. N.N.: Fernseh-Daten 91: Trends, Reichweiten, Marktanteile, in: epd Nr. 3, 15. Januar 1992, S. 8.
18 Vgl. N.N.: Private erzielen mehr Werbeeinnahmen als ARD und ZDF zusammen, in: epd Nr. 12, 15. Februar 1992, S. 13f. Die Gründe für diese leicht positive Entwicklung sind für die ARD vor allem in verstärkter Buchung durch Preisnachlässe, der Einführung der Werbeuhr vor der Tagesschau und der Harmonisierung der Vorabendprogramme zu sehen; für das ZDF war die durchgeführte Preisdifferenzierung, verstärkte Belegung teurer Blöcke sowie eine Umstellung auf kürzere Spots ausschlaggebend. Vgl. N.N.: Neuer Rekord, in: Medienspiegel Nr. 8, 17. Februar 1992, S. 3.

Weitaus dunklere Wolken am Firmament zeichnen sich aber für die öffentlichen Sendeanstalten in Italien, Spanien, Griechenland und Frankreich ab. In Griechenland steht der
staatliche Rundfunk bereits 2 Jahre nach Einführung der privaten Anbieter "Mega Channel" und "Antenna TV" vor dem wirtschaftlichen Ruin. Ende der 80er Jahre finanzierte er
sich noch - konkurrenzlos - zu über 40 Prozent aus Werbeeinnahmen[19], heute sind die Einschaltquoten für ERT/ET 1 und 2 auf 15, beziehungsweise sechs Prozent zurückgegangen. Die beiden kommerziellen Sender dagegen haben zusammen Einschaltquoten von 60
Prozent.[20] Neben den schrumpfenden Werbeeinnahmen machen Experten vor allem einen
deutlich zu großen Personalapparat für die prekäre finanzielle Situation verantwortlich.[21]

Zwei Milliarden Mark Schulden schlagen für die italienische RAI zu Buche. "Ist die RAI
überhaupt noch zu retten?" fragte am 6. April 1991 Rolf Gallus in epd / Kirche und
Rundfunk.[22] Dem Schuldenberg steht nur ein Stammkapital von rund 161 Millionen
Mark gegenüber. Vorerst will man sich mit Immobilien- und Grundstücksverkäufen retten, 800 Arbeitsplätze sollen abgebaut werden. An der Qualität der *RAI-Programme* soll
aber nicht gerüttelt werden, so der Generaldirektor des hochverschuldeten Staatsbetrie-
bes.[23] Eine Gewähr kann es dafür allerdings nicht geben, denn die Programme werden
nicht billiger. Die RAI konnte zwar in den Jahren 1986 bis 1989 ihren Sehdaueranteil mit
ihren drei Programmen um 3,2 Prozent von 45,2 auf 48,4 Prozent erhöhen[24], aber diese
Entwicklung kann auf die damals gültige Gesetzeslage zurückgeführt werden, wonach
nur dem öffentlichen Fernsehen Live-Übertragungen erlaubt waren. Dieses Vorrecht
wahrte die Stellung der RAI, denn: "An der Spitze der beliebtesten 150 Sendungen [in
Italien] stehen Live-Übertragungen von Sport oder [...] Musik [...]."[25] Ob die RAI allerdings diese Sehanteile halten kann, ist mehr als fraglich, denn mit Verabschiedung des
nach dem damaligen italienischen Postminister Mammi genannten "Gesetz Mammi" am
6. August 1990 haben in Italien zahlreiche Umwälzungen im Medienbereich begonnen.[26]
Unter anderem ist das Live-Übertragungsvorrecht der RAI gebrochen, womit die
"beliebtesten 150 Sendungen" Italiens nun auch vom kommerziellen Fernsehen gesendet
werden dürfen. Da der Sektor Sportübertragung eine sehr hohe Zuschauerattraktivität besitzt (und damit hohes Werbepotential birgt), ist mit der Öffnung des Marktzugangs auch
in Italien mit einer Kostenexplosion zu rechnen, wie sie in anderen europäischen Ländern

---

19 Vgl. Truffart, Francois: Guide des Télévisions en Europe 1991 (Sonderheft der Zeitschrift Media-
    spouvoirs), Paris 1991, S. 40.
20 Vgl. N.N.: Der staatliche Rundfunk ist ruiniert, in: epd Nr. 7, 29. Januar 1992, S. 19.
21 Vgl. ebda.
22 Gallus, Rolf: Ist die RAI überhaupt noch zu retten?, in: epd Nr. 25/26, 6. April 1991.
23 Vgl. ebda und N.N.: RAI in finanzieller Bedrängnis, in: Fernseh-Informationen Nr. 8, April 1991, S.
    232.
24 Vgl. Rauen, Birgid: Italien: Kartellbildung von Medien und Industrie, in: Media Perspektiven Nr. 3
    1990, S. 160.
25 Ebda.
26 Vgl. hierzu: Sauer, Ulrike: Auswirkungen des neuen Mediengesetzes in Italien, in: Media Perspekti-
    ven Nr. 3 1991, S. 161-169.

schon seit Jahren zu verfolgen ist. Damit würde es der hochverschuldeten RAI künftig kaum möglich sein, diese Programmsparte in ihrem Sender auf bisherigem Niveau halten zu können. Das Ende des Monopols der überregionalen Nachrichtensendungen kann der RAI ebenfalls Sehverluste bescheren und dem Privatfernsehen weiteren Aufschwung verleihen.[27]

Noch 1989 repräsentierte das staatliche Fernsehen Spaniens, die RTVE, ein "Quasi-Monopol"[28], mittlerweile haben die beiden nationalen *RTVE-Programme* aber deutlich an Sehanteilen verloren. Telecinco, Antena 3 und Canal Plus Espana machen dem öffentlichen Fernsehen das Leben schwer. Schon im November 1990 hatten Telecinco und Antena 3 in Gebieten mit Empfang kommerzieller wie regionaler Anbieter (ohne Pay-TV Canal Plus) einen Zuschaueranteil von 28,5 beziehungsweise 9,1 Prozent. Telecinco kam damit der Spitzenposition von TVE1 (31,3 Prozent) sehr nahe.[29] Der Umstand, daß der Staatsrundfunk mit über einer Milliarde Mark immens in den roten Zahlen steht, liegt zum Teil an der Finanzierungsart, denn seit dem Jahr 1988 hatte sich das Fernsehen ausschließlich aus Werbeeinnahmen zu finanzieren (in den Jahren davor hat der Staat in kleinem Umfang subventioniert).[30] Mit dem Auftreten der privatwirtschaftlichen Konkurrenz (1989) verschob sich der Anteil der ausgestrahlten Werbesendungen klar zu Ungunsten der öffentlichen Sender. Binnen eines Jahres konnten die beiden nationalen Kommerzsender die öffentliche Konkurrenz weit überholen: War das Verhältnis im ersten Halbjahr 1990 noch 22.439 Spots (TVE 1/TVE 2) zu 21.477 (Tele 5/Antena 3), ging die Zahl der Werbespots im ersten Halbjahr 1991 beim öffentlichen Fernsehen um 6,3 Prozent auf 21.023 zurück. Die beiden "Privaten" steigerten sich dagegen um 240 Prozent auf 69.222 Werbesendungen.[31] Negativ für die RTVE ist auch die Konkurrenz durch das Pay-TV Canal Plus, das bereits ein Jahr nach Programmstart 180.000 Abonnenten aufweisen konnte[32] und damit weitere Zuschauer von den öffentlichen Sendern abzieht. Da auch in Spanien Programmkosten[33] steigen, rufen die RTVE-Verantwortlichen nach

---

27 Inzwischen sind die landesweiten Sender sogar dazu verpflichtet, mindestens einmal täglich ein "Telegiornale" (Tagesschau auf italienisch) zu senden, vgl.: N.N.: "Dem wilden Westen im italienischen Äther ein Ende machen", in: epd Nr. 70, 7. September 1991, S. 22.
28 Der Ausdruck findet sich in: Iwens, Jean Luc: Der audiovisuelle Sektor in Spanien und seine wirtschaftliche Bedeutung, Media Perspektiven Nr. 1 1992, S. 45.
29 Vgl. ebda, S. 46. Der Autor beruft sich auf eine Untersuchung mit dem Titel "Study of Demoscopia for Publintegral", deren Ergebnisse am 30. November 1990 in der Zeitung El Pais veröffentlicht wurden.
30 Vgl. ebda, S. 44.
31 Vgl. N.N.: Dreimal soviel Werbung bei den Privaten wie bei RTVE, in: epd Nr. 72, 14. September 1991, S. 14.
32 Vgl. N.N.: Canal+ Espana nach einem Jahr mit 180.000 Abonnenten, in: epd Nr. 72, 14 September 1991, S. 15.
33 Bei den Sendern TVE 1/2 verdoppelten sich die Budgets binnen vier Jahren (1987-1990). Vgl. Iwens, Jean Luc: a.a.O., S. 46.

Unterstützungszahlungen durch den Staat. Jedoch sind für die Zukunft auch weitgehende Entlassungen und Schließungen von Regionalstudios geplant.[34]

In Frankreich offenbart sich ein ähnliches Bild. Zwar hat dort inzwischen mit La Cinq ein Kommerzsender Vergleich angemeldet und die Zukunft dieses Programmveranstalters ist noch ungewiß[35], aber in Europa scheint diese Entwicklung eher die Ausnahme zu sein, die die Regel zu bestätigen hat. Auch das öffentliche Fernsehen ist schwer angeschlagen, und verlangt vom Staat weiterhin hohe Subventionszahlungen - seit 1988 bekommt allein Antenne 2 jährlich rund 320 Millionen Mark vom Staat[36], FR 3 und der Kulturkanal La Sept (demnächst Teil des deutsch-französischen Kulturkanals) sind ebenfalls staatliche Subventionsunternehmen. Werbe- und Gebühreneinnahmen reichen Antenne 2 und FR 3 schon lange nicht mehr aus, denn der französische Markt ist mit terrestrisch verbreiteten (und damit der Mehrzahl der Haushalte zugänglichen) Programmen gut bestückt. Am Markt tummeln sich über 10 Programme, mit TF 1, M 6, La Cinq, Canal Plus (über 3,3 Millionen Abonnenten) seien nur die zuschauerkräftigsten genannt. Der Marktanteil von Antenne 2 und FR 3 lag 1990 gerade noch bei einem Drittel.[37]

4. Europas TV-Zukunft ohne Public-Service-Anstalten?

Allein die Beschreibung des Status-Quo-Zustandes offenbart eindeutig einen zumindest programmkonzeptionellen, wenn nicht gar systemverändernden Handlungsbedarf. So drängt sich im folgenden die Hauptfrage auf, ob das duale Rundfunksystem in seiner derzeitigen Ausgestaltung überhaupt noch zu retten ist. Anders formuliert: Werden in einer zukünftigen europäischen Medienlandschaft auch weiterhin *Public-Service-Anstalten* existieren?

Grob vereinfacht bieten sich zur Rettung der öffentlichen Fernsehsender zwei Alternativen an: Entweder erfolgt eine Anpassung an das erfolgreiche Programm der kommerziellen Sender, oder aber man versucht, Kontrapunkte zu setzen und dem Zuschauer alternative Programmangebote zu servieren. Beide Möglichkeiten - der Mittelweg führte zum zuvor beschriebenen Status Quo - sollen im folgenden näher beleuchtet werden.

---

34 Vgl. N.N.: Dreimal soviel Werbung bei den Privaten wie bei RTVE, in: epd Nr. 72, 14. September 1991, S. 14.
35 Zur Zeit scheint Silvio Berlusconi im Poker um La Cinq gute Karten zu besitzen. Vgl. N.N.: La Cinq-Aktionäre votieren für Kapitalerhöhung, in: epd Nr.18, 7. März 1992, S. 15.
36 Vgl. N.N.: Eine Milliarde Francs für das öffentliche Fernsehen, in: epd Nr.25/26, 6. April 1991, S. 19.
37 Vgl. Braunschweig, Stefan und Hannemor Keidel: Strukturen der europäischen Film- und Fernsehproduktion. Eine Analyse der Situation in Deutschland, Frankreich, Großbritannien und Italien, in: Media Perspektiven Nr.12 1991, S. 777.

4.1 Konvergenz als Schutz vor Konkurrenz?

Die beiderseitige Annäherung der Programme öffentlich-rechtlicher und kommerzieller Sender ist unter dem Stichwort "Konvergenz" in die Fachdiskussion eingegangen.[38] Tendenzen einer programmlichen Angleichung sind auch in der Praxis zunehmend zu verspüren. So etwa bei den deutschen Anstalten ARD und ZDF[39] und am deutlichsten und längsten bei der italienischen RAI.[40] Solch eine Annäherung findet auch in der rezipientenorientierten Forschung ihre Bestätigung. Nach einer ARD-Studie werden zumindest in Deutschland immer mehr Menschen extensiv fernsehen und dabei auch immer mehr vom gleichen sehen wollen - Unterhaltung.[41] Nivellierung der Pole des dualen Systems als Rettungsanker öffentlicher Sendeanstalten? Nein, auch solch eine Konvergenzbewegung wird bestenfalls verzögernd auf den Prozeß des Niedergangs wirken. Zu stark ist der Einfluß rechtlicher Reglementierungen auf die Programmschemata der Public-Service-Anstalten und zu übermächtig die finanzielle Potenz der kommerziellen Stationen. Begünstigt wird dieses finanzielle Übergewicht der Privatsender zunehmend durch das Vordringen medienfremder Großkonzerne auf den Fernsehmarkt. Immer mehr Unternehmen entdecken die Medien- und gerade die Fernsehbranche als lohnendes, profitversprechendes Investitionsobjekt. Das Engagement der Metro/Beisheim-Gruppe ist dabei nur das aktuellste Beispiel[42]. Hierdurch fließen jedoch zusehends höhere Kapitalsummen in das TV-Geschäft. Bei einer durch die inflationär zunehmende Zahl an Fernsehsendern immer knapper werdenden Programsoftware werden die Preise für attraktive Programme (Sport, aktuelle Kinoproduktionen) weiter steigen. Diese steigenden Preise, das ist schon heute klar abzusehen, werden öffentliche Fernsehanstalten zukünftig nicht mehr bezahlen können. Der Verlust massenattraktiver Programme wird dann aber zur weiteren Abwanderung von Zuschauern führen, dies wieder zu einem weiteren Rückgang der Werbeeinnahmen und dies zu einer Verringerung der Programmattraktivität. Vom Geld gelockt werden auch die Identifikationspersonen der Public-Service-Anstalten zur kommerziellen Konkurrenz wechseln und die Programmattraktivität wird weiter sinken. Der für deutsche Ohren bekannteste Name ist hier sicherlich Thomas Gottschalk. Aber auch in Spanien und Frankreich ist der Kampf um die Köpfe längst in vollem Gange. In Frankreich versu-

---

38 Vgl. u.a. Schatz, Heribert/Nikolaus Immer/Frank Marcinowski: Keineswegs zwangsläufig. Die Zukunft des "dualen Rundfunksystems", in: epd/ Kirche und Rundfunk Nr. 53, 8. Juli 1989, S. 5 - 7. Krüger, Udo Michael: Zur Konvergenz öffentlich-rechtlicher und privater Fernsehprogramme. Entstehung und empirischer Gehalt einer Hypothese, in: Rundfunk und Fernsehen Nr. 1 1991, 39. Jg., S. 83 - 96.

39   Vgl. Krüger, Udo Michael: Positionierung öffentlich-rechtlicher und privater Fernsehprogramme im dualen System. Programmanalyse 1990, in: Media Perspektiven Nr. 5 1991, S. 303-332.

40 Vgl. N.N.: Italien: Trends in der neuen italienischen Fernsehsaison, in: FUNK-Korrespondenz Nr. 47, 21. November 1991, S. 17.

41 Siehe Pitzer, Sissi: Mehr Freizeit - mehr Fernsehen?, in: Media Spektrum Nr. 12 1991, S. 18.

42 Weitere Beispiele sind die Medienbeteiligungen der französischen Générales des Eaux, der italienischen Großindustriellen de Benedetti oder Agnelli oder auch der Deutschen Genossenschaftsbank.

chen die öffentlichen Sender, ihre Spitzenleute mit Topgehältern zu halten. Wie lange ihnen dies gelingen kann, ist ob steigender Defizite jedoch nur eine Frage der Zeit.

Im Gegenzug bedeutet diese Qualitätsminderung der Public-Service-Programme aber auch eine Steigerung der Qualität kommerzieller Programme, Konvergenz in Reinkultur.[43] Aber das, was sich hier andeutet, ist kein Weg zu friedlicher Koexistenz. Es ist die Neuauflage einer Preis-Reichweiten-Spirale. Solch ein Prozeß führte in den 70er Jahren maßgeblich zur Konzentration im Print-Sektor und wird ohne weitere staatliche Interventionen auch zu massiven Veränderungen im TV-Sektor führen. Verstärkt wird dieses Problem noch durch die schon jetzt stark fortschreitende Konzentration im Medienbereich: Auch den kostengünstigen und durch vertikale Integrationsbewegungen begünstigten Trend der Mehrfachverwertungen können die öffentlichen Sender nicht nachvollziehen. Die einzige Ausnahme bildet hier die BBC Enterprise, die sich ebenfalls im Bereich der Buch- und Videovermarktung engagiert.[44]

Der Verlust der Massenattraktivität hat aber noch eine andere Folge: Die Gebühren werden weiter in den Mittelpunkt der Diskussion rücken, der Legitimationsdruck auf die Sender und auf die Politiker wird wachsen.

Doch auch aus anderen Gründen erscheint der Weg der *Konvergenz* nicht vielversprechend. So sind die öffentlichen Sender schon durch ihre administrativen Entscheidungsabläufe in ihrer Flexibilität eingeschränkt. Auf neue Fernsehtrends wird ein privatwirtschaftlich geführter TV-Sender immer schneller reagieren können als sein öffentlicher Konkurrent. Und neue Trends deuten sich massiv an: Fernsehen entwickelt sich zum Selbstbedienungsladen, in dem sich der Zuschauer frei sein Programm zusammenstellt: Eine Orientierung findet in Zukunft an Sendungen und nicht mehr an Sendern statt[45]. Wollen sich aber immer weniger Rezipienten von einer (öffentlich-rechtlichen) Sendeanstalt "grundversorgen" lassen, so stellt dies die Legitimationsgrundlage der öffentlichen Fernsehanbieter zumindest in Frage.

Die Annäherung öffentlich-rechtlicher Programmschemata an die kommerzieller TV-Anbieter kann unter diesen Gesichtspunkten nur als wenig hoffnungsvoll bezeichnet werden.

4.2 Zukunftssicherung durch Alternativprogramme?

Hat die Konvergenz keine Erfolgsaussichten, so vielleicht das Konzept eines Alternativprogramms. Impliziert in diese zweite Möglichkeit zur Rettung des jetzigen Systems ist zunächst einmal der weitestgehende Verzicht auf kostenintensive, massenattraktive Programmangebote. Öffentlich-rechtliches Fernsehen würde sich unter diesen Vorausset-

---

43 Vgl. Krüger, Udo Michael: Positionierung öffentlich-rechtlicher und privater Fernsehprogramme im dualen System. a.a.O., S. 330.
44 Vgl. Gellner, Winand: a.a.O., S. 339-340.
45 Vgl. Pitzer, Sissi: a.a.O., S. 20.

zungen mit relativ wenigen Zuschauern begnügen müssen. Auswirkungen auf die Werbeeinnahmen werden nicht ausbleiben. Das Aufrechterhalten der großen und personalinten-
siven Sender wird dann aber nur durch drastische Gebührenerhöhungen möglich sein,
und - was noch entscheidender ist - die Aufrechterhaltung solch großer Sender wird sich
aufgrund der Zuschauerakzeptanz kaum noch rechtfertigen lassen. Nicht zuletzt wird
wiederum die Diskussion über die Legitimation der Rundfunkgebühren massiv einsetzen.
Ein öffentlicher Sender ohne massenattraktive Programmsoftware wird als TV-Station
massiv an Bedeutung verlieren und stellt schließlich seine eigene Finanzierungsgrundlage
in Frage.

Beide Extremlösungen scheinen somit für die Public-Service-Anstalten in einer Sack-
gasse zu enden. Europäische Medienlandschaft ohne öffentliche Fernsehanbieter - sieht
so der TV-Markt der Zukunft aus? Für einen Sozialstaat "Vereinigte Staaten von Europa"
erscheint dies undenkbar. Minderheiten zu Wort und ins Bild kommen zu lassen, Kultur-
und Bildungsauftrag gelten noch immer als in einer Demokratie unabweisbare Elemente
des Fernsehens. Doch können diese Anforderungen nicht auch in einem kommerziellen
Fernsehsystem abgedeckt werden? Schon jetzt ist durch die Vielzahl der Sender - vor allem auch mit dem Aufkommen von zielgruppenorientierten Sendern - einem wesentlichen Teil der vielzitierten Grundversorgung genüge getan. Außen- statt Innenpluralismus
wird die zukünftige Medienlandschaft prägen.
Und doch: die Minderheiten werden nur dann kommerzielle Programme erhalten, wenn
sie zahlungskräftig und -willig sind.[46] Und auch klassisches öffentliches Bildungsfernse-
hen wird es bei rein profitorientierten Sendern wohl kaum geben. Ließe man den Markt-
kräften freies Spiel, so müßten die Demokratieansprüche ans Fernsehen stark zurückge-
schraubt werden. Beläßt man das jetzige System jedoch wie es ist, werden sich immer
höhere Schuldenberge auftürmen - und die Programmqualität trotzdem sinken. An dieser
Stelle taucht wieder ein medienpolitisches Grundsatzproblem auf: Ist Fernsehen ein Kul-
tur- oder doch ein Wirtschaftsgut? Neue Wege müssen also gefunden werden. Und dies
möglichst schnell - denn sonst könnte es zur Rettung der Demokratieansprüche an das
Fernsehen in einer europäischen Wirtschaftsgemeinschaft zu spät sein.

5.   Visionen und Schreckgespenster - Szenarien für eine
Zukunft öffentlicher Fernsehanbieter

Wie sich Perspektiven öffentlichen Fernsehens in Europa darstellen könnten, sollen die
Szenarien der abschließenden Ausführungen zeigen.

---

46 Vgl. Neumann, Uwe: Publizistischer versus ökonomischer Wettbewerb im Fernsehsektor. Eine wett-
    bewerbstheoretische Analyse. Frankfurt/Main 1988, S. 104.

Dabei müssen zunächst zwei grundlegende Ebenen als vorausgesetzt betrachtet werden: zum einen die Dynamik und Finanzkraft der kommerziellen Anbieter und zum anderen die als demokratienotwendig angesehenen Programmaufträge des öffentlichen Fernsehens. Diese Ansprüche gilt es zu vereinen.

"Wen Du nicht besiegen kannst, mit dem verbünde Dich." So könnte einer der Wahlsprüche der Public-Service-Anstalten lauten. Immer mehr öffentliche Sender kooperieren mit kommerziellen Fernsehanbietern: der NDR mit dem französischen Medienriesen Hachette, der ORF mit der Ufa/Bertelsmann-Gruppe.[47] Doch sollte man sich von diesen *Kooperationen* nicht zuviel versprechen. Sie bergen ähnliche Probleme wie die oben ausgeführte *Konvergenzbewegung*. So mutet es aufgrund der ungleichen Finanzlage der Partner in vielen Belangen eher wie ein Schritt auf dem Weg zur Auflösung des dualen Rundfunksystems an - und damit auch als Schritt zum Untergang der öffentlichen Fernsehveranstalter. Auch diese, in Anfängen schon realisierte Möglichkeit, erscheint uns daher als wenig hilfreich. Erfolgsversprechender könnte hier schon ein Blick in zwei nichtdeutschsprachige EG-Staaten sein: Frankreich und Großbritannien.

5.1 Frankreich und Großbritannien als Wegbereiter zum Erhalt öffentlichen Fernsehens?

5.1.1 Frankreich: Mord auf Raten

Am 15. April 1987 übernahm der französische Bauunternehmer Francis Bouygues den größten Anteil der "Service public"-Institution TF 1. Der bedeutendste öffentliche Sender Frankreichs wurde unter der Obhut der damaligen Aufsichtsbehörde CNCL privatisiert. Der freie Wettbewerb sollte gefördert werden[48] - oder strebte man vielmehr ein "Gesundschrumpfen" des öffentlichen Rundfunks an? Mit der Privatisierung hoffte man die Gebührenzahler und den Staat selbst zu entlasten, denn letzterer muß bislang bei allen Defiziten des staatlichen Fernsehens für einen Finanzausgleich sorgen. Trotz der Existenz dreier Kommerzsender im Jahr 1987 (Canal Plus, La Cinq und M 6) hatte sich ein deregulierter Markt noch nicht konsolidiert. Für die Privatisierung war dies ein recht günstiger Augenblick, denn die befürchteten Verluste der öffentlichen Anstalten hielten sich noch in Grenzen und TF 1 brachte aufgrund der langjährigen Fernseherfahrung nicht nur TV-Know-how mit, sondern verfügte auch über einen großen "Kundenstamm". So konnte der größte Fernsehsender Frankreichs schnell Gewinne[49] einfahren und seine

---

47 Vgl. Rust, Holger: Transkontinentale Netzwerke, in: Media Spektrum, Nr. 8 1991, S. 43.
48 So Gert Opitz: Das Rundfunksystem Frankreichs, in: Hans-Bredow-Institut (Hrsg.): Internationales Handbuch für Rundfunk und Fernsehen 1990/91. Baden-Baden 1990, S. D55.
49 Im Jahr 1988 wurden um 200 Millionen FF (Brutto) erwirtschaftet, vgl.: ebda, S. D61. 1990 konnten ein Gewinn von 100 Millionen Mark erzielt werden, der Marktanteil beträgt rund 40 Prozent. Vgl. N.N.: Alarmzeichen bei TF1, in: epd Nr.94, 30. November 1991, S. 19.

Position scheint auch heute noch gesichert, auch w~nn ir einigen Bereichen Zuschauer abgewandert sind.[50]

Doch die Privatisierung von *TF 1* konnte die Probleme des staatlichen Fernsehens, die sich 1986 abzuzeichnen begannen, nicht aufhalten. Die beiden verbliebenen Public-Service-Sender Antenne 2 und FR 3 kosten den Staat weiterhin mehr Geld als erwünscht (s.o.). Ein zweites "Gesundschrumpfen" zeichnet sich ab, nur dieses Mal etwas anders: Alles deutet auf eine künftige Fusion der beiden öffentlichen Anstalten hin. Nicht nur daß mit Hervé Bourges ein Präsident für beide Sender inthronisiert wurde, er legte im Sommer vergangenen Jahres einen Sanierungsplan für das öffentliche Fernsehen vor, der die Sport-, Kinder- und Jugendredaktionen der beiden Programmanbieter bis zum Ende des Jahres 1991 zusammenlegen sollte. Ferner sollen Finanzverwaltung und Filmankauf zentralisiert werden.[51]

Bei einem kumulierten Defizit von über 900 Millionen Francs müssen sicherlich einschneidende Veränderungen erfolgen, aber der französische Weg scheint keine Lösung mit Köpfchen zu sein, er ist eher ein Ausverkauf des öffentlichen Fernsehens, ein Mord auf Raten. Sollte wirklich eine Fusion erfolgen, bleibt abzuwarten, ob die verbleibende Anstalt dann ausreichend Finanzkraft und Zuschauerpotential besitzt, um nicht auch wieder Verluste einzufahren und so das Public-Service-System Frankreichs vollständig in Frage zu stellen.

5.1.2 Großbritannien: Reinheit der Systeme als Lösung?

Die BBC hat in Europa als Rundfunkorganisation eine Sonderstellung, da der Fernsehbetrieb in die *BBC-Enterprise*, ein Unternehmen mit mehreren Geschäftsbereichen integriert ist. Das Unternehmen präsentiert sich unter anderem mit verschiedenen Zeitschriften, Video- und Buchvermarktung und Fernsehsubunternehmen in den USA und Frankreich. Es erzielte im Geschäftsjahr 1990/91 mit einem Umsatz von 675 Millionen Mark einen Gewinn von 18 Millionen DM.[52] Defizite, wie sie im Fernsehbereich im Geschäftsjahr 1989/90 gemacht wurden[53], fallen dadurch in der Öffentlichkeit weniger ins Gewicht. Die BBC hat auch kaum über Schanteilsverluste zu klagen, der Marktanteil in allen TV-Haushalten hält sich für BBC 1 und 2 seit 1979 relativ konstant bei rund 48 Prozent.[54] In Kabelhaushalten ist der Marktanteil der BBC 1990 im Vergleich zum Vorjahr sogar von 23 auf rund 27 Prozent gestiegen.[55]

---

50 Vgl. N.N.: Alarmzeichen bei TF1, in: epd Nr.94, 30. November 1991, S. 19.
51 Vgl. N.N.: Die schrittweise Fusion von Antenne 2 und FR 3, in: epd Nr.46, 15. Juni 1991, S. 20.
52 Vgl. N.N.: BBC setzt bei Koproduktionen mehr auf USA als auf Europa. BBC Enterprise: Umsatz auf 675 Millionen gestiegen - Erfolg mit Zeitschriften, in: epd Nr.65, 21. August 1991, S. 15f.
53 Vgl. N.N.. Defizit der BBC, in: Fernseh-Informationen Nr.8, April 1991, S. 232.
54 Unter Ausschluß des Kabel- und Satellitenmarktes sind nur die beiden BBC-Sender, die ITV und Channel 4 berücksichtigt, vgl.: Gellner, Winand: a.a.O., S. 459.
55 Vgl. ebda, S. 469 und Cable Authority: Final Report and Accounts 1990, London 1991, S. 15.

Trotzdem steht die BBC unter starkem politischen Druck. Die neoliberale Wirtschaftspolitik, die seit der Regierung Thatcher die britische Wirtschaft wiederzubeleben versucht, ließ die British Broadcasting Corporation nicht unberührt. Mit der letztjährigen
Gebührenerhöhung auf 77 Pfund jährlich für das werbefreie Farbfernsehen[56], wird den
britischen Haushalten im europäischen Vergleich tief in die Tasche gegriffen, und das,
obwohl ab 1987 ein Finanzierungsverfahren für die BBC ins Leben gerufen wurde, bei
dem die Steigerungsrate der Gebühren unterhalb der britischen Inflationsrate liegt. Dieses
sogenannte Indexierungsverfahren berechnet das Gebührenaufkommen der BBC anhand
eines Einzelhandelspreisindexes, der weder die Lohnkostensteigerung (rund 80 Prozent
der Ausgaben der BBC sind auf Lohn- und Gehaltszahlungen zurückzuführen), noch die
Programmsoftwarekosten miteinbezieht, die wesentlich stärker steigen als die im Einzel-
handelspreisindex nivellierten Güter.[57] Diese Berechnungsgrundlage führte zwar zu jährlich erfolgenden Gebührenanpassungen, die der Anstalt Planungsvorteile boten, aber die
Gebührensteigerungen waren geringer als in den Jahren zuvor, womit Rationalisie-
rungsdruck entstand. Dieser Kosteneinsparungsdruck führte beispielsweise zu einer Verschiebung in der Personalstruktur: Planstellen wurden gestrichen und durch freie Mitarbeiter ersetzt.[58]

Zur Zeit ist die Situation der BBC in der britischen Programmlandschaft noch gesichert,
aber in der neoliberalen Denkweise der Regierung ist sie ein Programmveranstalter unter
vielen, womit die Gebührenfinanzierung für die Zukunft in Frage gestellt scheint.[59] Wenn
in der deutschen Diskussion um das Nebeneinander von öffentlichem und kommerziel-
lem Fernsehen die Forderung nach "Reinheit der Systeme" erhoben und dabei mit einem
Auge auf die britische Insel geschaut wird, muß deutlich hervorgehoben werden, daß bereits 1986 die *Peacock-Kommission* die reine Gebührenfinanzierung als langfristige Perspektive für die BBC ablehnte.[60] Zudem gibt es diese reine Gebührenfinanzierung auf der
Insel überhaupt nicht: eine immer höhere Bedeutung erlangen die Einnahmen der BBC
aus den Subunternehmen.

Bis zur neuen Vergabe der Franchise im Jahr 1996 wird die BBC wohl weiterhin gebüh-
renfinanziert bleiben, sie hat sich allerdings weiter nach marktwirtschaftlichen Kriterien
zu reformieren. Schon bis 1993 sollen 3.000 der 24.000 Mitarbeiter entlassen und sechs
Regionalstudios geschlossen werden.[61] Ab dem Jahr 1996 ist dann im äußersten Fall so-

---

56 Aus dieser Gebühr wird auch die Hörfunkabteilung finanziert. Die Gebühr für Schwarz-Weiß-Em-
    pfang liegt mit 25,50 Pfund deutlich darunter.
57 Vgl. Kopper, Gerd: BBC-Finanzierungsregelungen als staatliche Rationalisierungsstrategie.
    Rundfunkgebührenindexierung in Großbritannien, in: Media Perspektiven Nr. 11 1991, S. 712-713.
58 Vgl. ebda, S. 709.
59 Vgl. ebda, S. 716.
60 Vgl. Gellner, Winand: a.a.O., S. 306.
61 Vgl. N.N.: BBC will beim Fernsehen 720 Stellen streichen, in: epd Nr.32, 27. April 1991, S. 20 und
    N.N.: Die BBC soll umstrukturiert werden, in: FUNK-Korrespondenz Nr.3, 16. Januar 1992, S. 9-10.

gar ein reines Subskriptionssystem für die BBC möglich, denn das ist das erklärte Ziel der Peacock-Kommission (1986) und des *White-Papers* (1988) der Regierung.[62]

Frankreich und Großbritannien eröffnen somit zwei Wege für die Zukunft der Public-Service-Stationen: die schrittweise Privatisierung und die Umgestaltung zu einem Pay-TV-Kanal. Beide Varianten sind aus Sicht der demokratiestabilisierenden Funktionen des Fernsehens nicht unproblematisch: Minderheiten drohen auch hier nur sehr eingeschränkt oder überhaupt nicht berücksichtigt zu werden. Deshalb soll abschließend noch ein drittes Szenario vorgestellt werden.

5.2 Zukunftsmodell Marktsegmentierung

In seiner Grundidee greift es auf die unter anderem von Georg-Michael Luyken in die Diskussion eingebrachte zweiteilige Marktsegmentierung in einen Fernsehprimär- und -sekundärmarkt[63] zurück. Auf dem international ausgerichteten Primärmarkt werden große Live-Ereignisse übertragen und Film-Erstaufführungen ausgestrahlt. Auf einem eher national-regional orientierten Sekundärmarkt werden Programmwiederholungen gezeigt und nationale Besonderheiten und Ereignisse aufbereitet. Auf den hier behandelten Zusammenhang ist diese Prognose leicht übertragbar. Den großen und finanzkräftigen kommerziellen Fernsehveranstaltern kann der kostenintensive Primärmarkt zugeordnet werden. Seine Renditen wird dieser Markt durch hohe Werbeeinnahmen oder auch Subskription abwerfen. Der kostengünstigere Sekundärmarkt könnte so zum Aktionsfeld der öffentlichen Sender werden. Finanzierungsmöglichkeiten sind hier durch Werbung (national/regional verankerte Produkte) oder auch staatliche Subventionen denkbar.

Wie der Weg zu einem so strukturierten Fernsehmarkt aussehen könnte, wollen wir im folgenden exemplarisch an Deutschland verdeutlichen:
Als zeitlich vorgelagerter Schritt erscheint die Fusion der öffentlich-rechtlichen Fernsehsender zu nur einem Sender aus Rationalisierungsgründen unumgänglich. Übergroße Verwaltungsapparate können so frühzeitig reduziert werden. Einhergehen sollte damit eine schrittweise Kommerzialisierung des Großteils der neu zu schaffenden Sendeanstalt. Ist dieser erste Schritt vollzogen, kann eine Aufspaltung des Senders in zwei unterschiedlich ausgerichtete Fernsehkanäle erfolgen. Dabei findet zum einen die endgültige Kommerzialisierung eines Teils des Senders statt und zum anderen die Schaffung eines *Public-Service-Programm-Networks* mit Zentrale und regionalen Außenstellen.

---

62 Vgl. Kopper, Gerd: a.a.O., S. 710-714.
63 Vgl. Luyken, Georg-Michael: Das Medienwirtschaftsgefüge der 90er Jahre. Horizontale und vertikale Unternehmensverflechtungen - Neue strategische Allianzen - Öffentliches Interesse, in: Media Perspektiven, Nr. 10 1990, S. 634.

Der kommerzielle Sender könnte dann auf dem Fernsehprimärmarkt konkurrieren. Aufgrund der vorhandenen Technik, des Know-hows und der tradierten Sehgewohnheiten[64] können diesem privatisierten Teil der öffentlichen Fernsehanstalten gute Erfolgsaussichten eingeräumt werden. Dies zeigt nicht zuletzt auch das französische Beispiel von TF 1. Finanziers aus der Privatwirtschaft werden sich für ein so profitversprechendes Investitionsobjekt sicherlich finden lassen.

Nun zum zweiten Bereich: Dem neu zu bildenden *Public-Service-Network*. Dieses Network wird auf dem Fernsehsekundärmarkt anzusiedeln sein und den Bildungs- und Kulturauftrag des öffentlichen Fernsehens wahrnehmen. Die Startbedingungen für diesen Fernsehsender sind ebenfalls gut: Außenstudios könnten sowohl von der ARD als auch vom ZDF übernommen werden. Durch die eher regionalbezogene Programmstruktur ist auch mit einer relativ hohen Zuschauerbindung zu rechnen - man denke nur an den Erfolg von Radio Bremens "Buten und Binnen".[65] Von der Zentrale schließlich könnte "Minderheiten-, Bildungs- und Kulturfernsehen" auch zu attraktiveren Sendezeiten als bisher bei öffentlich-rechtlichen Sendern[66] ausgestrahlt werden. Bleibt schließlich noch die alles entscheidende Frage der Finanzierung dieses Networks. Hierfür bieten sich mehrere Möglichkeiten an: Gebühren - zumindest im jetzigen Umfang - zählen jedoch nicht dazu. Denkbar wären anfangs schon eher staatliche Zuschüsse, schon allein, um demokratischen Ansprüchen gerecht zu werden. Auch eine Abgabe aller kommerziellen Sender für das neue Network wäre mit dieser Begründung denkbar - ein Obulus für das Privileg, TV veranstalten zu dürfen. Eine ähnliche Konzeption findet schon jetzt in Schweden Anwendung. Schließlich könnten auch noch Einnahmen aus regionaler Werbung hinzukommen.

Problemlos ist ein solches Modell sicher nicht durchzuführen: politische und gewerkschaftliche Widerstände sind zu erwarten - Entlassungen würden notwendig. Im journalistischen Bereich jedoch erscheint das weniger gravierend. Auf dem expandierenden Medien- und Informationsmarkt werden hochqualifizierte Journalisten immer gesuchter. Für technisches wie Verwaltungspersonal muß allerdings eine soziale Abfederung unabdingbarer Bestandteil des Reorganisationsplans sein.

Trotz dieser mit sozialem Sprengstoff angefüllten Problematik halten wir es für unumgänglich, eine Umstrukturierung der Public-Service-Anstalten baldmöglichst vorzuneh-

---

64 Um diesen Vorteil ausnutzen zu können, erscheint eine relativ zügige Umorganisation unumgänglich. Die ständige Verschiebung der Sehanteile - nicht zuletzt durch den Konvergenzprozeß - könnte diesen Wettbewerbsvorteil ansonsten negieren.

65 Auch die Einführung eines "Offenen Kanals" erscheint denkbar.

66 Uwe Neumann spricht im Zusammenhang mit der Plazierung von "Minderheiten"-Programmen bei öffentlich-rechtlichen Sendern gar von "Diskriminierung". Vgl.: Neumann, Uwe: a.a.O., S. 104.

men. Ansonsten wird sie der nahende europäische Fernseh-Binnenmarkt vollziehen - und dies mit weniger Rücksicht auf Demokratie und Arbeitsplätze.

Zusammenfassung

Das öffentliche Fernsehen in Europa erlebt derzeit eine Phase ökonomischer Rezession: bei steigenden Programmkosten sinken oder stagnieren die Werbeeinnahmen. Diese Entwicklung ist auf die Konkurrenz durch kommerzielle Programmveranstalter zurückzuführen, die innerhalb des vergangenen Jahrzehnts das Programmvolumen um ein Vielfaches erhöhte. Der Knappheitsfaktor verschob sich von der Programmveranstaltung zur Programmproduktion: attraktive Programmsoftware wurde und wird immer teurer. Medienfremde Großkonzerne kauften sich in den entstehenden TV-Markt ein, Fernsehen war zum lohnenden Investitionsobjekt geworden.

Die Fernsehrichtlinie der Europäischen Gemeinschaft, die den TV-Bereich im künftigen Binnenmarkt zu regeln hat, zementierte die Konkurrenzsituation: Fernsehen ist nicht länger als Kulturgut, sondern als Dienstleistung zu betrachten.

Öffentliche Programmaufträge, wie die deutsche Grundversorgung, lassen sich unter diesen Voraussetzungen kaum mehr auf-rechterhalten, denn der Public-Service ist nicht zahlungskräftig genug, um am Markt auf Dauer bestehen zu können. Die Defizite des Public-Service zeigen einen Handlungsbedarf auf, denn zur Zeit müssen die Gebührenzahler und der Staat die Verluste tragen. Reformen sind unumgänglich. Es ist aber auch Handlungsspielraum vorhanden, da das Aufkommen privatwirtschaftlicher TV-Konkurrenz nicht nur zu einer verschlechterten Marktsituation des Public-Service führte, sondern mit zielgruppenorientierten Spartenprogrammen den Weg in eine außenpluralistische Fernsehlandschaft zeigt, in der Binnenpluralität nicht mehr Bedingung sein muß.

Eine "Reinheit der Systeme" mit einem allein durch Gebühren finanzierten Public-Service kann kaum ein Lösungsmodell sein, der Gebührenzahler wäre auch hier noch unangemessen finanziell belastet. Reformansätze nach französischem Modell mit einer Teilprivatisierung des öffentlichen Fernsehens zeigen schon eher gute Ansätze, sind aber nicht durchgreifend genug. Denkbar für die Bundesrepublik wäre eine Fusion der öffentlichen Anstalten, verbunden mit einem Abbau des Verwaltungsapparates, einer Teilprivatisierung und der Bildung eines Regional-Networks mit Kultur, Bildungs- und Minderheitenfernsehen.

Literaturverzeichnis

Barker, Paul/Tim Westscott: Satellite Channels - more red than black, in: Cable & Satellite Europe No. 2, February 1991, S. 16-19.

Braunschweig, Stefan/Hannemor Keidel: Strukturen der europäischen Film- und Fernsehproduktion. Eine Analyse der Situation in Deutschland, Frankreich, Großbritannien und Italien, in: Media Perspektiven Nr.12 1991, S. 777-793.

Cable Authority: Final Report and Accounts 1990, London 1991.

Förster, Andreas: Ostwärts mit Vaters Segen, in: Medien Bulletin Nr. 12/13 1991, S. 36-40.

Gallus, Rolf: Ist die RAI überhaupt noch zu retten?, in: epd Nr. 25/26, 6. April 1991.

Gellner, Winand: Ordnungspolitik im Fernsehwesen: Bundesrepublik Deutschland und Großbritannien (Studien zur Ordnungspolitik im Fernsehwesen Band 1, hrsg. von Erwin Faul), Frankfurt/Main 1990.

Ders. (Hrsg.): Europäisches Fernsehen - American Blend? Fernsehmedien zwischen Amerikanisierung und Europäisierung. Berlin 1989.

Hans-Bredow-Institut (Hrsg.): Internationales Handbuch für Rundfunk und Fernsehen 1990/91. Baden-Baden 1990.

Hearst, Stephen: Die neue Rundfunkgesetzgebung in Großbritannien, in: Media Perspektiven, Nr. 3/1991, S. 170-177.

Howe, Ulrike: 150 TV-Sender für New York, in: Horizont Nr. 47, 22. November 1991, S. 41.

Iwens, Jean Luc: Der audiovisuelle Sektor in Spanien und seine wirtschaftliche Bedeutung, in: Media Perspektiven Nr. 1 1992, S. 41-52.

Kessler, Martina/Klaus Schrape: Fernsehmarkt Westeuropa, in: Media Perspektiven Nr. 1 1990, S. 25-32.

Kiefer, Marie-Luise: Europa - ist das kulturelle Fernsehdilemma programmiert?, in: Media Perspektiven, Nr. 10 1990, S. 609-620.

Kleinsteuber, Hans J./Volkert Wiesner/Peter Wilke: Public Broadcasting im internationalen Vergleich. Analyse des gegenwärtigen Stands und Szenarien zukünftiger Entwicklungen, in: Rundfunk und Fernsehen 39. Jg. 1991, Nr. 1, S. 33-54.

Kleinsteuber, Hans J./Volkert Wiesner/Peter Wilke (Hrsg.): EG-Medienpolitik: Fernsehen in Europa zwischen Kultur und Kommerz. Berlin 1990.

Knoche, Manfred/Wolfgang Seufert: Prognosen zur Entwicklung der Kommunikationsinfrastruktur in den Ländern der Europäischen Gemeinschaft bis zum Jahr 2005, in: Media Perspektiven Nr. 2 1987, S. 111-129.

Kopper, Gerd K.: BBC-Finanzierungsregelungen als staatliche Rationalisierungsstrategie. Rundfunkgebührenindexierung in Großbritannien, in: Media Perspektiven, Nr. 11 1991, S. 709- 719.

Krüger, Udo Michael: Zur Konvergenz öffentlich-rechtlicher und privater Fernseh-programme. Entstehung und empirischer Gehalt einer Hypothese, in: Rundfunk und Fernsehen Nr. 1/1991, 39. Jg., S. 83-96.

Krüger, Udo Michael: Positionierung öffentlich-rechtlicher und privater Fernseh-programme im dualen System. Programmanalyse 1990, in: Media Perspektiven,Nr. 5/1991, S. 303-332.

Luyken, Georg-Michael: Das Medienwirtschaftsgefüge der 90er Jahre. Horizontale und vertikale Unternehmensverflechtungen - Neue strategische Allianzen - Öffentliches Inter-esse, in: Media Perspektiven, Nr. 10/1990, S. 621-641.

Neumann, Uwe: Publizistischer versus ökonomischer Wettbewerb im Fernsehsektor. Eine wettbewerbstheoretische Analyse. Frankfurt/Main 1988.

Opitz, Gert: Das Rundfunksystem Frankreichs, in: Hans-Bredow-Institut (Hrsg.): Inter-nationales Handbuch für Rundfunk und Fernsehen 1990/91. Baden-Baden 1990.

Pitzer, Sissi: Mehr Freizeit - mehr Fernsehen?, in: Media Spektrum, Nr. 12/1991, S. 18-21.

Rauen, Birgid: Italien: Kartellbildung von Medien und Industrie, in: Media Perspektiven Nr. 3/1990, S. 157-174.

Rust, Holger: Transkontinentale Netzwerke. In: Media Spektrum, Nr. 8/1991, S. 40-43.

Sauer, Ulrike: Auswirkungen des neuen Mediengesetzes in Italien, in: Media Per-spektiven Nr. 3/1991, S. 161-169.

Schatz, Heribert/Nikolaus Immer/Frank Marcinowski: Keineswegs zwangsläufig. Die Zukunft des "dualen Rundfunksystems", in: epd/ Kirche und Rundfunk Nr. 53, 8. Juli 1989, S. 5 - 7.

Schrape, Klaus: Fernsehprogrammbedarf und Programmversorgung, in: Media Perspek-tiven Nr. 6/1987, S. 345-353.

Schukies, Gerd: Die Medienlandschaft im Umbruch. Fernuniversität Hagen 1988.

Seidel, Norbert: Die öffentlich-rechtliche Rundfunkanstalt als Rundfunkunternehmen, in: Media Perspektiven, Nr. 8/1991, S. 504-519.

SES-Informationsbroschüre 1991.

Truffart, Francois: Guide des Télévisions en Europe 1991 (Sonderheft der Zeitschrift Mediaspouvoirs), Paris 1991.

Wilde, Graham: Der Markt für Fernsehprogramme in Westeuropa 1989 bis 1999, in: Media Perspektiven Nr. 10/1990, S.642-650.

12

Anhang

12.1 Autorenverzeichnis/Biographien

Dirk Funke, cand. jur., geb. am 05. Januar 1969 in Neubeckum/Westfalen. Nach Abschluß der Schulausbildung im Jahre 1988 Erwerb der Allgemeinen Hochschulreife. 1988/89 Ableistung des Grundwehrdienstes in der Bundeswehr. Seit dem Wintersemester 1989/90 ordentliches Studium der Rechtswissenschaften an der Westfälischen Wilhelms-Universität in Münster. Arbeitsschwerpunkte im Medienrecht, Handelsrecht und in der Rechtsvergleichung. Fachpublikation zum Thema "Presserechtliche Entwicklungen auf dem Gebiet der neuen Bundesländer" im Rahmen der 1. Medien-Seminartagung Berlin 1990.

Martin Grocholl, cand. phil., geb. 1970. Seit dem Wintersemester 1989/90 Studium der Publizistik, der Wirtschaftspolitik und der Neueren Geschichte an der Westfälischen Wilhelms-Universität in Münster. Journalistische Tätigkeit bei Zeitungen und beim Hörfunk. Arbeitsschwerpunkte in der Medienökonomie und zum Thema Europäischer Fernsehmarkt.

Christian Gundlach, geb. am 26. Juni 1970 in Hannover. 1987/88 Auslandsaufenthalt in den Vereinigten Staaten von Amerika, in Rochester, NY. Im Jahre 1990 Abschluß der Schulausbildung mit dem Abitur in Hannover. Seit 1991 Student des Studienganges "Medienmanagement" am Institut für Journalistik und Kommunikationsforschung in Hannover. Autor und Komponist der Musicals "Share" (Produktionen 1988 Rochester, NY; 1989 Hannover), des Musicals "Stages" (Produktion 1990 in Hannover) und Komponist des Musicals "Smog" (Produktion 1992 im Thüringer Landestheater in Rudolfstadt).

Heiko Hilker, Diplom-Ingenieur für Informationstechnik (Meßtechnik), geb. am 4. September 1966 in Eberswalde. 1973-1985 Schulbesuch mit dem Abschluß Abitur. 1985/86 Arbeit als Hilfselektriker in der VEB Filmfabrik Wolfen und Ausbildung zum Elektromonteur in der Abendschule. 1986 - 1991 Studium an der TU Dresden. Fakultät Elektrotechnik, Institut für Technische Akustik. Abschluß: Diplom-Ingenieur für

Informationstechnik/Meßtechnik. 1991 Wissenschaftlicher Mitarbeiter an der TU Dresden, Fakultät Elektrotechnik, Institut für Technische Akustik.

Götz Frank, geb. 1944 in Wewelsburg/Westfalen; 1964 bis 1969 Studium der Rechtswissenschaften in Frankfurt und Kiel; 1969 erstes juristisches Staatsexamen am OLG Schleswig; 1969 bis 1972 Studium der Politologie und Soziologie in Konstanz; 1972 Dr. jur. an der Universität Konstanz ("Abwehr völkerfriedensgefährdender Presse durch innerstaatliches Recht"); 1974 zweites juristisches Staatsexamen am OLG Stuttgart; 1974 Wissenschaftlicher Mitarbeiter in Frankfurt; 1978 Akademischer Rat in Hannover; 1979 Habilitation in Hannover; 1983 apl. Professor an der Universität Hannover. Seit 1990 Professor an der Universität Oldenburg.

Dieter Kopetz, geb. 1961. Studium der Rechtswissenschaften und der Publizistik an den Universitäten in Münster und Bochum. 1986 Juristische Staatsprüfung. Seit 1986 Wissenschaftlicher Mitarbeiter und Tutor an der Juristischen Fakultät der Westfälischen-Wilhelms Universität in Münster. 1988 Promotion mit der Dissertation "Datenschutz im Mediensektor". 1989 Forschungsaufenthalt an der University of California, Berkeley. 1989/90 Mitarbeiter im Justitiariat der Landesanstalt für Rundfunk Nordrhein-Westfalen in Düsseldorf. 1990 Leitung und Konzeption der 1. Medien-Seminartagung Berlin zum Thema "Perspektiven für die Medien in den neuen Bundesländern" der Universität Oldenburg in Verbindung mit dem Presse- und Informationsamt der Bundesregierung. Seit Wintersemester 1991/92 Lehrauftrag für Medienrecht am Institut für Journalistik und Kommunikationsforschung Hannover.

Jörg Röver, geb. 1962 in Oldenburg /Oldb. 1983 bis 1989 Studium der Rechtswissenschaften in Hannover. Seit 1982 Studium der Wirtschaftswissenschaften und seit 1990 Studium im Ergänzungsstudiengang Medienmanagement (Angewandte Medienwissenschaft) in Hannover. Von Mitte 1989 bis Ende 1990 Mitarbeiter von Professor Dr. Hilmar Fenge, Lehrstuhl für Zivilrecht und Zivilprozeßrecht an der Universität Hannover. Zwischenzeitlich Wissenschaftliche Hilfskraft am Institut für Betriebsforschung bei Professor Dr. Ursula Hansen, Lehrstuhl für Markt und Konsum an der Universität Hannover. Während des Studiums mehrmonatige Praktika in den Vereinigten Staaten (Gruner & Jahr; NBC ; Vereinte Nationen; Anwaltspraxis Walter, Conston, Alexander & Green) sowie bei Radio FFH in Frankfurt.

Wolfram Scharenberg, M.A., geb. am 7. März 1960; nach dem Zivildienst Studium der Theaterwissenschaft, Germanistik und Soziologie in Erlangen, Magisterprüfung; freie Theaterarbeit; kurze Zeit als Regieassistent am Braunschweiger Staatstheater; anschließend zweieinhalb Jahre Mitarbeit im Diakonischen Werk Braunschweig; seit Oktober

1990 Studium im Ergänzungsstudiengang Journalistik am Institut für Journalistik und Kommunikationsforschung in Hannover; freie Mitarbeit bei Hörfunk und Zeitungen.

Gerhild Schulzendorf, geb. am 7. Juni 1956 in Berlin. Von 1975 bis 1980 Studium der Politischen Ökonomie an der Karl-Marx-Universität Leipzig. Von 1980 bis 1984 Forschungsstudium an der Berliner Humboldt-Universität. 1984 Promotion zum Dr. oec. Von 1984 bis 1988 Wissenschaftliche Assistentin an der Berliner Humboldt-Universität. Von 1988 bis 1991 Aspirantur mit dem Forschungsschwerpunkt "Medienentwicklung in Deutschland" an der Berliner Humboldt-Universität. Seit 1991 Wissenschaftliche Assistentin. Von 1990 bis 1991 Stellvertretende Vorsitzende und Pressesprecherin des Fernsehrates des Deutschen Fernsehfunks (DFF).

Heide Schwochow, geb. 1953 in Stralsund. Aufgewachsen in Bergen auf Rügen. Studiert in Leipzig (Diplompädagogin 1972-1979); Forschungsstudium 1976 bis 1979. Gearbeitet als Kellnerin, Krippenerzieherin, als Pädagogin bei geistig Behinderten. Studiert in Berlin (Schauspielregie 1982 bis 1984). Gearbeitet als Regieassistentin, Regisseurin, Autorin an Theatern. Von 1987 bis 1989 Festanstellung beim Rundfunk der DDR / Abteilung Kinderhörspiel (Funkdramatik). Seit 1990 Studium am Institut für Journalistik und Kommunikationsforschung in Hannover.

Stefan Wehmeier, geb. 1968. Seit 1989 Studium der Publizistik/ Kommunikationswissenschaft, Neueren Geschichte und Wirtschaftspolitik an der Universität Münster. Interessen- und Arbeitsschwerpunkte: Medienökonomie, Entwicklung der europäischen Fernsehlandschaft, Fernsehwerbemarkt in Europa. Mitarbeit an der Studie "Filmtheaterwirtschaft" des FORMATT-Institutes Dortmund im Auftrage der Filmstiftung Nordrhein-Westfalen. Verschiedene journalistische Tätigkeiten, Öffentlichkeitsarbeit mit dem Schwerpunkt Umweltschutz; Co-Autor des Kinder- und Jugendbuches "Tropischer Regenwald", herausgegeben von der Naturschutzjugend im DBV.

Thomas Wolter, geb. 1964; Studium der Rechtswissenschaft, Publizistik, Allgemeinen Sprachwissenschaft, 1984/85 - 90 in Münster; Stipendiat der Studienstiftung des deutschen Volkes sowie der Dr. Jost-Henkel-Stiftung; 1991-92 interdisziplinäre Dissertation (Juristische Subsumtion als institutioneller Zeichenprozeß); 1990-92 Wissenschaftliche Hilfskraft am Institut für Zivilrecht und Rechtstheorie, Münster; nach Praktika in verschiedenen Wirtschaftsbereichen 1991 Summer Associate bei McKinsey & Company, Deutschland; seit Sommer 1992 Strategieabteilung der Generaldirektion der TELEKOM, Bonn.

Jörg Vollbeding, geb. 1962 in Gardelegen/Altmark. Im Jahre 1981 Abschluß der Schulausbildung mit dem Abitur. 1983/85 Studium der Theaterwissenschaften an der Theaterhochschule "Hans Otto" in Leipzig. Tätigkeiten als Bühnenarbeiter, Zeitungsverkäufer und kulturpolitischer Mitarbeiter an verschiedenen Kultureinrichtungen in Erfurt und Magdeburg. Ab 1989 in der Bürgerbewegung "Vereinigte Linke" aktiv. Im Sommer 1990 Mitbegründer von RADIO FREI, Erfurt. Seit dieser Zeit freiberuflich tätig, seit Mai 1991 hauptberuflich für RADIO FREI tätig.

12.2 Abbildungen zum Beitrag Wehmeier/Grocholl

"Europäische Public-Service-Anstalten am Scheideweg"

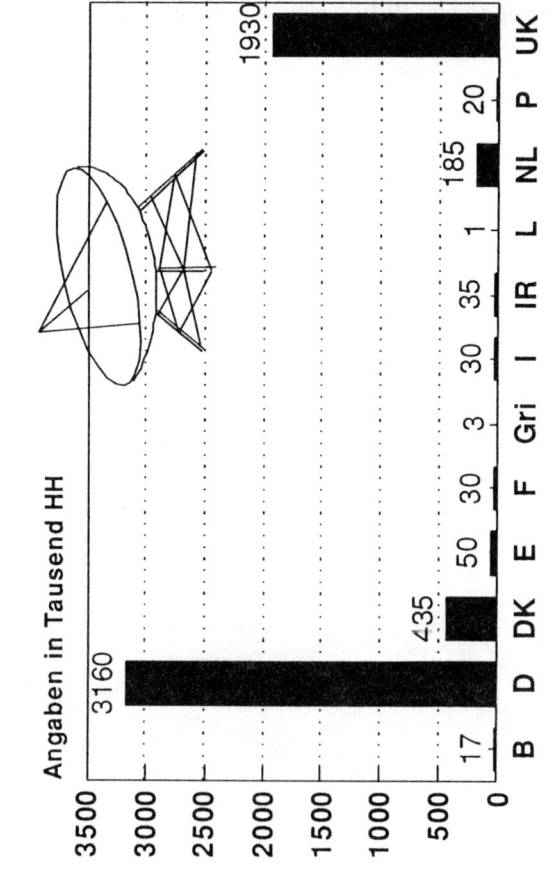

ASTRA-Empfangbarkeit
Dezember 1991

Angaben in Tausend HH

EG-Staaten

Quelle: SES

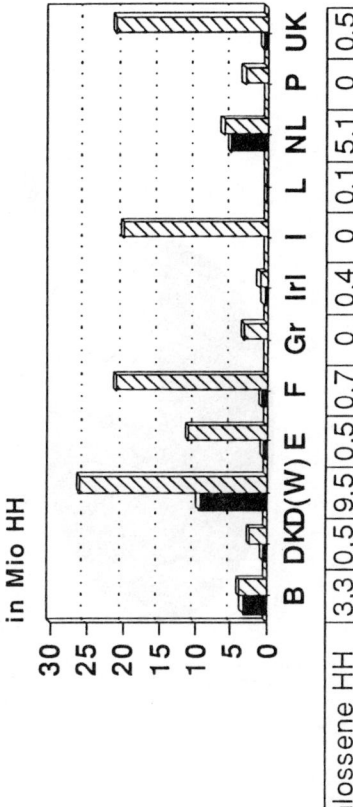

Kabelanschlußzahlen
EG Stand 12/1989*

in Mio HH

	B	D	D(W)	E	F	Gr	Irl	I	L	NL	P	UK
angeschlossene HH	3,3	0,5	9,5	0,5	0,7	0	0,4	0	0,1	5,1	0	0,5
Gesamtzahl HH	3,8	2,3	26	11	21	3,2	1	20	0,12	6	3,1	21

* D (W): Stand 1/1992, F: Stand 11/199

NL: mit GGA-Antennen

■ angeschlossene HH ▨ Gesamtzahl HH

Quelle: SES/AID-Report 1990

EG-Programme
National/Transnational

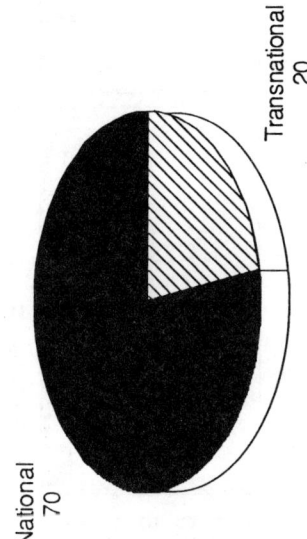

National
70

Transnational
20

Quelle: Médiaspouvoirs/Cable Authority

Voll- und Spartenprogramme
EG

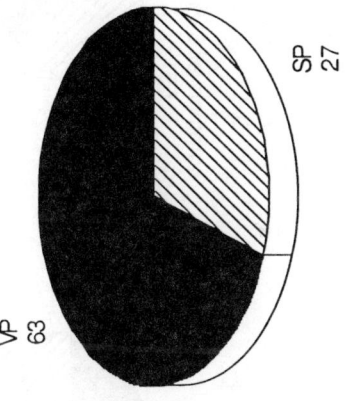

VP
63

SP
27

Quelle: Médiaspouvoirs/Cable Authority

Programme und ihre Betreiber
EG

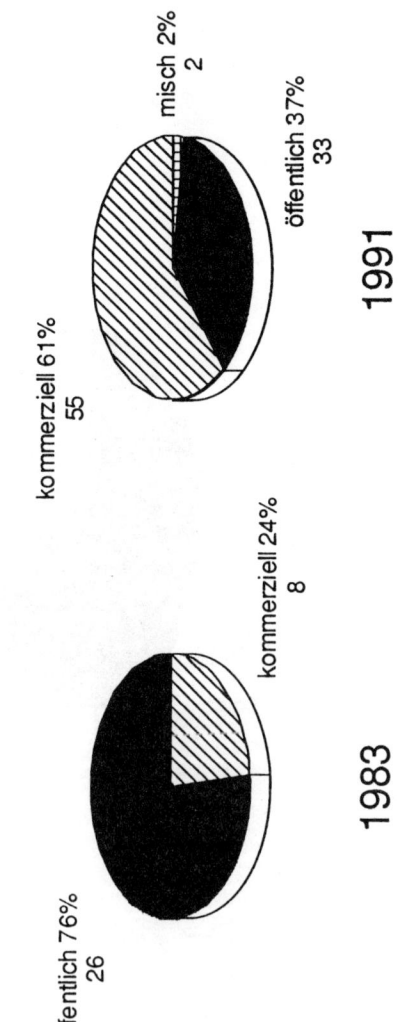

misch 2%
2

öffentlich 37%
33

kommerziell 61%
55

1991

kommerziell 24%
8

öffentlich 76%
26

1983

Quelle: Médisapouvoirs/Cable Authority

12.3 Charta der Gemeinschaft Freier Radios Ostdeutschlands

I.

Die Demokratisierungsbewegung im Osten Deutschlands hat das Meinungsmonopol des totalitären Sozialismus gebrochen. Es entwickelte sich eine historisch neue Qualität gesellschaftlicher Kommunikation. Die Medien als Teilhaber dieses Prozesses waren authentischer Ausdruck dieser neuen Qualität. Die Vereinigung hat diesen Prozeß unterbrochen und in wesentlichen Bereichen die Voraussetzungen zur Weiterentwicklung zerstört.

In dem Maße, wie die Medien zunehmend von politischen und wirtschaftlichen Interessen beherrscht werden, wird der Bürger wieder davon ausgeschlossen. Durch die weltweite Konzentration der Medien entgleitet das Kommunikationswesen jeglicher demokratischer Kontrolle. Informationen werden zur Ware, Bürger zu Absatzmärkten. Damit greift eine Gleichschaltung um sich, die in krassem Widerspruch zum Recht auf vielseitige Information steht. Die Medien verzichten auf ihre Rolle als kritisches Gegengewicht zu den politischen Institutionen, die sich hinter der sogenannten Staatsräson verbergen und machen sich oft genug zum Anwalt einer Einschränkung der Grundrechte und -freiheiten im Rahmen der neuen europäischen Sicherheitsdoktrin.

Anstatt den freien Meinungsaustausch und die Verbreitung von Ideen zu fördern und Menschen und Völker einander näherzubringen, bauen die bestehenden politischen Systeme neue Barrieren auf, indem sie alle, die nicht über die nötigen Geldmittel verfügen, vom Kommunikationssystem ausschließen. Angesichts dieser Gefahren müssen wir Sicherungen einbauen, um demokratische Ausdrucksformen und kulturelle Vielfalt zu wahren. Den Bürgern muß innerhalb der unter unseren Augen entstehenden internationalen Kommunikationsordnung ein Mitbestimmungsrecht eingeräumt werden.

Die Freiheiten der Informationsproduktion und -verbreitung sind existenzielle Bedingungen des gemeinschaftlichen Lebens. Daraus leitet sich ein Menschenrecht auf freie Meinungsäußerung ab. Jegliche Behinderung des Zugangs zu den technischen Instrumentarien muß beseitigt werden, um die Schaffung von Kommunikationsfreiräumen zu ermöglichen. Dabei muß der direkte oder indirekte Zugriff politischer oder wirtschaftlicher Kräfte verhindert werden. Diese Gegensteuerung muß in jenem Bereich ansetzen, der am leichtesten zugänglich ist, also dem Rundfunk.

II.

Wir, die Freien Radios Ostdeutschlands kämpfen um Senderechte. Wir halten eine Neugestaltung der Mediengesetzgebung, wie sie in anderen europäischen Ländern bereits begonnen hat, in der BRD für unverzichtbar. Der Staat muß daher die Verwendung des gesamten Frequenzbereiches einer öffentlichen Diskussion unterbreiten und damit der Abschottung des Äthers ein Ende setzen. Alle Bürgervereinigungen, die sich zu diesem Zweck zusammenschließen, müssen Rechtsanspruch auf freien Zugang zu den Frequenzen erhalten, ohne finanzielle Diskriminierung senden und ohne Beeinträchtigung durch andere gehört werden können. Dieses Recht leitet sich ab aus Artikel 19 der Allgemeinen Erklärung der Menschenrechte bzw. des Internationalen Paktes über Bürgerliche und Politische Rechte und ist konform mit Artikel 10 der Europäischen Menschenrechtskonvention.

Die Freien Radios sind eine Möglichkeit, kreativen Kräften eine ihnen gemäße Öffentlichkeit zu schaffen. Dabei soll jeder zu Wort kommen, unter Einhaltung der Menschenrechtsbestimmung. Wir machen Radio mit Bürgern, um die Trennung zwischen Machern und Hörern zu überwinden. Diese Art von Radio ist regional bezogen und leistet aktiven Widerstand gegen die Zerstörung der sozialen und kulturellen Identität der jeweiligen Region. Jede ethnische Gruppe soll durch die Freien Radios die Möglichkeit erhalten, sich Gehör zu verschaffen. Das Aufgreifen vielfältiger Belange der Bürger wirkt der Entfremdung zwischen Bürgern und Medien entgegen. Dadurch haben die Freien Radios als lokalbezogenes Medium ihre gesellschaftliche Notwendigkeit.

III.

Wir schließen uns den folgenden zehn Grundsätzen der Freien Radios der Europäischen Föderation Freier Radios (FERL) an und verlangen, daß diese in allen Mediengesetzen auf Länderebene und entsprechenden Bestimmungen Eingang finden.

Zehn Grundsätze der Freien Radios

1. Jede Gruppe von Bürgern, die ein Freies Radio betreiben will, hat Rechtsanspruch auf freien Zugang zum Äther. Errichtung und Betrieb eines Freien Radios sind an keine strengeren Bedingungen als die Herausgabe einer Zeitung zu knüpfen.

2. Ein Freies Radio ist ein Radio, das nicht auf Gewinn ausgerichtet und von öffentlichen Stellen oder kommerziellen Interessengruppen unabhängig ist.

3. Jeder Bürger hat das Recht, über Benutzung und Planungsgrundlagen der vom Staat verwalteten Frequenzen informiert zu werden.

4. Den Freien Radios ist ein geschlossener Frequenzbereich vorzubehalten. Innerhalb eines Drittels der zur Verfügung stehenden Radiokanäle ist ihnen Priorität einzuräumen. Den Freien Radios sind außerdem zur Übermittlung von Programmteilen Frequenzen außerhalb der Rundfunkbänder zur Verfügung zu stellen.

5. Innerhalb des ihnen zustehenden Frequenzbereiches entscheiden die Freien Radios auf regionaler Ebene selbständig über die Vergabe von Frequenzen sowie die technischen Sendemodalitäten. Zu diesem Zweck haben die Freien Radios in jeder Region eine Kommission zu wählen. Gegen Entscheidungen der Kommission kann bei einer übergeordneten, paritätisch besetzten Instanz Einspruch erhoben werden. Auf europäischer Ebene ist eine oberste Beschwerdeinstanz einzurichten.

6. Auf Antrag eines Freien Radios hat die Kommission zu prüfen, ob weiterhin die Voraussetzungen für die Frequenzzuteilung gegeben sind.

7. Die Freien Radios sind von allen öffentlichen Gebühren, Abgaben und Steuern befreit. Zur Sicherung ihrer Existenz haben sie Anspruch auf öffentliche Förderung. Die Aufbringung dieser Mittel kann durch Erhebung einer Sonderabgabe aus den Werbeeinnahmen der öffentlichen und privaten Radio- und Fernsehstationen erfolgen.

8. Bezüglich der Urheberrechte genießen die Freien Radios einen Sonderstatus, der ihrem nichtkommerziellen Charakter entspricht.

9. Redaktionelle Mitarbeiter Freier Radios haben dasselbe Recht auf Zugang zu allen Informationen und genießen denselben rechtlichen Schutz wie Berufsjournalisten.

10. Bei Erarbeitung von Gesetzen, Gesetzesänderungen und internationalen Verträgen, die das Medien- und Fernmeldewesen betreffen, haben die Vertreter der Freien Radios Mitspracherecht.

Rosenwinkel im Februar 1992

Radio Coloradio Dresden	Medienwerkstatt im Netzwerk e.V. Rostock
Radio PT Weimar	Radio Prenzlauer Berg (Berlin)
Babelsberger Medienverein	Radio T Chemnitz
Radio F.R.E.I. Erfurt	HSI Studentenradio e.V. Ilmenau

12.4 Verzeichnis der Landesmedienanstalten

Baden-Württemberg

Landesanstalt für Kabelkommunikation (LfK)
Mörikestraße 21
Postfach 10 29 27
W-7000 Stuttgart 1
Tel.: 0711/ 6 49 58-0
Fax.: 0711/ 6 49 58 15

Bayern

Bayerische Landeszentrale für neue Medien (BLM)
Fritz-Erler-Straße 30
W-8000 München 83
Tel.: 089/ 6 38 08-0
Fax.: 089/ 637 43 36

Berlin

Medienanstalt Berlin-Brandenburg (MABB)
Europa-Center, 14. OG
W-1000 Berlin 30
Tel.: 030/ 2 62 15 21
Fax.: 030/ 2 62 10 48

Bremen

Bremische Landesmedienanstalt
Am Wall 140
W-2800 Bremen
Tel.: 0421/ 1 42 82
Fax.: 0421/ 1 42 26

Hamburg

Hamburgische Anstalt für neue Medien (HAM)
Schauenburgerstraße 47-49
W-2000 Hamburg 1
Tel.: 040/ 36 90 05-0
Fax.: 040/ 36 69 09

Hessen

Landesanstalt für privaten Rundfunk Hessen (LPR)
Leipziger Straße 35-37
W-3500 Kassel
Tel.: 0561/ 57 20 71-72
Fax.: 0561/ 57 35 91

Mecklenburg-Vorpommern   Landesrundfunkzentrale Mecklenburg-
                                Vorpommern (LRZ)
                                Schloßgartenallee 61
                                O-2786 Schwerin
                                Tel.: 0037/84/5101-225; 227; 232

Niedersachsen   Niedersächsischer Landesrundfunkausschuß (LRA)
                                Arndtstraße 19
                                W-3000 Hannover 1
                                Tel.: 0511/ 1 31 95 42
                                Fax.: 0511/ 1 59 44

Nordrhein-Westfalen   Landesanstalt für Rundfunk Nordrhein-Westfalen
                                (LfR)
                                Willi-Becker-Allee 10
                                W-4000 Düsseldorf 1
                                Tel.: 0211/7 70 07-0
                                Fax.: 0211/ 72 71 70

Rheinland-Pfalz   Landeszentrale für private Rundfunkveranstalter
                                (LPR)
                                Turmstraße 8
                                W-6700 Ludwigshafen
                                Tel.: 0621/ 52 02-0
                                Fax.: 0621/ 52 02-152

Saarland   Landesanstalt für das Rundfunkwesen (LAR)
                                Karcherstraße 4
                                W-6600 Saarbrücken
                                Tel.: 0681/ 3 94 27
                                Fax.: 0681/ 3 94 20

Sachsen   Sächsische Landesanstalt für privaten Rundfunk
                                und neue Medien (SLM)
                                Carolinenstraße 1
                                O-8060 Dresden
                                Tel.: 0037/51/ 5 51 61
                                Fax.: 0037/51/ 5 31 91

Sachsen-Anhalt   Landesrundfunkausschuß Sachsen-Anhalt (LRA)
                                        Am Kirchtor 8
                                        O-4002 Halle/Saale
                                        Tel.: 0037/46/ 34 73 84

Schleswig-Holstein   Unabhängige Landesanstalt für das Rundfunk-
                                        wesen (ULR)
                                        Hindenburgufer 85
                                        W-2300 Kiel 1
                                        Tel.: 0431/ 8 00 06-0
                                        Fax.: 0431/ 8 00 06-60

Thüringen   Thüringer Landesanstalt für privaten Rundfunk
                                        (TPR)
                                        c/o Kreisverwaltung Arnstadt
                                        Ritterstraße 14
                                        O-5210 Arnstadt
                                        Tel.: 0037/618/ 5 60
                                        Fax.: 0037/618/ 81 81

(Stand: August 1992)

12.5 Protokolle der Fachdiskussionen der
Medien-Seminartagung Berlin 1992

12.5.1 Protokoll der Fachdiskussion zum Tagungsreferat:
"Ende des Deutschen Fernsehfunks - 100 Tage danach"
Eine Bilanz
(Von Gerhild Schulzendorf)

1. Fragestellungen/Problemkreise

Das Referat von Gerhild Schulzendorf wurde durch zwei unterschiedliche Video-
dokumentationen unterstützt, die das Verständnis der Rolle, die der Rundfunkbeauftragte
bei der Auflösung des DFF gespielt hat, dokumentierten. Die wirtschaftlichen und
rechtlichen Zusammenhänge dieser Abwicklung stellten den ersten Problemkreis der
Diskussion dar.
Desweiteren ist durch die Rolle des DFF, die er bis zur Abschaltung am 31.12.1991
gespielt hat, und durch die hohe Akzeptanz und Identifikation der Rundfunkteilnehmer in
Ostdeutschland mit dem "alten" Programm der zweite Problemkreis beschrieben.

2. Bewertung/Streitpunkte

Durch die in Art. 36 VI Einigungsvertrag vorgesehene Auflösung und Überführung des
DFF, sowie durch die föderalen Strukturen des Rundfunks waren die rechtlichen
Rahmenbedingungen vorgeprägt. Dieser Prozeß verlief für viele unter Mißachtung der
rechtlichen Stellung der noch aus der Volkskammer und dem Rund-
funküberleitungsgesetz hervorgegangenen demokratischen Rundfunk- und Fernsehräte.
Der nach der Auflösung des DFF begonnene Prozeß der Einrichtung von Landesrundfunkanstalten durch Staatsverträge wird durch die starke Beeinflussung der politischen Parteien ebenfalls kritisch hinterfragt, sogar schon als verfassungswidrig
tituliert.
Die Föderalisierung war unumgänglich, denn bereits das 1. Rundfunkurteil besagte
schon, daß für den Rundfunk eine Länderkompetenz bestehen muß.
Die bestehende Rundfunksituation hat für die Ostdeutschen zu einer Reduktion von
öffentlich-rechtlichen Vollprogrammen geführt. Heute bestehen in den neuen Bundesländern zwei Vollprogramme (ARD/ZDF) und die durch die Länderanstalten
getragenen dritten Programme (ORB für Brandenburg; MDR für Sachsen, Sachsen-
Anhalt und Thüringen, NDR für Mecklenburg-Vorpommern). Dieses führt zur Einschätzung der Bevölkerung, daß die dadurch neu geschaffenen Programme nicht mehr
eine so hohe Akzeptanz erfahren wie seinerzeit die DFF-Vollprogramme. Das
Akzeptanzproblem ist vor allem durch den Verlust fast aller zu DDR-Zeiten noch

bestehender Identifikationen mit den genutzten Medien und der vertrauten Medienlandschaft zu verstehen. Die soziale und integrative Funktion der Medien im Einigungsprozeß schaffte durch den radikalen Schnitt bei der Nichtberücksichtigung alter
liebgewordener Programmteile eine hohe Akzeptanzhürde. Die Mediensprache der
Medienmacher aus Ost und West ist zudem als sehr unterschiedlich zu bezeichnen.

Wenig Verständnis wurde der Auflösung des DFF angesichts der Leistungsfähigkeit
eines solchen Senders in personeller, technischer und ökonomischer Sicht
entgegengebracht. "Insider" verfolgen den "Ausverkauf" des Senders mit Skepsis und
sprechen von riesigen volkswirtschaftlichen Schäden der Auflösung.

Der Prozeß der Auflösung des alten Rundfunkapparates und der Aufbau neuer Landesrundfunkanstalten ist verbunden mit der Hoffnung darauf, in den neuen Medien auch
die Kulturlandschaft, die Probleme und die Interessen der Einwohner der neuen
Bundesländer berücksichtigt zu finden. Es läßt sich resümieren, daß die Erwartungen der
Ostdeutschen hinsichtlich der Medien nach der Auflösung des DFF zu euphorisch und zu
utopisch waren. Zweifel und Mißtrauen stehen dem Engagement für die neuen Medien
gegenüber.

3. Empfehlungen/Perspektiven /Ergebnisse der Fachdiskussion

Nicht nur in der organisatorischen Akzeptanz der neuen Sender, also MDR, ORB etc.,
liegt eine Verunsicherung der Rundfunkteilnehmer, sondern auch bezüglich der
inhaltlichen Gestaltung der Programme. Daraus läßt sich die sozial-integrative Funktion
ableiten und eine Sensibilisierung der Medienmacher fordern.

Einer Kritik an den rechtlichen Darstellungen der Vergangenheit und der Gegenwart läßt
sich durch Einflußnahme auf die Parteien begegnen, denn deren politische Ziele sind für
die Gestaltung einer freiheitlichen Medienlandschaft nach Art. 5 GG mitentscheidend.

Fehler, die durch die wirtschaftliche Auflösung des DFF gemacht wurden, sind zu
analysieren. Eine "bilanzmäßige" Darstellung der Arbeit des Rundfunkbeauftragten sollte
öffentlich eingefordert werden.

Kai Merten/Kurt Schmöe

12.5.2 Protokoll der Fachdiskussion zu den Tagungsreferaten: "Systemsprung? Die Etablierung des dualen Rundfunksystems in den neuen Bundesländern und die Aufbaufragen der Landesmedienanstalten" (Von Dieter Kopetz) und "Die Situation des privaten Rundfunks in den neuen Bundesländern" (Von Christian Gundlich)

Die beiden Referate behandelten schwerpunktmäßig die Situation des privaten Rundfunks in den östlichen Bundesländern.

Die Lage im Bereich des Privatrundfunks ist problematisch hinsichtlich des massiven Engagements westdeutscher Großverleger ohne Berücksichtigung der politischen und gesellschaftlichen Bedingungen in den neuen Bundesländern. Diese Probleme ergeben sich aus der Vernachlässigung der vorgebrachten Expertenmeinungen und der schlichten Übernahme westdeutscher Privatrundfunkgesetze. So ergab sich in der Diskussion, daß zum Beispiel in Thüringen durchaus Vorschläge zu Privatrundfunkgesetzen in Anhörungen gemacht wurden, die dann jedoch nicht berücksichtigt wurden. Die fast wortgleiche Übernahme westdeutscher Gesetze, speziell des hessischen Privatrundfunkgesetzes, wirkt dabei in zweifacher Weise störend, zum einen werden die Mängel des westdeutschen Systems einfach übernommen und zum anderen werden dabei die besonderen Verhältnisse in den östlichen Bundesländern ausgeklammert.

Es wurden keine effektiven Instrumente zur Verhinderung von publizistischen Monopolen in den Landesmediengesetzen integriert. Charakteristisch dafür ist die fehlende Beteiligung östlicher Zeitungsverleger bei gleichzeitiger Etablierung stets derselben Großanbieter. Übereinstimmend wurde die Auffassung vertreten, daß die Verhinderung derartiger Vormachtstellungen als Pflichtaufgabe in den Landesmediengesetzen hätte berücksichtigt werden müssen. Außerdem ist der kaum verhüllte Zugriff der Parteien auf die Medien zu beobachten, der nach den Erfahrungen aus den Vereinigten Staaten stets einhergeht mit zunehmendem politischem Einfluß auf die Berichterstattung. Nach Ansicht einiger Teilnehmer ist jedoch in dieser Hinsicht die Entwicklung in den östlichen Bundesländer nicht mehr zu ändern. Die gestärkte Position des privaten Rundfunks wird nach Ansicht einiger Diskussionsteilnehmer auch Rückwirkungen auf die Finanzierbarkeit kleinerer, öffentlich-rechtlicher Anstalten in den westlichen Bundesländern haben. Die Finanzprobleme des öffentlich-rechtlichen Rundfunks spitzen sich deshalb parallel zur Entwicklung der Konkurrenzsituation im dualen Rundfunksystem weiter zu.

Kontrovers wurde von den Tagungsteilnehmern die zukünftige publizistische Entwicklung in den neuen Bundesländern beurteilt.

Simone Jüdick, Piet de Leeuw, Ulrich Meyerholt, Gardy Schwichtenberg

12.5.3 Protokoll der Fachdiskussion zum Tagungsreferat:
"Super...- Bild..." Veränderungen der Boulevardpresse im geeinten
Deutschland.

(Von Dirk Funke)

Dem Vortrag von Dirk Funke über die Veränderungen der Boulevardpresse im vereinten Deutschland schloß sich eine heftige Fachdiskussion an.

Das Abwandern der Leserschicht von der Bild-Zeitung zur Ossi/Wessikonflikt schürenden Super! wirft die Frage auf, welche Funktion die Boulevardpresse erfüllt. Dient sie der Aufklärung der Bevölkerung oder nur privatökonomischen Interessen der Verleger?

In diesem Zusammenhang ist fraglich, ob der Erfolg der Super! auf das Feingefühl für die Probleme der neuen Bundesbürger oder die Geschäftstüchtigkeit mancher Verkaufsstrategen zurückzuführen ist. Letzteres ist nicht auszuschließen, denn wirtschaftliche Interessen könnten die Pressefreiheit aus Art. 5 GG ganz erheblich beschneiden.

Es wurde die Frage aufgeworfen, ob aus diesem Grund, z.B. bei bewußten Fehlinformationen durch die Presse, das Einschreiten des Staates erforderlich wird?

Dies ist kategorisch abzulehnen, da hierdurch zum einen die Pressefreiheit aus Art. 5 GG, zum anderen die vom Bundesverfassungsgericht wiederholt geforderte Staatsferne von Presse und Rundfunk verletzt würden. Die um die Super! geführte Diskussion in den neuen Bundesländern darf nicht vergessen machen, daß auch in den alten Bundesländern die Boulevardpresse, insbesondere die Bild-Zeitung, jahrelang im Kreuzfeuer gestanden hat.

Allen Unkenrufen zum Trotz konnte sich die Boulevardpresse wie "Bild" dennoch über Jahre behaupten und sie scheint der Bedürfnisbefriedigung einer breiten Leserschaft zu dienen. Erst die Analyse der entsprechenden Bedürfnisse kann Aufschluß über die tatsächliche Funktion der Boulevardpresse geben. Es ist zumindest zweifelhaft, ob von seiten der Leser überhaupt ein Aufklärungsbedürfnis besteht und ob die Boulevardpresse einem solchen gerecht werden will bzw. kann?

Harald Klein/ Armin Puschmann

12.5.4 Protokoll der Fachdiskussion zum Tagungsreferat:
"Strukturen des Pressemarktes in den neuen Bundesländern"
(Von Jörg Röver)

1.Fragestellung / Problemkreise

Wie konnte es dazu kommen, daß in Ostdeutschland nicht die erhoffte Zeitungsvielfalt, sondern lediglich eine Zeitungseinfalt entstanden ist ?

Die Diskussion konzentrierte sich im wesentlichen auf die rechtliche Situation und die Rolle der Treuhand bei der Entstehung einer neuen Presselandschaft in den fünf neuen Bundesländern.

2.Bewertung/Streitpunkte

2.1 Rechtliche Situation

Im Bundesgebiet gab es keine den Privatenrundfunkgesetzen vergleichbare Regelungen für die Entstehung einer neuen Pressefreiheit.

Als einziges rechtliches Steuerungsinstrument wäre das Kartellrecht in Frage gekommen. Dieses ist aber nicht darauf angelegt, positive Vielfalt zu erzeugen, sondern es dient lediglich der Vermeidung von wettbewerbsbehindernden Unternehmenszusammenschlüssen.

Somit hätte lediglich aus Art.5 GG abgeleitet werden können, daß in einer solch brisanten Situation Meinungsvielfalt ermöglicht werden sollte. Da diese Chance aber nicht ergriffen wurde, konnte es in den fünf neuen Bundesländern zu der geschilderten Zeitungseinfalt kommen.

2.2 Ökonomische Hintergründe / Rolle der Treuhand

Aufgrund des harten Konkurrenzkampfes konnten viele Zeitungen nicht überleben; so haben z. B. von 80 gegründeten sog. alternativen Blättern (in der Regel Wochenblätter) nur 2 überlebt.

Von den fünf Zeitungsgründungen ohne westdeutsche Beteiligung existieren nur noch zwei mit einer Auflage von max. 5000 - 6000 Exemplaren.

Es wurde die Frage diskutiert, inwieweit von der Treuhand hätte erwartet werden können, daß sie bei ihren Entscheidungen publizistische Gründe berücksichtigt hätte und dadurch das Entstehen einer Zeitungsvielfalt positiv beeinflußt worden wäre.

Dazu wurde festgestellt, daß die Treuhand ein rein betriebswirtschaftlich orientiertes Unternehmen ist, welches im Rahmen der rechtlichen Möglichkeiten gehandelt hat. Folglich wäre es z.B. nicht sinnvoll gewesen, kleine Zeitungen entgegen jeglichen betriebswirtschaftlichen Überlegungen am Leben zu erhalten.

Hinzu kommt, daß die Treuhand erst sehr spät tätig geworden ist. Da sie zudem trotz ihrer vorherigen Ankündigung, bereits bestehende Kooperationsverträge der wenigen großen Zeitungskonzerne nicht zu beachten, diese später doch in den meisten Fällen zur Grundlage ihrer Entscheidung genommen hat, war der Zeitungsmarkt schon vor Tätigwerden der Treuhand zu großen Teilen vergeben.

3. Perspektiven/ Ergebnisse der Fachdiskussion

Die Diskussionsteilnehmer waren sich einig, daß sowohl der Gesetzgeber die Chance vertan hat, rechtliche Voraussetzungen zu schaffen, als auch die Treuhand die ihr zur Verfügung stehenden Mittel nicht ausgeschöpft hat und daher die erhoffte - und mögliche - Zeitungsvielfalt in den fünf neuen Bundesländern ausblieb.

Anke Hötzel/Jochen Mischer

12.5.5 Protokoll der Fachdiskussion zum Tagesreferat "'Jugendradio DT 64' - Rückblick und Ausblick"
(Von Heiko Hilker)

Der Kern der Diskussion beinhaltete zwei elementare Problemkreise. Zum einen die Frage, ob sich das Jugendradio DT 64 aufgrund seiner bisherigen Arbeit zum Weiterbestehen legitimiert hat, und zum anderen, in welcher organisatorischen Form, öffentlich-rechtlich oder privat.

Die Befürworter von DT 64 zielen stark auf den sozialen Charakter des Senders ab. Er habe schon in der damaligen DDR Mißstände offen angeprangert und am Rande der Legalität gearbeitet. Auch heute gebe der Sender den Bürgern der ehemaligen DDR ein Gemeinschaftsgefühl, da er speziell die Probleme von Ostbürgern aufgreift und Hilfestellung gibt. Die gegenteilige Meinung kam dadurch zum Ausdruck, daß ein Sender keine Sozialarbeit übernehmen kann und das kritische Denken im Laufe der Zeit abgeflacht ist.

Kontrovers wurde die Möglichkeit der Fortführung als öffentlich-rechtliche Anstalt diskutiert. Götz Frank vertrat die Meinung, daß eventuell doch ein Umdenkungsprozeß der Politiker, durch den massiven Druck der Massen ausgelöst, stattfinden kann. Insbesondere müssen Politiker nachdenken, ob es richtig ist, den Bürgern Rundfunk vorzuschreiben.

Ein länderübergreifendes privates Radio ist zwar bisher nicht vorhanden, dieses kann aber technisch durch Einspeisung realisiert werden. Es wurden Stimmen laut, daß eine Privatisierung von DT 64 nicht Stil und Art des Senders entspreche und er auf Dauer, wie viele andere private Sender, die Kritikfähigkeit verlieren würde. Gegensätzlich wurde das Vorhandensein von freien Frequenzen beurteilt, das Verfahren zur Verteilung von Frequenzen stellt ein weiteres Problem dar.

Obwohl Radio DT 64 den Bürgern der ehemaligen DDR eine Art Sozialarbeiter ersetzt, kann er z.B. keine Jugendprobleme lösen. Die Möglichkeit, den Gegenbeweis zu erbringen, wird der Sender nicht haben, da es ihm zur Durchsetzung an politischer Lobby fehlt, es sei denn, es findet der oben beschriebene Umdenkungsprozeß statt.

Simone Jüdick/Piet de Leeuw

12.5.6 Protokoll der Fachdiskussion zum Tagungsreferat:
"Die Situation der freien Radios in den neuen Bundesländern"
(Von Jörg Vollbeding)

Der Tagungsbeitrag von Jörg Vollbeding warf die Frage auf, welche rechtliche Stellung den freien Radios zukünftig eingeräumt werden soll.

Durch die freien, nicht-kommerziellen Radios haben die Bürger die Möglichkeit, die Programme zu beeinflussen und mitzugestalten.

Somit werden auch Minderheitenmeinungen repräsentiert. Die Diskussionsteilnehmer waren sich einig, daß diese Bürgerbeteiligung gerade in der heutigen Zeit, in der viele Menschen in den neuen Bundesländern nach einer neuen Orientierung und Identifikation suchen, von großer Bedeutung ist.

Ohne eine rechtliche Grundlage arbeiten die freien Radios als "Piratensender", zumal für den Sendebetrieb nur einfache Heimtechnik erforderlich ist. Hier stellten die Juristen die Ordnungsfunktion des Rechtsstaates heraus. Es wurde ein rechtlich fundiertes Konzept gefordert, durch das die freien Radios legalisiert werden.

Diese Seite lehnte das Schwarzsenden strikt ab, mit der Erklärung, daß sonst auch beliebige andere Minderheitengruppen sich ohne weiteres in den Sendebetrieb einschalten könnten. Hier bedürfe es unbedingt eines staatlichen Reglements, d.h. einer gesetzlichen Grundlage.

Es wurde angemerkt, daß insbesondere von den "Grünenfraktionen" schon mehrere Gesetzesinitiativen vorliegen, die jedoch noch nicht entsprechend umgesetzt wurden.

Eine Perspektive bietet sich für das dargestellte Problem in einem vereinten Europa, indem die deutsche Gesetzgebung an den europäischen Standard angepaßt wird.

Irmela Herold

12.5.7 Protokoll der Fachdiskussion zum Tagungsreferat:
"Der Rundfunkmarkt in Berlin und Brandenburg - Zur politischen Ökonomie des öffentlich-rechtlichen Rundfunks"
(Von Axel Zerdick)

1. Fragestellungen/Problemkreise
Die Diskussion zum Referat von Axel Zerdick konzentrierte sich auf die rechtlichen und politischen Aspekte der Auflösung des DFF. Die Ausführungen zu den ökonomischen Grundlagen der öffentlich-rechtlichen Rundfunkanstalten (Stichworte wie z.b. Öffentliches Gut, Kostenmaximierung, Degeneration in politischer und ökonomischer Hinsicht) nahmen breiten Raum ein.

2. Bewertung/Streitpunkte
Die Erkenntnisse über das Bestehen politischer Vorgaben für die Auflösung des DFF sind umstritten. In Anlehnung an Art. 36 VI Einigungsvertrag blieb für den Rundfunkbeauftragten keine Wahl.

Die Rolle des Rundfunkbeauftragten ist ebenfalls umstritten, von der Betroffenenseite wurde sein Engagement für eine Überführungslösung hervorgehoben. Da es bei den Landesregierungen zu Verzögerungen hinsichtlich der Regelung der Medien kam, war eine Überführung in öffentlich-rechtliche Anstalten nicht möglich.

3. Perspektiven/Ergebnisse der Fachdiskussion
Axel Zerdick spricht von einem Degenerationsphänomen, bezogen auf die Medienpolitik, das sich in einen ökonomischen und in einen parteipolitischen Strang teilt.

Aus der ökonomischen Sicht ist durch die föderale Struktur und die damit zusammenhängende Kompetenz der Landespolitik ein großes Interesse an eigenen Rundfunkstandorten und somit an beschäftigungswirksamen Maßnahmen verbunden. Hier greifen wirtschaftspolitische und parteipolitische Interessen ineinander.

Die politischen Parteien "manifestieren" ihre Interessen soweit wie möglich in den neuen Landesrundfunkgesetzen. Dieser Prozeß kann als rechtlich problematisch bezeichnet werden.

Kai Merten/Kurt Schmöe

12.5.8 Protokoll der Fachdiskussion zum Tagungsreferat:
"Vertane Chancen? Die Ordnung einer zunächst revolutionären Situation durch den Einigungsvertrag im Rückblick"
(Von Götz Frank)

Zentrales Thema war vor allem die Funktion des öffentlich-rechtlichen Rundfunks. Hier stehen zwei Aspekte im Vordergrund: Zunächst die Ermöglichung der politischen Willensbildung, die die Grundlage jeder Demokratie darstellt und nur bei einer staatsfernen Organisation des Rundfunks gewährleistet ist. Den zweiten Aspekt stellt der Rundfunk als Informationsinstrument für die politischen Volksvertreter dar, die durch den Rundfunk Informationen über den Stand der politischen Willensbildung und somit eine Rückkopplung über die politische Akzeptanz ihrer Politik erhalten.

Durch den sich herauskristallisierenden "Parteienrundfunk" sind diese Funktionen gefährdet. Es bleibt zu hoffen, daß die Parteien, auch im eigenen Interesse, diese Unabhängigkeit des Rundfunks wieder herstellen.

Harald Klein/Armin Puschmann

12.5.9 Protokoll der Fachdiskussion zu den Tagungsreferaten:

a) Europäische Public-Service-Anstalten am Scheideweg
(Von Stefan Wehmeier und Martin Grocholl)

b) Duale Rundfunkordnung und europäisches Medienrecht:
Die strategische Gefährdung öffentlich-rechtlicher Rundfunkveranstalter im
deregulierten Europa
(Von Thomas Wolter)

Die Tagungsbeiträge beschäftigten sich mit Fragen der europäischen Medienordnung unter Berücksichtigung des geänderten Zuschauerverhaltens. Gerade die öffentlich-rechtlichen Rundfunkanstalten haben europaweit mit sinkenden Zuschauer- und Einnahmezahlen zu kämpfen. In der Diskussion spielte die Frage nach den Gründen für diese Entwicklung eine große Rolle, ohne daß eine eindeutige Antwort gefunden werden konnte, vielmehr deutet alles auf eine komplizierte Gemengelage von Gründen und Ursachen hin. Die sich entwickelnde EG-Medienordnung mit ihren Deregulierungsbemühungen beschleunigt nach der Überzeugung der Diskussionsteilnehmer noch den Niedergang der öffentlich-rechtlichen Anstalten. Das Zuschauerverhalten, das für den Rückgang der Einschaltquoten verantwortlich ist, differiert derzeit nach den Beobachtungen der Tagungsteilnehmer noch in den östlichen und den westlichen Bundesländern.

Die Konvergenz zwischen dem öffentlich-rechtlichen und dem privaten Rundfunk wurde durchaus kontrovers diskutiert. Ebenso wurde die Frage nach dem Inhalt der Grundversorgung lebhaft problematisiert, wobei grundsätzliche Unterschiede zwischen Teilnehmern aus den östlichen und den westlichen Bundesländern zu Tage traten.

Unter dem Eindruck der Medienentwicklung und Machtkonzentration im Medienbereich in den östlichen Bundesländern wurde die Forderung nach einer Subventionierung des öffentlich-rechtlichen Rundfunks erhoben, was von einem anderen Teil der Tagungsteilnehmer mit Blick auf die Gefahr eines zunehmenden staatlichen Einflusses abgelehnt wurde.

Mit Blick auf andere europäische Länder, in denen die öffentlich-rechtlichen Anstalten schon verschiedene Konzepte erprobt haben, wurde eine Beschränkung auf Grundversorgung diskutiert, ebenso wie eine stärkere Regionalisierung, die eine Alternative zu der zunehmenden Versorgung mit internationalen Programmen sein könnte.

Übereinstimmung bestand in der Auffassung, daß der öffentlich-rechtliche Rundfunk wohl erhaltenswert sei, jedoch im Hinblick auf die europäischen Entwicklungen nicht finanzierbar sei. Unter Berücksichtigung der Rechtsprechung des Bundesverfassungsgerichts besteht nach übereinstimmender Auffassung der Auftrag der Grundversorgung für die öffentlich-rechtlichen Anstalten fort, jedoch zeichnet sich ein weiterer Konflikt ab, da deutsche und europäische rechtliche Rahmenbedingungen nicht deckungsgleich sind.

Ulrich Meyerholt, Gardy Schwichtenberg

12.6 Register

(Die kursiven Stichworte im Text kennzeichnen den
thematischen Hauptpunkt des Textabschnittes und
sind gleichzeitig Grundlage für das Register. Bei den
angegebenen Ziffern handelt es sich um Seiten-
zahlen)

Weitere Titel innerhalb der Reihe
„BOCHUMER STUDIEN ZUR PUBLIZISTIK- UND KOMMUNIKATIONSWISSENSCHAFT".